中国古籍修复与装裱技术图解

杜伟生 著

邵荣仁信题

中华书局

图书在版编目（CIP）数据

中国古籍修复与装裱技术图解 / 杜伟生著 . – 北京：中华书局，2013.1(2025.1 重印)

ISBN 978-7-101-08807-6

Ⅰ . 中… Ⅱ . 杜… Ⅲ . ①古籍 – 图书装修 – 中国 – 图解 ②书画装裱 – 中国 – 图解 Ⅳ . ① G253.6-64 ② J212.7-64

中国版本图书馆 CIP 数据核字 (2012) 第 164141 号

书　　名	中国古籍修复与装裱技术图解
著　　者	杜伟生
责任编辑	杜艳茹
特约编辑	李忠良　　张荣国
责任印制	管　斌
出版发行	中华书局
	（北京市丰台区太平桥西里38号 100073）
	http: // www. zhbc. com. cn
	E-mail: zhbc@zhbc. com. cn
印　　刷	天津艺嘉印刷科技有限公司
版　　次	2013年1月第1版
	2025年1月第7次印刷
规　　格	开本787×1092毫米　　1/16
	印张30¼　　字数350千字
印　　数	6301-6800册
国际书号	ISBN 978-7-101-08807-6
定　　价	380.00元

序

由于工作的关系，我对古书修复工作一直比较留意。不少人以为古籍修复只是一门在图书馆里才会有用的知识和技术，其实不然。凡是经常接触和使用古籍的人，如果能了解一些古籍修复的知识，只会对工作有所帮助。比如古籍的采访和编目工作，先要考订版本，这时就要考虑修复的因素。有的时候，修复的因素还非常重要。比如说在古书作伪方面，就有不少和古书装修方式有紧密关系。现在，社会上已经有不少人成为古籍的爱好者和收藏家，这些人虽然不是从事古籍研究工作的，但由于经常接触古籍，从而也对古籍的修复产生了兴趣。

国家图书馆设有专门的古籍修复机构：善本特藏修复中心。它的前身叫作图书修整组。1980年，图书修整组划归善本特藏部。由于我当时但任着善本特藏部的领导工作，对图书修整组的工作就不能仅仅停留在一般的关心留意上，而是要具体的领导和管理。多年对古籍修复工作的管理，使我深知培养一个古籍修复人才是多么的不容易。1989年，国家图书馆善本特藏部得到文化部图书馆司的支持，举办了一期"古籍修复技术培训班"，为我国北方各省图书馆培养古籍修复技术人才。各省对那次培训的内容和方向反映非常好，但其中有一个比较大的问题，就是教材薄弱。我曾经多次表示，希望我们国家图书馆的同志，能够写出一部比较适合初学者的古籍修复方面的书来，满足社会上这方面的需求。

现在大家看到的《中国古籍修复与装裱技术图解》一书，就是国家图书馆杜伟生同志写的一部比较全面的论述和讲解古籍修复方面知识的书籍。

杜伟生同志是1974年到国家图书馆工作的，进馆以后就一直在图书修整组从事修复各种图书的工作。他的技术比较全面，从报纸、期刊的装订，精平装书籍的修复，直到古籍修复和字画装裱各方面的技术都比较精到，其中尤以古籍修复和装裱技术见长。《中国古籍修复与装裱技术图解》一书就是他独自完成的一项值得肯定的科研成果。

杜伟生同志从事古书修复及字画装裱工作已经30年，自己非但心灵手巧，且好学不倦，尤其对中国书史颇有研究，对中国古书装帧形式的演变更具独到的见解。他的技术是在理论指导下的技术，他的研究成果有着深厚的知识底蕴，不是匠人模式的传授。

这本书讲古书修复、装裱和同类的已经行世的几本书不完全相同。它不是泛泛地一个环节、一个环节地通论修复技术，而是先分出各种不同的装帧形式，然后再在每个具体的装帧形式下讲解各个环节的修复。这就突破了长期以来古书修复上的桎梏，赋予创新的活力。

以往出版的有关古籍修复的几本书，也有一些插图和附图，但较之本书的插图，不可相比。如同本书中的类分，插图也依类相从，显得既有系统，又眉目清楚。图示很重要，没有图光有文字，人们只能凭空想象，抽象不出来具体的行为动作。有了图，就具备了更好的示范功能,效果会更好。

本书的最后部分,附录了对几种装帧形式的考辨,对于从事古籍修复的人来说,还是比较有用的,值得一看。

我真诚地希望,本书的出版能够为古籍修复的普及铺一铺路,让更多的人了解古籍修复,更多的人学会古籍修复,从而使古籍修复技术从图书馆、博物馆逐渐地走向社会,使我国这项优秀的传统技术后继有人,发扬光大。

李致忠

2003年6月10日

于国家图书馆

目录

前言

古籍修复是一门技术。研究古籍修复，首先应该明确古籍的含义和范围。这里所说的古籍，是中国古代书籍的总称。这是一个使用频率很高、特别是在图书馆里经常使用的词。遗憾的是，即使在最权威的中文工具书《辞海》、《辞源》中，都没有"古籍"这个词条。

《辞源》里只有"书籍"一词，是这样解释的："原指典籍。《后汉书》六十《马融传·广成颂·序》：'职在书籍，谨依旧文，重述蒐狩之义，作颂一篇。'后指一般书籍。《三国志·魏·王粲传》：'（蔡邕）闻粲在门，倒屣迎之，曰："……此王公孙也，有异才，吾不如也。吾家书籍文章，尽当与之。"'"

在《辞海》（1979年版）中"书籍"词条下，有"古代书籍"字样。它的解释是这样的："用文字、图画或其他符号，在一定材料上记录知识、表达思想并制成卷册的著作物。最初，书籍同书契档案不分，随后成为传播思想、传播知识和积累文化的重要手段，逐渐形成独立的形态。古代书籍用人工书写，写用的材料和书籍的装帧形式也不断变化。公元前二十五世纪，埃及用纸草写书。我国春秋到两汉期间（公元前八世纪到二世纪），多用简、帛写书，称简策、帛书。东汉以后，渐为纸张代替，形成卷轴。唐代以来，由于印刷术的兴起，书籍才逐渐由手抄改为刻版刷印，并由卷轴演变为册叶形式。十九世纪中叶以来，随着科学文化的发展和印刷术的不断革新，书籍从手工生产过渡到机械生产，内容也更为广泛，在人类生活中的地位日益重要。"

这样解释虽然很明白，但涉及到"古代书籍"一词的含义，就太宽泛了。按照这个解释，我国辛亥革命以前出现的一切文献资料，都可以认定为古籍。这其中包括甲骨、青铜器、竹简、帛书及各种纸制文书。从文献载体看这其中既有骨制品、金属制品，又有竹、木制品和纸制品，这些材料虽然都有修复的问题，但在今天却分属不同的修复专业，显然这不是我们这本书中所涉及到的"古籍"一词所涵盖的内容。

中国国家图书馆对古籍的界定是这样的："成书在辛亥革命以前，而又具有古典装帧形式的书刊资料。包括写本、稿本、抄本、手稿、墨迹、印本、拓本、拓片、钤印本等等。"这里提出判定古书的两个条件：一个是成书时间要在辛亥革命以前，另一个是书籍要有古典装帧形式，两者缺一不可。成书在辛亥革命以前，就是在1911年以前制作、出版的书籍才可以看作是古籍，这是古代书籍制作时间的下限。所谓古典装帧形式，就是说书籍的装帧一定是中国古代传统的装帧形式。

这样界定对于图书馆的古籍整理部门来说，应该是比较合适的。但对于古籍修复的部门来说，古籍所包含的内容似乎应该再广泛一点。因为在修复工作中常常会发现这样的情况：有的书从内容方面看是古籍方面的，而且也使用的是中国古典装帧形式，但其成书时间却是在辛亥革命以后；还有的书从内容上看并不是古籍，有的就是现代的书籍，但却使用了中国古典装帧形式。这样的书在修复时怎么处理呢？算不算古籍修复的对象呢？笔者以为，这样的书采用的是中国古典的装帧形式，如果要修复的话，恐怕还是要送到修复古籍的地方，修复时也要使用古籍修复技术，这样的书也应该包括在古籍修复的范围之内。

所以，在说到古籍修复对象的时候，古籍的范围应该是："通常指成书在辛亥革命以前，而又具有古典装帧形式的书刊资料。包括写本、稿本、抄本、手稿、墨迹、印本、拓本、拓片、钤印本等等。"这样说可能就比较准确了。

书籍是传播知识的载体。人们生产书籍的目的，就是为了让书籍流通，以传播思想和知识。书籍在流通过程中随着流通频率的增高、流通时间的延长，肯定会有所损坏。书籍损坏以后就要修复，以便继续使用。因此，研究古籍修复，就要熟悉古籍。首先要熟悉书籍的各种装帧形式，这一点非常重要。如果是研究中国古代书籍史，需要了解的是中国古代书籍的装帧形制，即在中国历史上各时代流行于一定范围内的书籍装帧形式。随着时代的前进，历史的进步，在书籍的各种装帧形式之间，还出现过一些过渡阶段的装帧形式，这些装帧形式有的流行的时间比较短，有的流行的范围比较小，从研究中国古代书籍史的角度来说，可以忽略不计，但对于古籍修复工作来说就不同了。古籍修复讲究的是书籍修复前是什么样子，修复后还要保持什么样子。这就要求修复人员不但要研究正规的书籍装帧形式，还要研究中国古代曾经出现过的所有的装帧形式，特别是那些流行时间不太长、流行范围并不广泛的书籍装帧形式。只有充分了解书籍的各种装帧形式，熟悉各种装帧形式的特点，才能得心应手地修复各种装帧形式的书籍。

书籍制作材料对书籍流通时间长短的影响是决定性的。这里说的主要是正规书籍的制作材料。除了竹简和帛书以外，纸是正规书籍中最重要的制作材料。纸的质量好坏，制作是否精细，直接影响书籍的装帧形式和使用寿命。在宋代以前，书籍多用手写，用纸一般都比较厚，大多在0.08—0.13毫米之间，这时的书籍装帧多采用卷装形式。到了宋代，印刷术蓬勃发展，书籍生产达到了一个前所未有的高峰。这时，为了降低书籍的制作成本，书籍用纸同唐代相比就薄了许多，一般在0.06—0.08毫米，其最薄的已达到了0.05毫米左右。由于书叶较薄，书叶数量增加，书籍如果还采用卷装的形式，在阅览、卷收时就会有一定的困难。这样，书籍的装帧也随之发生了改变，由卷装改变为册页式的蝴蝶装。以后，为适应更薄的书籍用纸，加快书籍装订的速度，包背装、线装等装帧形式逐渐发展起来。所以，比较系统地研究中国古代造纸技术，了解各种材料制作纸张的特点，熟悉各时代纸张的特征，从做好古籍修复工作的角度来说，是很有必要的。

古籍修复必须遵循的原则主要是"整旧如旧"。就是在修复时要尽量注意保留书籍的原始面貌。但是什么样才是书籍的"原始面貌"，这还是要仔细研究的。一本书在流传过程中，经常因为破损而修复，而在修复过程中，有时候因为修复者本人的素质等原因，没准或多或少地改变了书籍的原始面貌。以国家图书馆藏《永乐大典》为例，就很能说明问题。

《永乐大典》是明朝永乐年间由朝廷组织编写的一部百科全书，原来的装帧是包背装。在清末的战火中绝大部分被焚毁，余下极少部分散出，几经周折辗转收归到国家图书馆。由于来源不同，馆藏的《永乐大典》有的就经过修复，改变了包背的材料，还有的被订上了线，变成了线装，完全改变了装帧形式。由于大部分的《永乐大典》保存了原始的装帧，保存了原始的装帧材料，现在修复时就有了修复的依据，知道《永乐大典》原来是什么样子。但如果没有这些原始的装帧，《永乐大典》的修复的难度是可想而知的。

如果需要修复的是一部宋板书，由于年代久远，很有可能在流传过程中经过一次或几次的修复，我们看到的很可能就不是这本书的原始面貌。那么，怎样才是保存书籍的原始面貌呢？笔者以为，在不是像《永乐大典》那样有确切的参照物的情况下，修复时只能以本次修复前的面貌为准，千万不能想当然，随便改变书籍的装帧形式，比如把经手修复的宋板书全改为蝴蝶装，而不管该书在修复前是什么样的装帧形式。

与整旧如旧相对，古籍修复还可以整旧如新。但这样做只是针对那些书叶很薄、书品有缺陷、需要衬纸和做成"金镶玉"的书籍。绝对不能为单纯追求整旧如新的效果，就使用过去书铺子里经常使用的手法，将书的天头、地脚和后背用刀切一下，"见见新"，这样虽然是书籍的外观好看了一些，但给书籍造成的损害却是不可挽回的。

另外，在修复工作中还有一点要注意，就是选用的所有修复措施一定要有可逆性，还有对新技术、新材料的使用一定要慎重。这样做并不是因为思想保守，不接受新事物，而是对书籍负责、对国家负责、对历史负责。

根据古籍中经常见到的破损情况，以及多年从事古籍修复管理工作的实践经验，笔者将古籍破损分成轻度、中度、重度和严重四种情况，但这并不能完全概括古籍千变万化的破损情况，在这里只是给读者提供一个参考的依据。

古籍修复的历史很长，应该说自打有了书籍（当然这指的是已经有了正规的装帧形式的正规书籍），就产生了修复的必要。但很长时间以来，由于修复古籍这类技术属于"雕虫小技"，在封建社会中不被重视，是不能登大雅之堂的，因此在古代文献中很少有记载。而字画装裱就稍有不同，由于宋代皇家收藏的书画作品很多，且因宋真宗、徽宗等皇帝的提倡，字画装裱技术大大地发展起来，一时间，从皇宫内苑到市井街巷，都有装裱字画的作坊。著名的"宣和裱"形式，就是在这时期出现的。所以在古代文献中关于修复工作的记载多是讲装裱字画的。

几百年来，字画装裱逐渐形成了一个行业。由于地区的差别，有"南裱"、"北裱"之分，在北京的"京派"为"北裱"主要力量，"南裱"根据地区又分为几大流派，如苏州地区的"苏派"，扬州地区的"扬派"，上海地区的"沪派"，广州一带的"岭南派"，以及安徽的"徽派"等等。各个流派都有自己的风格和特点，工作程序和操作方法也各有差异，但总的来说，基本工艺、基本技法都是相同的。因此，在学习字画装裱工作时，要注意学习各流派的长处并给予科学的认识，摒弃腐朽的门派之见，以承前启后、不断探索的精神学习掌握这门传统的技术，推动古籍修复事业的全面发展。

第一章

古籍修复基础知识

一、学习古籍修复应具备的条件

古籍是中华民族宝贵的文化遗产，修复古籍担负着延续古籍寿命、保护古籍的重任。在我国古代，人们就把从事古籍修复的人，比作是书籍的"医生"，把修复古籍看成是给书籍治病。"前代书画，传历至今，未有不残脱者。苟欲改装，如病笃延医。医善则随手而起，医不善随剂而毙。"说的就是人员的素质对于书画修复工作的重要。认识到修复工作的重要性，就能有强烈的事业心和责任感。从事这项工作，只有做好，才能把我国优秀的传统技术发扬光大。许多古籍经过我们的修复后，改变了破烂的外观，恢复了本来的面目，使宝贵的文化遗产得以继续流传下去，造福后代子孙，这是非常值得我们骄傲的事。现在，除了图书馆的收藏以外，在社会上能够流通的古籍数量已越来越少。随着人们图书保护意识的不断增强，人们对古籍修复的意义的认识也大大提高。因此，对现在的古籍修复工作人员来说，具备以下几方面的素质，是完全必要的。

第一，应具有大学专科以上的文化水平。

从事古籍修复工作，要熟悉古籍的发生和发展的全过程，也就是要熟悉中国古代书籍的历史。搞古籍修复工作，就要熟悉各时代古籍的特征，以便在工作中准确地采用修复措施。绝不能出现因修复人员缺少这方面的知识而造成工作失误的现象，从而损害古籍的文物和资料价值。从这方面讲，修复人员系统掌握一些版本学的知识是十分必要的。

要熟悉古籍，首先要能读得懂古籍，了解古籍。这就需要学习古代汉语和古文献知识。具备较高的古汉语水平和古文献知识，对提高工作质量有着举足轻重的作用。

今天的古籍修复工作，是图书保护工作的有机组成部分。传统的古籍修复技术要用现代图书保护的科学理论来检验，其中符合图书保护理论的，要继承和发扬，不符合图书保护理论的，就要摈弃或改进。因此，掌握现代图书保护方面的知识，也是十分重要的。

我们现在讨论的古籍，主要是以纸为载体的古代文献。古籍修复也是以纸为修复对象。因此，了解中国古代手工造纸技术，熟悉古籍用纸，对于修复人员来说，也很有必要。

古籍中有许多珍贵的艺术品，在修复过程中往往需要添加一些丝织品作为镶料，而镶料的面积大小是否合适，颜色与原书相较是否协调，直接影响到修复的质量，这就需要修复人员掌握一些美学方面的基础知识。有人从事古籍修复多年，但修复的质量就是上不去，究其原因，不是技术上的毛病，而是在这一方面缺乏修养。

总之，修复人员拥有大学专科以上的学历，是从事古籍修复工作的需要，也是振兴我国古籍修复事业的需要。现在国外从事古籍修复工作的人，一般都是专门院校修复专业的毕业生，都具有相应的学位，有的还拥有博士学位。他们在校期间除学习造纸技术发展史、印刷史、书籍史及修复技术、图书保护等专业知识外，还要进行素描、油画、水粉等绘画技法、浮雕、圆雕等方面的训练。由于文化素质较高，在应用现代高新技术方面，和我们相比就有较大的优势。现在虽有部分高校设置了与古籍修复相关的专业，但普遍层次不高，而技术的传授还停留在以"口传心授"的方式，由师傅带徒弟的阶段。如果我们不加改进，对继承和发展我国传统的古籍修复技术是十分不利的。

第二，要具有较强的动手能力。

古籍修复是一项操作性非常强的技术工作。具备较强的动手能力，是对从事这项工作的人员提出的最基本的要求。"良工须具补天之手，贯虱之睛，灵惠虚和，心细如发。""又须年力甫壮，过此则神用不给矣。"这项工作的性质，要求从事这项工作的人，除有耐心、细致的工作作风以外，还要心灵手巧，思维方式灵活，才能很好的开展工作。

第三，要具备高度的责任心和敬业精神。

从事古籍修复工作，从业者必须要有高度的责任心和敬业精神。这是因为，现在要修复的古籍大多数是有很高级别的文物，这些书籍既是中国各民族珍贵的文化遗产，同时也是世界性的文化遗产。在修复的过程中要切实做到毫发无伤，是需要有高度的责任心的。再有，从事古籍修复工作，要耐得住寂寞，默默无闻地工作，心甘情愿地贡献。特别是在国家还不能大量投入资金，社会各界对古籍修复还没有充分了解的时候，没有这种敬业精神是做不好古籍修复工作的。

二、古籍修复与装订的区别

在中国古代，书籍修复技术是图书保护的主要措施之一，是中国特有的传统技术。经过长期的实践，历代能工巧匠创造了古籍修复的高超技艺。

在纸张出现以前，在很长一个时期里，书籍的制作材料主要是竹木简。这时的书籍还谈不上什么装帧，只是简单地用细绳将竹木简编连起来，以便于展阅和舒卷。

以纸张作为制作材料以后，书籍装帧技术有了很大的发展。特别是在印刷术发明后，书籍生产方式发生了历史性的变革，装帧技术也发生了根本性的变化。修复技术就在装帧技术的基础上发展起来。随着装帧技术的发展，书籍装帧形式也不断改进，极大地丰富了修复技术的内容，使修复技术逐渐定型、成熟起来。现在，我们以常见的线装古籍形式的装帧和修复过程为例，看一看装订过程和修复过程之间的差异，分析一下它们之间的区别和联系。

线装古籍每册是由若干书叶按顺序排列、装订的。在其装订过程中，有以下几个环节：

1.将书叶压平，以保证装订后书籍的平整。

2.将书叶没有字的一面对折，使书叶折完后，外部两面均有字。

3.按顺序将书叶排好。

4.以书叶栏线或下脚为基准，将书叶码放整齐。

5.书叶前后添加"副叶"（或"护叶"）。

6.经过打眼、订捻使若干书叶连接成一个整体。

7.裁齐书叶的天头地脚及书脊余边。

8.包角，装书皮。

9.打眼、钉线。

10.贴书签等等。

对一册需要修复的线装书来说，修复的主要对象是书叶。而对书叶的修复，只能从单张书叶开始。因此，修书时首先要把装订成册的书拆开分解为单张书叶，才能进行下一步工作。拆书的工作实际上是按装订顺序颠倒过来进行的。即：

1.揭书签。

2.拆线。

3.拆书皮……等等。

书册拆散以后，即进行"补破"工作，使破损书叶恢复原来的面貌，这是修复工作的主体。

其次，将修复的书叶重新装订成册，这实际上是书册原来装订过程的再现。

现在，装订过程和修复过程的区别，就很清楚了，就是除了"补破"之外，修复过程和装订过程基本相同。因此，过去和现在有不少人认为古籍修复和印刷行业里的装订差不多，甚至在有关部门制定工资标准时，就曾把图书馆古籍修复工作人员和印刷装订工作中的"刷浆糊工"等同，从而制定相同的工资标准，这不能不说是古籍修复工作的悲哀。

但是，装订绝不是修复，它们之间有着本质的区别。

首先，目的不一样。装订只是把书叶集合成册，结束书籍制作的最后工序。而修复是对书籍做必要的修整，使书籍恢复原来的面貌。修复的目的是对书籍施行保护。

其次，从表面看，修复书籍和装订书籍相比较，除了装订过程的重复，仅多出"补破"这一道工序；但在实际上，"补破"这道工序占去了修复工作过程的大半，而装订只不过是修复工作的一小部分，是修复工作的结尾。在长期的生产实践中，历代修复工作者积累起丰富的经验，创造出许多"补破"即修复的措施，发展了修复技术，从而使古籍修复成为举世注目的图书保护专门措施，在这一点上，是不能同装订技术同日而语的。

三、古籍修复工作的原则

古籍修复工作的原则，根本的一条，就是"整旧如旧，保持原貌"。

 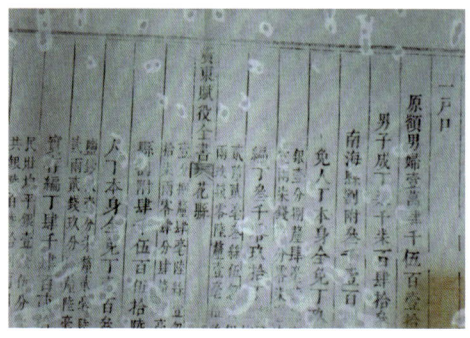

用剪刀剪纸作补丁补的书叶　　　　　　　　补得比较好的书叶

"整旧如旧"，即是在图书修复时，尽可能地保持书籍原有特点，使经过修复的图书，在外观上尽量保持原貌，从而保证图书的资料价值、文物价值不因修复而受损。这一点，远在我国古代，就已经有人注意到了。北魏贾思勰所著《齐民要术·杂说第三十》载："书有毁裂，剾方纸而补者，率皆拳挛，瘢疮硬厚，瘢痕于书有损。裂薄纸如薤（音械）叶以补织，微相入，殆无际会。目非向明，举而看之，略不觉补。裂若屈曲者，还须于正纸上，逐屈曲形势，裂取而补之。若不先正元理，随宜裂斜纸者，则令书拳缩。"这段话的大意是说：书有了损坏，出现了裂口、裂缝，把纸简单地剪成方块去补，书叶一般都会出现拳缩现象。补过的地方形成瘢疮状，又厚又硬。这种疮瘢一样的补丁对于书是有损害的。撕如韭菜叶一样薄的纸用来补书，只使书叶破口边缘和补纸边缘微搭上一点，就近于没有什么搭界一样。如果不是向着光亮把书拿起来看，大致是看不出补过的。书叶破口若是屈曲不直的，还必须按照书叶的纸纹把纸摆正，再按照破口的形状把纸撕下补在书叶上。若是不先把纸的纹理摆正，撕的纸纹是斜的话，补过的书叶就会拳缩不平。

这段对如何修复古书的记载，是现时能找到的最早的了。根据这段记载，可以想象到当时修复技术的细致和高超。其中"目非向明，举而看之，略不觉补"，就是说的"整旧如旧"，即书籍修补过之后，不仔细看是看不出补过的。在这段记载中，我们还能找到对简单轻率的补书法"剾方纸而补者"，即把补纸剪成面积大小差不多的方块形状用来补书的批评，指出用这样的补书法，书籍会受到损失。遗憾的是，这种当年书铺为求速度而采取的补书方法，至今有些地方还在使用，甚至当作经验写进了有关文献，这是非常值得我们注意的。

与"整旧如旧"相对，古籍修复还可以"整旧如新"。整旧如新，顾名思义，就是书籍虽经过修整，但从外观看来，和新书一样。这就要谈到古籍修复中的另一项"衬纸"技术的发展。"衬纸"是在已修好的书叶背面，衬一张纸。这种方法，一般用于书叶较薄、破损程度严重的书籍。随着衬纸技术的不断应用和改进、提高，古籍修复技术人员又创造出新的修复手段和书籍装帧形式，丰富了中国古籍修复技术的内容。像我们常说的接书背、金镶玉等等，就是在衬纸基础上，不断丰富、改进技术的成果。

无论是"整旧如旧"，还是"整旧如新"，都要"整旧"。这个工作就是在修复过程中的"补破"，是关键的关键。修复技术的优劣在很大程度上取决于"补破"这一工作的处理。而

"补破"往往有很大的随意性。不同的工作人员在技术上的差别往往就表现在这"随意"的处理之中。而对这"随意"的处理是否适当，则取决于修复人员的经验积累。修复工作"三分靠技术，七分靠经验"，从这个角度上说是一点也不过分。因此，在整个书籍修复过程中，"具体情况具体分析"，根据古籍的实际的破损情况，采取适当的修复手段，是一个修复人员技术成熟的标志。

古籍的文物价值和资料价值因书而异，每部书的破损情况亦不相同。以书籍版本特点而论，宋元珍本的修复肯定不应与普通古籍的修复相同；书品宽大的书肯定不能与书品小的书处理方法相同；甚至书册的多少、书叶的薄厚等都是决定使用何种修复手段的参考因素。

书籍的破损可分为以下几类情况：水浸、火燎、虫蛀、鼠咬、霉菌腐蚀及纸张纤维老化。虫蛀鼠咬属于"硬伤"，书叶虽破，不难处理。霉菌腐蚀及纸张老化，则是书籍的致命伤。书叶外观虽然完整，但处理时却不同于虫蛀鼠咬之类简单补一补破损即可。即使书叶损坏的原因相同，具体的破损情况也不尽相同，必须根据实际情况，采取不同的修复方法。因此，对修复工作者来说，不断改进技术，积累经验，提高业务素质，才是做好本职工作的先决条件。

在流传下来的古籍中，制作时间最早的是晋唐时期的书籍，最晚的距今也已有百年。这些书籍无论制作的年代远近，都具有一定的文物价值和资料价值。我们在修复中采取的所有措施，从实质上来说，都应该是对书籍进行保护，使其"益寿延年"，而不是相反。因此，无论在修复过程中采取什么样的措施，在施行时都要十分细致和小心。在其他行业中允许出现的"返工"、"报废"现象，在古籍修复中是绝不容许存在的。这是因为古代书籍在流传过程中，已经有过太多的磨难。历次改朝换代过程中，书籍没有不受损失的。战乱灾祸、朝廷禁毁，已使大量古籍绝版毁灭，侥幸流传下来的书百不存一。虫蛀鼠咬也是这些古籍的大厄，倘若在修复过程中因为我们的粗心大意，对书籍又造成新的伤害，那我们可就成了历史的罪人。

我们现在掌握的大都是传统技术。作为一个古籍修复工作者，仅掌握这些技术是远远不够的。一个优秀的技术人员修过的古籍并不一定都是质量优秀的。以国家图书馆所藏的举世闻名的《赵城金藏》的修复工作来说，就很能说明问题。《赵城金藏》修复以前，部分卷子破烂不堪，有的因受潮已经发霉而变成一根纸棍。经过十年时间的修复，《赵城金藏》面貌一新。这对当时参加这项工作的人来说，无疑是一生中对祖国做出的巨大贡献。但是这些经卷在修复过程中，有的衬纸被揭掉而换裱了新纸，现在看来是极不应该的。因为经过修复的经卷外观已经改变了颜色，纸张的薄厚也发生了很大变化。经过这样装裱，《赵城金藏》作为文物保留下来了，但作为资料却遭到了一定程度的损害。这对于当时参与《赵城金藏》修复工作的人来说，不能不是一个终生的遗憾。像这样的事情在今后的古籍修复工作中，是一定要避免的。说到这里还想再强调一下"整旧如旧"的原则，修复过的古籍一定要尽最大的可能保持书籍原貌。越是修复文物价值高的书籍，越是要注意这一点。书上原有的书皮、护叶、衬纸乃至残损的书签等物，都要刻意保存，使之继续保留在书籍上。

为保证工作质量，还应该注意以下几点：

第一，采用修复措施一定要有可逆性，即在古籍修复工作中采取的任何一项修复措施都可以反复的重复使用，比如在书上补的纸是可以随时拿掉重新补过的，这一点非常重要。中国传统修复技术已经经历了上千年的考验，历史证明它的可逆性非常强，是一项可靠的技术。

第二，修复普通线装书时必须像修复善本书一样。

从事古籍修复的人员，都比较注重善本古籍的修复，而对普通线装书一般则重视不够。众所周知，古籍中"善本"和"普通古籍"是人为划分的，其涵义是随时间的推移而不断变化着的。现在的普通线装书过一段时间以后就有可能被视为"善本"。与其在以后视为"善本"时加以精心修复，不如现在就善待之。因此在修复普通线装书时，亦应一丝不苟，严格遵守操作规程，确实保证修复质量。

第三，工序简单的和工序复杂的同样认真对待。

书籍的损坏程度不同，采取的措施也不尽相同。损坏程度严重的，需要采用复杂一些的技术措施，损坏程度轻的，采用的技术措施就简单些。但是措施简单并不意味着可以"省事"，也必须和技术措施复杂的一样认真操作，不得有半点马虎。万万不可草率从事，单纯追求工作数量，使古籍在修复过程中遭到不应有的损坏。像用刀裁切、用锉和砂纸锉磨书叶等对书叶有损的措施，不可轻易采用。

第四，采用新材料、新技术时要十分慎重。

任何一项技术都需要不断丰富，不断改进。我们现在所使用的修复技术，是前人在经历了上千年的工作实践和积累，经过总结以后留给我们的成功经验，我们现在要很好地继承和发展。随着时代的变迁，科学技术的不断进步，修复工作中要采用一些新技术、新材料是必然的事。很多新技术、新材料在应用到古籍修复过程中必须要注意：这些材料或技术当时使用起来效果可能很好，但这些材料或技术的使用对书籍有没有负面影响，这些在短时期内是不容易看出来的。在这方面，国内外都有令人难忘的教训。在20世纪中叶，塑料膜问世。当时看来，无论在透明度、厚度以及透气性等方面，塑料膜都是很不错的包装材料。因此，有的图书馆就用来封装珍贵图书的残片。不幸的是，仅仅过了半个世纪，这些塑料膜就发生了变化，颜色不再透明，且卷曲得非常厉害。结果不得不又花费人力物力来拆掉这些塑料膜，重新用纸袋分装。由此可以看出，对新技术、新材料的使用要特别慎重。

第五，既要安全、方便，又要符合环境保护的要求。

古籍修复工作和古籍保护工作是紧密相关的，有些工作如古籍用纸的去酸、除霉等本身就是古籍保护工作的范畴。在这些工作中要使用一些化学药品，工作后会产生一些废水和废气，有可能对环境造成污染。因此，在工作中要尽量选用一些对纸张无害、对环境没有污染的药品或材料，不要因修复古籍而污染了环境。

总之，古籍修复是一项技术要求高、质量要求严的工作，做好这项工作，意义非常重大。

修复前的卷装书籍

修复好的卷装书籍

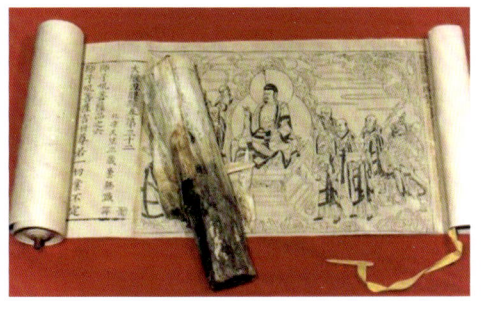

卷装书籍修复前后状况

修好的包背装书籍

线装书修复前后状况

修好的线装书籍

经过"金镶玉"方式修复的书籍

修好的毛装书籍

四、古籍修复常用工具、材料和设备

工作台

修复古籍的工作台，多为木制，一般来说，还是尽量大些，用起来才方便。国家图书馆为修复人员配置的工作台，长180厘米，宽90厘米，高78厘米，系两头沉写字台式。左边为柜门，有锁，右边为抽屉。一般的写字台、三屉桌也可以作为工作台用，这是古籍修复工作最基本的设备。

案子

主要是裱画用，规格越大越好，用几张桌子拼起来也可以。主要是在裁纸、排样时使用。

补书板

以前都用草纸板粘合而成，外贴白宣纸，是补书用的专用工具。用草纸板糊成的补书板吸水性好，但容易受潮变形，使用一段时间就要换一块。现在可使用中密度板，在板面上裱几层宣纸，效果很好。中密度板是一种合成木板，现在家具行业普遍采用，其优点是不怕磕碰、不怕潮和不易变形，用做补书板非常理想。当外面的宣纸脏了，可在补书板上喷些水将宣纸揭掉再裱，继续使用。

补书板没有固定的尺寸，一般多为30—40厘米宽，50—60厘米长，厚度一般不要超过一厘米。在补书过程中，使用补书板可使补好的书叶平整，修复的质量好。

毛笔和浆糊碗

毛笔是补书主要工具。一般用"长锋大楷"或"大白云"笔。修复工作中使用毛笔的时间很多，毛笔的质量如果不好，容易掉毛、掉笔头。浆糊碗一般用两个，一个盛水，一个盛浆糊。碗的重量大、碗底大些的较好，在使用中不易翻倒。不锈钢碗最好。

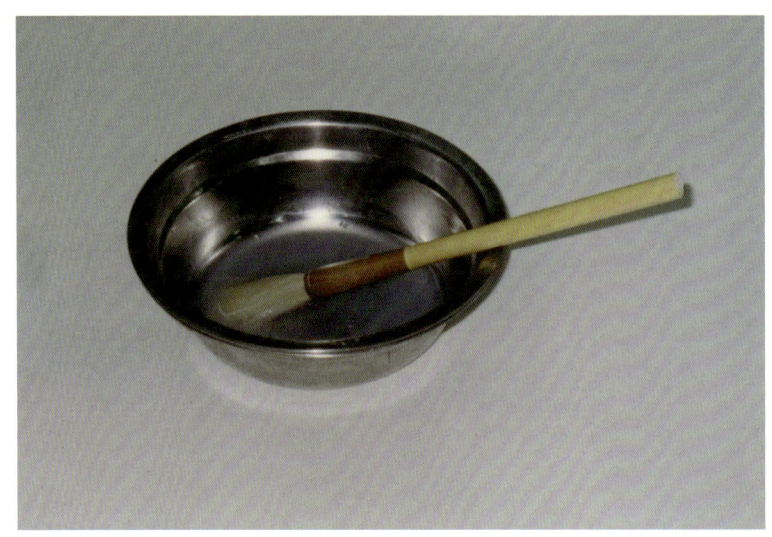

浆盆

裱书叶时盛浆糊用。以分量较重、放在桌上不易滑动、排笔放进去不会躺倒为最好。

排笔

裱书叶用主要工具之一，长锋排笔最好。也可以把多管排笔锯断为7—8管的小排笔，使用起来比较方便。

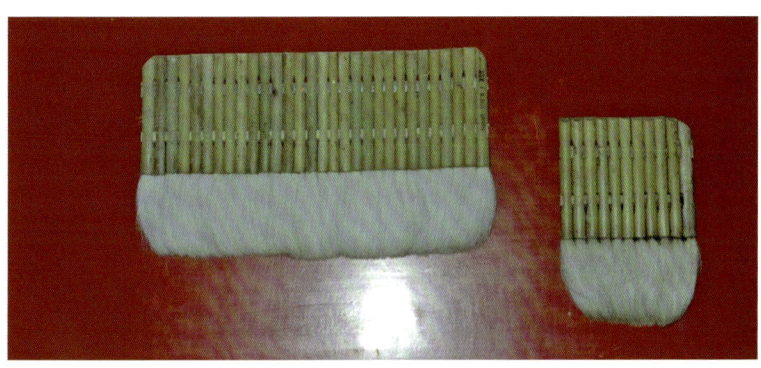

裱板

现在使用的一般为木制板，尺寸多为长40厘米，宽60厘米，厚3厘米左右。上涂白漆，用来托裱书叶。使用时，要在上面再铺一层透明塑料布，以便于揭下书叶。现在市场上有一种LED动漫工作台，稍加改进就可作为裱版使用，效果很好。

镊子

一般选用医用眼睫毛镊子，镊子头上不要太尖，圆头的最好。镊子夹口内侧不要有防滑棱的，平的最为理想。镊子的大小，随个人习惯而定。

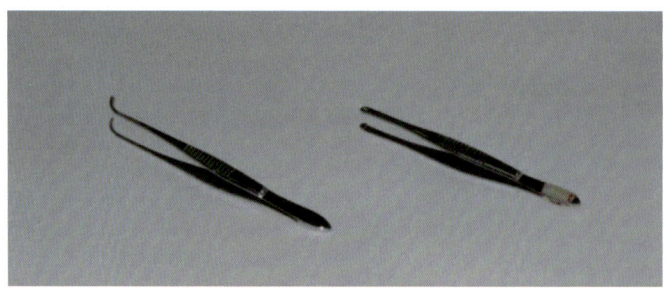

棕刷

是用棕树皮编扎制成。棕刷应选用棕丝细密，绑扎硬实，大小适宜的。目前市场上出售的棕刷种类很多，规格多样，在挑选时要多加注意。

板刷

原为油漆刷，可用来刷较稠的浆糊。

晾纸架

用于搭晾湿书叶和湿纸。有平晾和立晾两种。立式架子最好有两层，每层可搭七八根横竿。平晾纸架可选用印刷行业使用的50层铁制晾版架，一次晾好几十张纸，非常实用。

喷水壶

有金属壶、塑料壶两种，用金属镀铜壶盛水，壶底常会出现水垢，时间稍久就会漏水。塑料壶虽然没有这个问题，但用不长时间喷嘴就会出现毛病，要经常更换。

压书板和石板

压书板过去多用樟木、楠木制作，现在还用这两种木材制作已不大可能，可用中密度板代替。可在板上糊一层白纸，以克服在压书叶时容易把首尾两张书叶吸住的缺点。

石板用汉白玉制最好,可制成两种规格:大板30厘米×40厘米×3厘米,小板20厘米×30厘米×2厘米,大板用来锤书,小板用来压书叶。其实,石板的规格并不固定,只要比修补的书大些就行了。锤书用的石板板面要平、滑,用过一段时间后,石板表面可能会出现一些小坑,须磨平再用。

启子

长30厘米左右,用竹片削制,也有用牛角刮制的。一头扁圆,刮平。专门用来揭挑书叶或把裱好贴在墙上的书叶启下,所以叫"启子"。

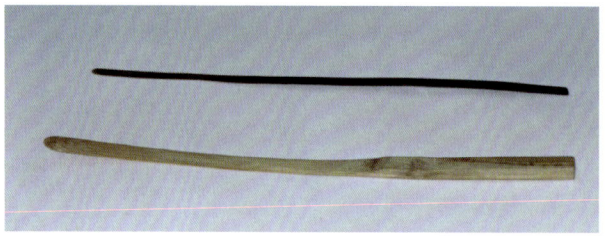

剪子

大小、型号根据个人的使用习惯选择。

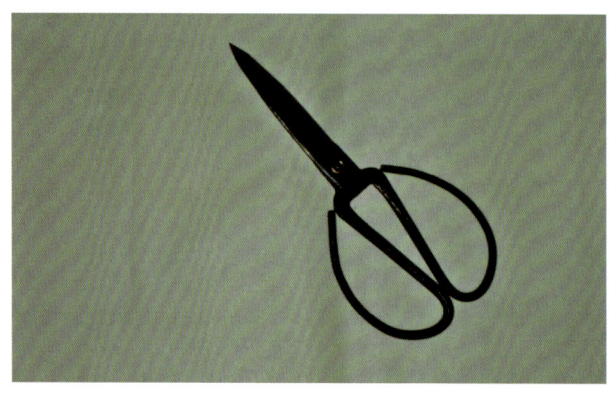

锥板

木制, 规格40厘米×50厘米×5厘米, 柳木最佳, 越厚越好。

方顶铁锤

锤书专用。

锤书石板

锤书专用, 汉白玉制作的石板最好, 大理石次之。

铜（不锈钢）箩

过滤浆糊专用。

钳子和铜（铁）丝

用来制作裱件的挂圈。

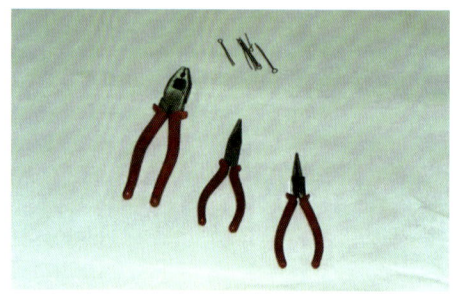

裁板

以前用硬杂木制作，后多用杨木、桦木五合板裁制。现多用塑胶裁板。

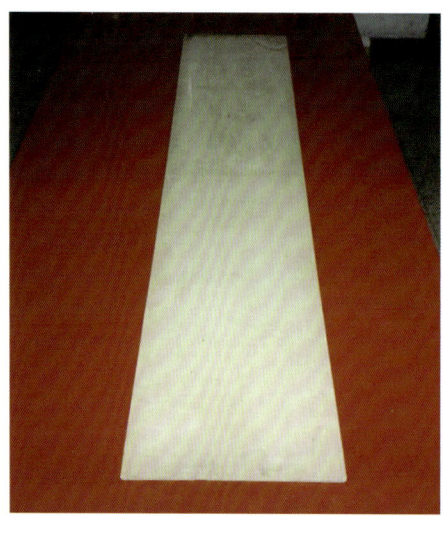

尺子

分为0.50米、0.85米、1.35米和2米等几种规格，宽约0.05—0.08米，厚在0.01—0.015米之间。传统的尺板用楠木板制作，两边镶粘竹条。现在也有人用有机玻璃、玻璃钢或钢尺代替。

刀子和轧子

刀子有横刀、立刀两种。横刀用来裁割，立刀用来裁切。

轧子用竹、木、有机玻璃制品均可。形状为刀形或圭形，刮光，用来轧平纸张折缝。

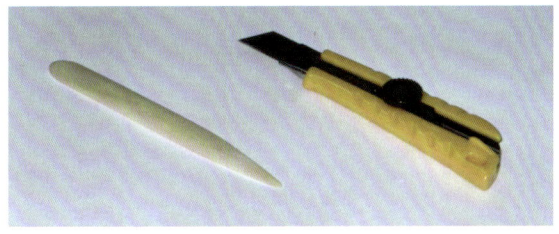

锥子和敲槌

锥子用钢制成，长15—18厘米。尖头方顶，一般为自制。

敲槌用硬木制作，四棱，长方形，手握处稍细并磨光。用来敲击锥子，在书叶上打眼。

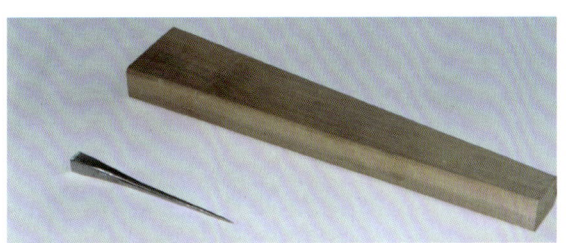

针

大号缝衣针。

书皮用料

发笺。

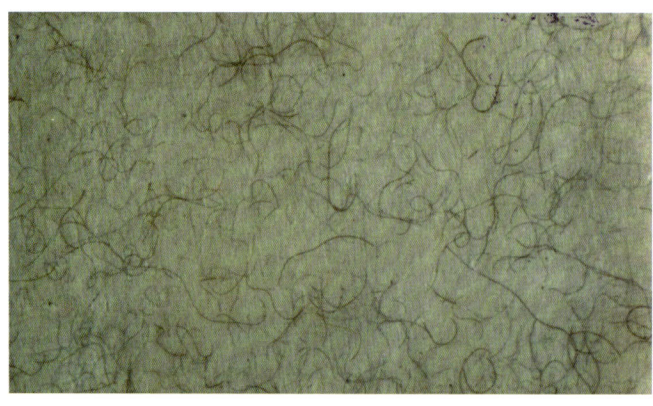

洒金笺。

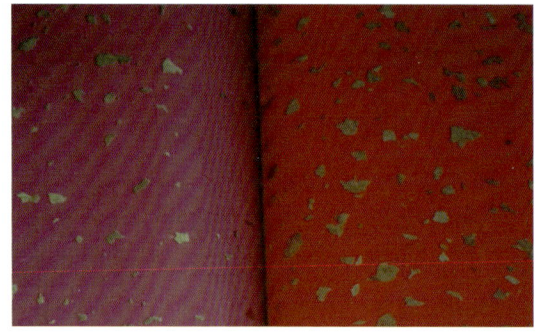

丝线

线装书订线专用。

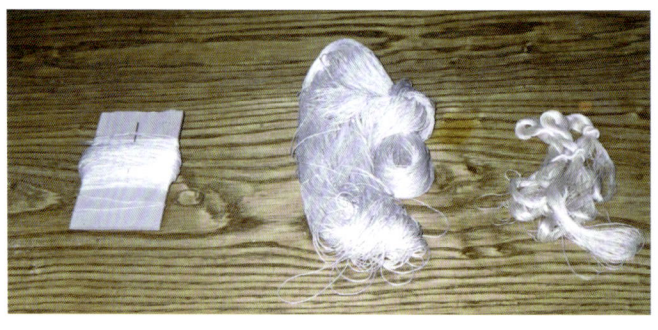

锦

色彩鲜艳，纬丝颜色在三种以上，缎纹地，提花，花纹精美古雅。如宋锦、仿宋锦、云锦、蜀锦等等，是丝织品中最厚重的。现在市场上能见到的锦有纯蚕丝织物、蚕丝和人造丝混纺织物、完全人造丝织物三种。三种锦的价格不同，容易区别。

绫

斜纹或斜纹地，提花。常以团龙、鸾凤、寿字等图案为花纹，是丝织品中最轻、最薄、最柔软的。市场上售卖的绫一般分为素白绫和色绫两种，颜色多为深棕、中黄、浅米、淡青、湖绿、中灰、浅灰、深蓝等几种。幅宽也是两种：68厘米和80厘米。

绢

质地挺括、平纹，比锦薄，比绫厚。

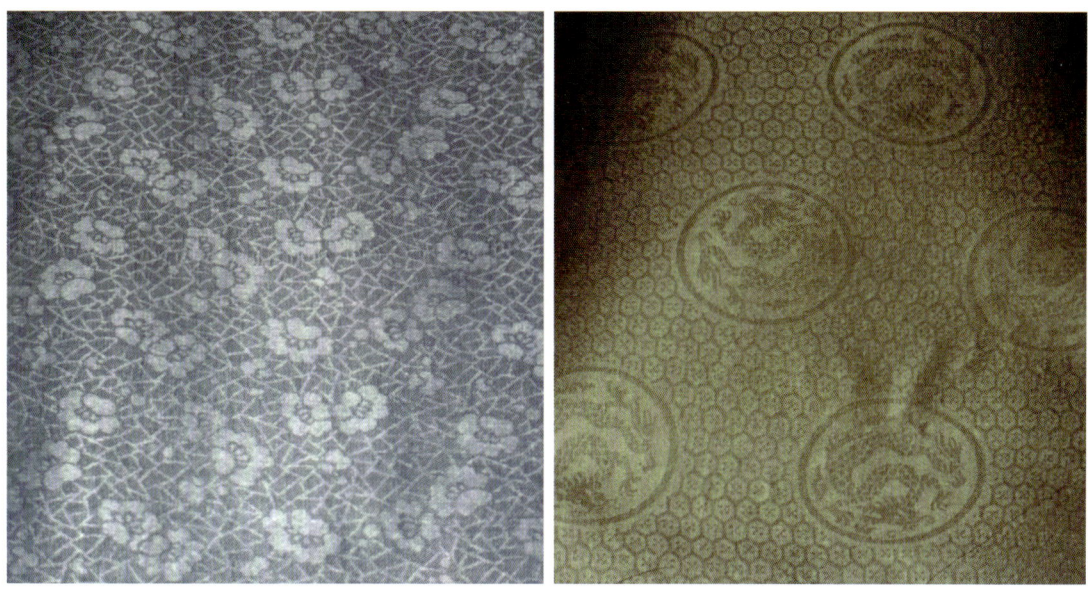

锦绫

是将锦、绫两种特点集中在一起的棉和丝混纺织物。比锦略薄，颜色也不如锦艳丽，但比锦柔软。

棉绫

棉和蚕丝（人造丝）混纺制品。从厚度上讲比绫厚，但比锦绫薄。色彩比绫丰富，幅面也宽。

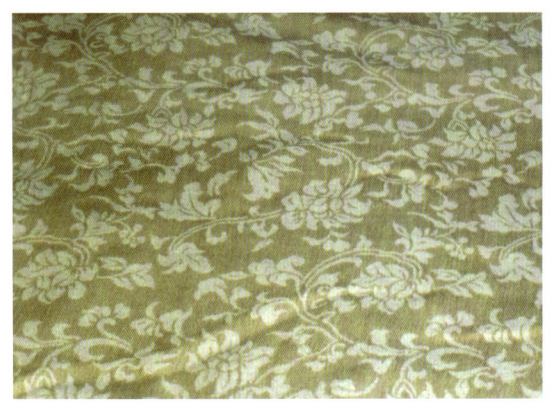

砑石和石蜡

专用于砑光裱件的褙纸。

纸张测厚仪

测量纸张厚度专用仪器。

水槽

长70厘米，宽40厘米，高5厘米至7厘米。不锈钢制最好，搪瓷槽、塑料槽也可，用来洗书叶和染纸。

晾纸架

用印刷业专用的晾版架改装，晾干书叶专用。

压书机

有手动、电动两种。修补旧书经常使用的是手动的。电动压平机只用来压实新书和"整旧如新"的书籍。

电动压平机   手动压平机

切纸机

主要用来裁切纸张、纸板,除了新书和"整旧如新"的书,古书一般不可用机器刀裁切。

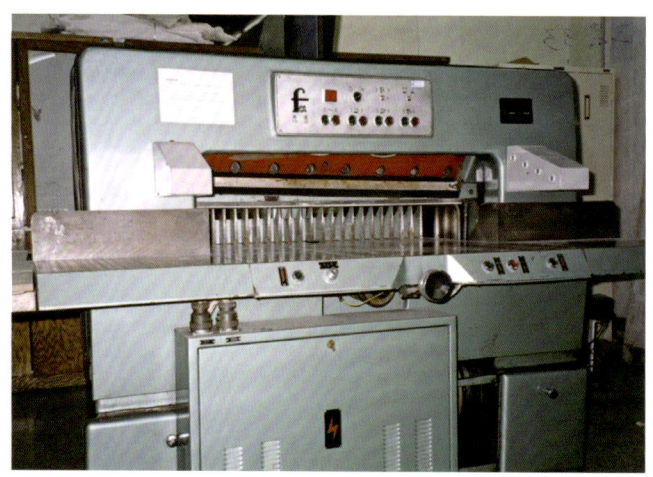

多用冲孔机

可用来裁切纸板四边的坡口和打孔。

木墙

我国北方地区多用粗木条组成木墙的边框,框内用细一些的木条组成木格加固,最后在木框外糊上9—11层纸制成传统木墙。

而在南方地区,木墙多用实木板或在木框上钉三合板、五合板,外涂桐油或清漆制成。

两种木墙各有优缺点:

纸面墙可在不同的温湿度条件下保持墙面的平整,特别适合在四季空气温度、湿度变化比较大的地区使用,缺点是受潮以后容易生霉且不易清除,而且在用过一段时间以后,清除木墙表面粘的纸边或破损以后的修理都比较麻烦。

木板墙清理墙面比较容易,缺点是在空气温湿度变化较大的情况下,容易变形,还有在裱件和墙面之间的透气性方面,不如纸面墙。

如果用在木框上钉五合板,然后在板面上和框架四周都涂上2—3层清漆,待漆完全干燥以后,再在板面上粘贴两至三层白报纸的方法制作的木墙,就可以综合纸面墙和木板墙两者的优点,既保留了纸面墙良好的透气性,又方便清理墙面(可将墙面的纸用水润湿后擦掉再重新糊纸)。

固定在室内的木墙

可移动的木墙

工作间

光线充足，环境安静，门窗可密闭，最好有空调设备。

第二章

古籍修复用纸

一、纸的制造

造纸术是中国古代四大发明之一，对世界文化的传播和发展以及人类社会的文明与进步作出了重大的贡献。在18世纪以前，中国的造纸技术在世界上一直处于领先地位。18世纪以后，机械化造纸大大发展。和现代机器纸相对，按照传统工艺，依靠手工制作的纸就叫做手工纸。

手工造纸经历了三个发展阶段才达到现在的生产水平，这主要表现在用原材料制好纸浆以后成纸方法的不断进步。

浇纸法是最早使用的造纸方法，这大概是最原始的造纸方法。在造纸之前先要用四根木条钉成一个四方形的木框，在木框上蒙一层透水性较好的布做成纸帘。造纸时，先在河边和水塘边挖一个土坑蓄上水，再放入纸浆搅散，将纸帘放在水中，漂浮在水面上。用勺或其他容器将纸浆舀起，浇在纸帘上，然后用木棒轻敲纸帘的木框，使纸浆均匀，最后将纸帘保持水平提起离开水面，平放在地上。

还有一种浇纸方法，是将纸帘架起离开地面，用浇料勺将纸浆浇在纸帘之上，再用鸟的羽毛刷平，这种方法适用于浇制大张的纸。

待纸浆中的水分蒸发掉一些，纸浆可固定在纸帘上不再流动时，将纸帘一边抬起，用木棍支起，将纸连同纸帘一起晾干。由于将纸浆浇入纸帘的动作如同泼水，因此也有人将这种造纸法称作泼纸法。这种造纸方法在我国西北、华北地区使用了相当长的时期，直到现在，新疆、青海地区还有人用这种方法造纸，当然，这时造纸的目的，只是为了满足一些特殊的需要了。

漉纸法较浇纸法稍微复杂一点，在造纸前要先建一个齐腰高的水槽，纸帘上蒙的是草或竹制成的过滤网。方法是将水槽中注水，放入纸浆搅散，右手握住竹帘的一端提起，使纸帘以近乎与水面垂直的角度插入水中，然后将纸帘逐渐放平，全部浸入水中，左手拿住纸帘的另一端，将纸帘水平抬起离开水面，滤净纸浆中的水，然后同浇纸法一样将抄造好的纸膜同纸帘一起晾干。

以后，漉纸法有了一点改进，就是在纸帘上做了一些改进，将纸浆过滤网和木框分别制作然后组合在一起，在抄好纸浆后，卸下纸浆过滤网，木框上再换上另一块过滤网继续工作。这样，一个木框就可以连续使用了。

抄纸法是最进步的造纸法。抄纸法与浇纸法、漉纸法最大的区别，就是纸帘与木框可完全分离，木框经过改进成为帘床，在抄纸后纸帘可重复使用。其次，是将纸膜贴在烘房的火墙上烘干。其法是将细竹条制成的纸帘放在帘床上夹住，两手同时握住木帘床，纸帘靠近操作者身体的一端先入水，再上抬，待纸帘达到水平时抬离水面。取下纸帘，将有纸膜的一面向下，将纸帘平放在一块草席或竹席上，使纸膜贴在席子上。取下纸帘，再放在帘床上继续使用。第二张纸膜抄好以后，就与第一张纸膜对齐，压上摞在一起，待纸膜累积摞在一起达到一定数量后，再夹在木板中，逐渐加压榨出水分，最后再将纸膜一张一张地揭开，在烘房里的火墙上刷平烘干。抄纸法极大地提高了工作速度，节省了工作空间，是现在我国制造手工纸的主要方法。

手工纸以原料划分主要有两种：植物的韧皮纤维和茎秆纤维纸。韧皮纤维生长在植物茎秆的外皮之中，可取自一年生植物和多年生植物。一年生植物韧皮纤维主要取自麻类植物，多年生植物韧皮纤维主要取自檀树、构（楮）树、桑树等树种。茎秆纤维取自植物茎秆，主要取自一些竹类和草类植物。

1. 麻纸

以大麻、亚麻、苎麻等麻类植物纤维为主要原料制成的纸，称为麻纸。

根据文献记载和出土文物的发现来看，我国制造麻纸的历史可以追溯到汉代以前。在所有的纸中，麻纸是最先发明的。在众多品类的纸中，麻纸的制造过程最简单，这也是麻纸最先发明的原因。因此，制造麻纸的历史最悠久。汉代如何制造麻纸，没有详细的文献记载。但从用传统手工造纸技术制造麻纸的过程来看，麻纸的生产主要经过以下几道工序：

沤麻——把采集到的麻去掉枝叶，捆好，放入水中浸泡、发酵。经过一段时间的沤制，使麻皮从麻秆上脱离。再经过摔打，去掉外面表皮，就得到麻纤维束。

切碎——将麻纤维切短、切碎。切麻时，将麻料放在齐腰高的木墩子上面，用斧子切剁。

灰浸——用石灰水或草木灰水浸泡麻料，以脱去麻料中的杂色、污物及杂质，松解麻料中的胶质物质等。

蒸煮——把麻料放入特制的锅中蒸煮。锅为铁制，直径1.5米以上。锅上砌有石桶或装有木桶，总高可达2米以上，可以一次蒸煮很多麻料。从出土的实物来看，东汉时期人们已经懂得使用蒸煮的方法脱去麻料中的杂质。使用碱性溶液加以蒸煮，加强了对纤维的腐蚀和净化，也为后世利用化学方法制浆造纸开辟了道路。

洗涤——将经过蒸煮的麻料放入筐中，用水淘洗。或将麻料放入池中，放水冲洗，洗去麻料中掺杂的灰分。

舂捣——舂麻用杵、臼。杵是一根木棍前端装一半圆形石块，臼是一段中间挖凿有圆坑的圆柱形石头。把灰浸的麻料放入臼中，用杵舂捣，以增强灰水对麻料的浸透。舂捣是一项非常耗费体力的工作，劳动强度很大。为了降低劳动强度，人们对杵臼加以改进，使用踏碓。

踏碓是利用杠杆原理对杵加以改造，由手工操作改为用脚踩踏。有的造纸专家认为，踏碓很可能在汉代就已经出现了，就是说踏碓这种工具的使用，已经有了一千多年的历史。现在，在不少手工造纸的地方，还能找到废弃的踏碓。如今取而代之的是碾压机械。经过机械碾轧的麻料，较之用杵臼、踏碓舂捣，受力更均匀，工作效率也大大提高了。

洗涤——再次淘洗，洗净麻料中的杂质。

根据原料处理情况，决定舂捣的次数。若原料中杂质含量较高的话，舂捣的次数就要增加。最多的可达"三捣三洗"。

打槽——把适量麻料放入加水后的纸槽，反复搅拌，使麻纤维呈完全分离状态，均匀地悬浮在水中。

抄纸——把抄纸器浸入水中，将麻纤维捞出，同时把水滗出，使麻纤维在抄纸器上形成一层薄膜。唐代以前的抄纸器没有实物流传下来，据考证，那时的抄纸器可能用马尾、生丝等制成，在我国西北地区，还有用草做抄纸器的。1996年春，笔者在法国国家图书馆藏敦煌遗物中发现一块抄纸帘。该抄纸帘的制作材料是丝线和竹丝，竹丝非常细，和现代手工抄纸的纸帘几乎没有什么区别。这块抄纸帘的存在，说明当时的抄纸工具已经分为帘床和抄纸帘两部分，这种可分可合的抄纸器，是手工造纸最重要的设备，利用它可以抄出质量非常好的纸。

压榨——刚刚抄出饱含水分的纸膜垛在一起，非常松软，一点强度都没有，要增加纸膜的强度，就要除掉纸膜中的水分。要慢慢地、一点一点地在纸膜上逐渐加压，使纸膜中的水慢慢地被压榨挤出。这时，掌握压榨的力度是非常重要的。施压的力量稍大，纸膜中的水就会在压力下强行穿透纸膜，造成残次品。

烘干——把纸膜一张张揭开，贴在墙上刷平，待干后揭下，麻纸就造成了。

从现在传世的实物和出土的文物来看，唐以前纸制品中，大部分是用麻纸制成的。敦煌遗书中就有许多是写在麻纸上的，至今完好。"纸寿千年"，真是名不虚传。

2．皮纸

主要原料是生长期为三年左右的桑树、檀树、构树等树枝干的树皮，以树皮中的韧皮纤维为主要原料制成的纸，称为皮纸。我国制造皮纸的历史，也可以上溯到汉代。《后汉书·蔡伦传》："自古书契多编以竹简，其用缣帛者谓之为纸。缣贵而简重，并不便于人。伦乃造意，用树肤、麻头及敝布、鱼网以为纸，元兴元年（105年）奏上之，帝善其能，自是莫不从用焉，故天下咸称蔡侯纸。"蔡伦选用的造纸原料中的"树肤"就是树皮。《艺文类聚》卷五十八引《大汉舆服志》云："东京（洛阳）有蔡侯纸，用故麻名麻纸，木皮名穀纸，故渔网名网纸。"这就是说，蔡伦当年造的纸，不是把树皮、麻头、破布、渔网等原料放在一起制成混料纸，而是用这几种原料分别造纸。"木皮名穀纸"的"木皮"，就是树皮。"穀纸"的"穀"就是构树，也叫做楮树，所以"穀纸"就是"楮纸"，就是用楮树树皮制成的纸。《齐民要术》中对于种楮造纸也有专门记载："楮宜涧谷间种之……三年便中斫。……煮剥卖皮者，虽劳而利大。自能造纸，其利又多。种三十亩者，岁斫十亩，三年一遍，岁收绢百匹。"这里说的楮，就是专门为造纸种的树,在我国南方,有把这种树直接叫作"纸皮"的。

剥离树干的树皮

树枝

皮纸的制造比麻纸复杂一些,据明《江西省大志》中记载,楮皮纸的制造过程是:"漕户雇请人工,将前物料(指楮皮)浸放清流激水,经几昼夜,足踏去壳,打把捞起。甑火蒸烂,剥去其骨。扯碎成丝,用刀锉断,搅以石灰存性。月余,仍入甑蒸。盛以布囊,放于急水。经数昼夜,踏去灰水。见清,摊放洲上。日晒雨淋,无论月日,以白为度。木杵舂细,成片揭开。复用桐子壳灰及柴灰和匀,滚水淋泡。阴干半月,涧水洒透。仍用甑蒸、水漂、暴晒,不计遍数。多手择去小疵,决无瑕玷。刀斫如炙,揉碎为末。布袱包囊,又放急流洗去浊水。然后安放青石板合漕内,决长流水入漕,任其自来自去。药和融化,澄清如水。照依纸式大小、高阔,置买绝细竹丝,以黄丝线织成帘床,四面用筐绷紧。大纸六人,小纸二人,扛帘入漕。水中搅转,浪动搅起,帘上成纸一张揭下。垒榨去水。逐张掀,上砖造火焙:两面粉饰光匀,内中阴阳火烧。熏干取下,方始成纸。"较之麻纸的制造,复杂多了。值得注意的是,将纸料放在野外"日晒雨淋,无论月日,以白为度",实际上就是一个自然漂白的过程。这个过程很长,一般要在半年到一年之间。质量上乘的纸,一般都有几年甚至更长的自然漂白时间。经过自然漂白的纸,纸色洁白如玉,典雅古朴。用漂白粉漂白的纸,绝对没有这个效果。

皮纸的出现,是造纸技术史上一个重大的事件,它为以后逐渐发展的造纸生产开辟了广阔的原料资源。同楮树一样，桑、檀等树的树皮也可以造纸，著名的安徽宣纸，早期就是以檀皮为主要原料制成的。

经过处理后的树皮

准备造纸用的料坯

干纸浆

3. 竹纸

以毛竹、苦竹、慈竹等竹类的茎秆纤维为主要原料制成的纸，称为竹纸。

竹纸原料的采集以嫩竹为主。我国拥有竹类作物250多种，其中有50多种可以用于造纸，资源丰富。麻纸、皮纸是以植物韧皮纤维为主要原料制成的纸，而竹纸是用植物的茎秆纤维制成的纸。从造纸技术的发展来看，从麻纸到皮纸，是造纸技术上的一大进步。而从生产皮纸到生产竹纸，更是造纸技术发展史上一个新的阶段。从仅仅使用植物的韧皮部分造纸，发展到可以使用植物的全部茎秆造纸，是造纸史上的一次历史性的革命。竹纸的制造，开创了造纸史的新纪元。正因为有了制造竹纸的技术，才使得利用木浆造纸有了实现的可能。

据文献记载，我国晋代就出现了竹纸，唐、宋即已广泛使用。在法国国家图书馆藏的敦煌遗书中，就发现有的书是竹纸的。在我国长江中下游及珠江流域很多省份都生产竹纸。浙江、福建、广西、云南、四川等地出产的手工纸，多为竹纸。毛边、毛太纸更是典型的竹纸。

《天工开物》一书中，详细地记载了竹纸制作的各道工序。笔者曾到过南方一些生产竹纸的造纸厂，考察竹纸的生产工艺。各地生产竹纸的工艺大同小异，一般来说，现代的竹纸生产主要有以下工序：

竹林

砍竹去枝—— 选好准备造纸用的竹料，砍掉枝叶，只留主干。

截筒去青——将竹料截成1.5米左右的竹筒，刮去竹料最外一层青皮。

破筒、截段、捆扎——将去掉青皮的竹筒摔裂或砸劈，破成板条。再将板条剁成50厘米左右的小段，并用竹皮作绳把剁好段的板条5公斤左右捆成一捆。

灰沤——将捆好的板条放进水池，加进一定量的石灰沤制，然后堆放在一起。

冲洗——竹料沤制三个月后，用流动的水冲净。

压榨——将水挤净。

拣选——将竹料捆打开，将未沤透的竹节、杂物等捡净，重新捆好。

蒸煮制浆原料用的石砌大锅外观。

蒸煮——将竹料放入特制的大锅中，加入碱性溶液，密闭，锅下生火，蒸煮至竹料熟透为止。

发酵——将熟制竹料放入池中，加入有机溶液，浸透。

放掉池中的溶液。

冲洗——池中反复放水、排水，将原料漂净。

拣选——将竹料捆打开，捡净未熟透的竹节、杂物等，放入竹筐中。

碾轧——用杵臼将竹料捣碎。

用石碾子代替杵臼将竹料碾碎。

漂白——碾碎的竹料入池。

加水，加漂白粉，搅匀。

　　用纸浆泵将纸浆抽到浆池，排水，将纸浆控干。

抄纸用的竹帘。

竹帘细部。

　　兑浆抄纸——将适量纸浆放入纸槽搅匀，使纸浆均匀地悬浮在水中。用竹帘抄取悬浮在水中的纸浆，抄幅面较大的纸要用两个人，抄大型纸要两个人以上。

　　抄幅面较小的纸仅用一人操作。把竹帘夹在帘床上浸入纸浆池中。

　　提起帘床，纸帘上过滤后留下的纸浆在竹帘上形成纸膜。

稍微控一下水，提起竹帘。

将纸膜放在木板上。

揭起竹帘，重复动作。

脱水——将抄好的纸膜用木板夹住，放在压力机下面逐渐加压，将纸膜中的水榨出。

经过压榨的纸坯。

烘干——揭起纸膜，将纸膜在加热的铁板上刷平，干后揭下，即成纸。

4. 草纸

晾晒在山坡上的稻草。

　　以稻草等草类纤维为主要原料制成的纸称为草纸。草类植物茎秆上的结节在制浆时处理起来有一定难度，因此使用草类植物纤维造纸要比用麻、树皮造纸的工艺复杂一些，有些工序要反复操作，因此制作周期也要长一些。

5. 混料纸

以两种或两种以上的原料混合在一起制成的纸即混料纸。以竹纤维和其他纤维混合在一起造纸比较常见。由于混料纸可综合各类纤维造纸的优点，还可大幅度降低成本，因此，混料纸一问世，就受到人们的关注，以至于现在很难找到原料单一的纸。从这个意义上说，市场上能买到的传统书画纸，大部分是混料纸。

二、古今书籍用纸

自汉代以来，历朝历代都生产出很多有名的书籍用纸。据文献记载和实物留存，历代名纸数不胜数。下面简要介绍一下现在确切知道造纸原料的一些古代书籍用纸和现代用来作为修复材料的中国传统手工纸。

1. 以原料命名的纸

剡藤纸

晋代名纸。产于浙江嵊州曹娥江上游，该地古称剡溪，又因采用藤本植物为造纸原料，故得名。到了宋代，又有人称之为"藤角纸"，后因藤类植物资源缺乏和制作成本高等原因，逐渐被竹纸所取代。

蜜香纸

晋代名纸。用广东罗州即今广东廉江市周边区域的栈香树皮为原料制成。栈香树又名蜜香树，此纸因此得名，直到唐代一直都在生产。但可能由于纤维原因，纸的质量并不太好，故流传有限。

侧理纸

始见于晋代。又名"苔纸"，即在纸浆中加入少量的水苔后制造的纸。因水苔又名陟厘，后人讹为"侧理"，所以叫做侧理纸。由于水苔的颜色是青绿色的，因此纸上有明显的类似纹理的花纹。晋代的侧理纸只见于文献，实物罕见。但此种造纸方法并没有失传，现在还能见到的明清时期使用楮皮和少量的水苔、发菜制成的"发笺"，就是用制造侧理纸的方法制作的。这种纸现多用作书皮。

麻纸、硬黄纸

是用麻类纤维制成的纸。有黄麻纸、白麻纸之分。黄麻纸是在白麻纸的基础上，再刷上有避蠹作用的黄檗水而成。唐代以前，书籍用纸多用麻纸。由于生产的年代不同，麻纸的质量也大不相同。南北朝时期的麻纸多无帘纹，纸虽薄却非常均匀，厚度一般在0.05毫米左右。到了唐代，纸微微加厚，达到0.08—0.1毫米，纸上有帘纹但很不规则，每张纸的长度多在50厘米左右，宽度一般为27厘米左右，但也有例外，最大的纸宽度可达到33厘米。

在黄麻纸上面涂上蜡，再经过砑光处理就成了硬黄纸。硬黄纸是一种加工纸，纸面光滑、晶莹,质地细密,既防虫避蠹,又避湿隔潮。绝大多数的敦煌遗书用的是白麻纸、黄麻纸和硬黄纸。

到了宋代,麻纸由于原料资源不能满足日益增长的需要而逐渐为皮纸所代替,但由于缺乏科学的鉴定手段,很多人以为宋代印书多用麻纸,其实,现在存世的宋版书,绝大多数是用皮纸印制的。

雁皮纸

是用雁皮制成的薄型皮纸。雁皮别称山棉皮,古名蒲仓或荛花。此纸原产于日本,后传入我国浙江温州、杭州、衢州等地,现在福建、湖南、江西和台湾等地都有出产,可用来作衬纸或护叶。

纱纸

实际就是构皮纸,主要产于广西都安、马山。因当地人称构树为纱树,所以此纸又叫纱纸。此纸幅面较小,纤维坚韧。国家图书馆珍藏的《赵城金藏》,就是用纱纸修复的。

狼毒纸

产于西藏,是用狼毒草的茎根为原料用浇纸法制成的。由于狼毒草中含有的化学物质可杀虫,所以此纸防虫防蛀。狼毒草本身的纤维含量并不高,但在西藏地区分布很广,在其他造纸资源缺乏的情况下,使用狼毒草造纸就成了当地人的最佳选择。直到今天,这种纸还在制造使用。

桑皮纸

用桑树皮制造。全国大部分地区均有生产。国家图书馆近年在安徽定制了一批薄型桑皮纸,纸的厚度仅为0.01毫米,用来修补古书的书口,效果比较好。

竹纸

用各种竹子为原料制作的纸统称为竹纸。我国长江以南各省均有生产。竹纸的规格比宣纸略小,纸的厚度也薄厚不一,最薄的仅0.02毫米,厚的0.06毫米左右,可用来作为衬纸、护叶和书皮。

还魂纸

即再生纸。就是在造纸时加入一定量的用回收的旧纸制成的纸浆而造成的纸。这种纸的纸面上多有遗存的笔墨字迹及未充分打碎的小块旧纸等,一般用作吸水纸。

2. 以产地命名的纸

宣纸

唐代名纸。开始用楮皮为原料,以质地细腻柔韧、洁白平滑而著名于世。由于最初产于唐代的宣州即今天的安徽泾县一带,故称宣纸。明代制作宣纸时改用100%的檀皮制造。从清代开始,宣纸的原料中掺入一定数量当地出产的稻草而成为了混料纸。

在现在的市场上,一般把80%檀皮、20%稻草制成的宣纸称为"特净皮",60%檀皮、40%稻草制成的宣纸叫作"净皮",30%檀皮、70%稻草制成的宣纸就是"棉料"。一般用于修补书叶和用作护叶,经过染色可作为书皮。

澄心堂纸

五代时期的一种著名的加工纸，产地为安徽歙县及贵池两地，原料为楮皮。澄心堂原是南唐的创立者李昪在金陵时宴居和处理日常公务的地方。后主李煜在位时，设立专门机构造御用纸，就以澄心堂为纸命名。此纸专为御用和颁赐群臣，一般人很难见到。南唐灭亡以后，此纸从宫中流出，士大夫以得到一张澄心堂纸为幸事。后世多有仿造。

金粟山藏经纸

宋代名纸。金粟山在今浙江海宁西南，山下有金粟寺，宋代曾经在此刻印过佛经。当时刻印佛经用的纸用桑皮制造，纸背上多有一枚"金粟山藏经纸"朱红小印，因此得名。由于此纸有的涂了蜡而与硬黄纸的颜色差不多，所以有人称此纸为"蜡黄经纸"。此纸后代有仿制，一般用来修补书叶和用作手卷的迎首。

开化纸

产于浙江开化县，是明清时期的名纸。此纸以桑皮为原料制成，洁白坚韧，细腻柔软，清代自顺治直到乾隆时期内府和武英殿刻书多用，几乎成为皇家刻书的专用纸。开化还生产一种较开化纸厚一点的纸，纸色稍暗一些，人称开化榜纸。由于纸张特征明显，辨认起来并不困难，一般用于修补书叶，但现在想找到几张开化纸是非常困难的。

桃花纸

浙江於潜和昌化等地出产的一种比较薄的皮纸，原料是楮皮和桑皮，现在仍有生产。一般用来托裱书叶和修补书口。

富阳宣

浙江富阳市富春江畔出产的宣纸，大多数的富阳纸的造纸原料是竹料。可用作护叶和书皮。

温州皮纸

浙江温州生产，原料多为檀皮，纤维细腻，薄且均匀，厚度为0.1毫米左右。可用于修补书叶，而用作衬纸最好。

夹江宣

以竹为原料，因产于四川夹江而得名。可用来作护叶，经过染色可作书皮。

迁安宣

桑皮纸，河北迁安地区特产。其特点是抗拉、耐折，十分坚韧。近年的迁安宣纸色呈灰蓝色，这是在造纸时掺入了用旧晒图纸制成的纸浆所致，而晒图纸是用木浆制成的，这样的纸只能用作吸水纸。

河南棉

桑皮纸，河南地方土产之一。纸的幅面较小，仅50×40厘米，帘纹明显。一般用作衬纸或托裱书叶。

山西棉

桑皮纸，与河南棉纸类似，颜色灰白，帘纹明显。一般用作衬纸或托裱书叶。

东昌纸

一种再生纸，山东东昌生产。造纸的原料为桑皮或废麻加废纸边。此纸规格有好几种，纤维均匀度差，颜色灰白，纸边粗糙，因此又叫毛头纸。河北、内蒙、吉林等地也有生产。一般用作吸水纸。

高丽纸

原产于朝鲜，在我国称高丽纸，在朝鲜称鲜纸。高丽纸的长和宽都为105厘米左右，为正方形，帘纹间隔约2厘米。纸的厚度为0.11—0.12毫米，是中国传统手工纸厚度的两倍。高丽纸的原料为楮皮、桑皮，纤维长，有光泽，抗拉、耐折力强，非常坚韧。国家图书馆目前还有少量清代早期的高丽纸收藏。现在国内主要有河北等地区用桑皮仿制的高丽纸，但帘纹间隔仅5毫米左右，厚度仅0.08毫米左右，抗拉、耐折能力与古高丽纸不可同日而语。此纸用于衬拓片比较好。

3. 以纸张外观命名的纸

（1）按纤维的颜色和形象命名的纸

蚕茧纸

晋代名纸，又称为"蚕纸"。这是因为纸张洁白、纤维晶莹而类似蚕丝，故名。据说晋代书法家王羲之的《兰亭序》就是写在这种纸上的。实际上这是一种加工精细的楮皮纸。

白棉纸

实际上是桑皮或楮皮纸。由于纸面洁白，纤维有光泽，好像是白棉花而得名。一般用于修补书叶。

玉版宣

宣纸的一种，以纸色洁白、自然，有光泽而如同白玉而得名。一般用于修补书叶，也可用来作护叶，经过染色可作书皮。

玉扣纸

竹纸的一种，纸略厚，可能因其颜色淡黄，颇类古玉而得名。一般用于修补书叶，也可用来作护叶，经过染色可作书皮。

（2）按帘纹形状命名的纸

罗纹宣

宣纸的一种，以帘纹横纹明显，类似丝织品的罗而得名。用作衬纸最好。

龟纹宣

宣纸的一种，以帘纹中有编织的图案类似龟甲而得名。可用来作护叶，经过染色可作书皮。

（3）按敷料的种类和形象命名的纸

蜡笺

在纸上涂蜡，再经过砑光的加工纸。一般用作书皮或书签。

洒金笺

在蜡笺的基础上，再在纸面上撒布金箔，即成撒金笺。一般用作书皮或书签。

云母笺

在纸面上施胶的同时，撒上云母粉，纸干后就是云母笺。可用作书皮。

（4）以加工程度命名的纸

生纸

纸张抄好干燥以后没有采取任何加工措施的宣纸都是生纸。生纸有良好的润墨渗水性。在古籍修复时使用的基本上都是生纸。

熟纸

在生宣纸的纸面刷上比例为3∶1的胶矾溶液，干后即成为熟纸。熟纸有一定的抗水能力，润墨渗水速度变缓。用熟纸作画，纸上的颜色墨迹不会出现洇染渗漏现象，特别适合画工笔画。熟纸的品类名称很多，如云母笺、煮捶等。

半熟纸

在生宣纸的纸面上刷上豆浆、石花菜浸液或糯米浆即成半熟纸。半熟纸具有微弱的抗水力，纸的润墨渗水性介于生纸和熟纸之间。

4. 以颜色命名的纸

磁青纸

为明朝宣德年间北京生产的一种名贵的加工纸，也称宣德纸。纸张原料为桑皮，纸的厚度约0.29毫米，因纸面颜色类似瓷器中的花青而得名。一般用于书写泥金经和做书皮。

古色纸

染色纸。因纸面颜色类似用黄檗染过的古纸而得名。一般用作书皮纸。

虎皮宣

染色纸。先在纸面上撒上矾水点，干后再刷染颜色，有矾的地方不再沾颜色，这样纸面上就形成一个一个的空白点，很像虎豹皮的花纹，故名虎皮宣。一般用作书皮纸。

万年红纸

一种加工涂布纸，是在纸面上涂了一种叫做四氧化三铅的药物，使纸面的颜色呈橘红色而得名。一般夹在护叶中使用，也有在每张书叶中都衬一张，用来防虫。

5. 以使用人姓氏命名的纸

毛边、毛太纸

产于江西、福建两省，纸的原料为嫩竹。毛边纸的得名，是因为明代人毛晋开设汲古阁刻印图书以后，在江西定购纸张，经他选定的纸，每刀纸切口的纸边上都盖上一个"毛"字印，意为毛氏专用，因此被人称为毛边纸。毛边纸的别名很多，有大广纸、山具纸、官堆纸、长行纸、花坯纸等等。

毛边纸厚一般为0.06毫米，但也有薄的，产于福建蒲城，纸的厚度仅0.03毫米，称为顺太纸,可能也是因为毛晋写刻图书经常使用此纸的缘故,故人称此纸为毛太纸。一般用于修补书叶和用作护叶,染色以后用作书皮。

6. 以用途命名的纸

白鹿纸

原名白箓纸。产地江西贵溪,是一种元代生产的名纸,纸张原料为嫩竹。相传此纸是道教书写符箓专用,分碧、黄、白三色,以白色为上品,因此也称大白箓。后人因嫌白箓的名称不雅,故改为白鹿纸。

呈文纸

一种再生纸,造纸原料为废麻和废纸边。主要产地是山西、山东、河北、内蒙等地。因过去诉讼中的呈文多用此纸而得名。现不多见。

元书纸

原产于浙江富阳,竹纸,纸质松软,极易受墨,人们多用来练字、记帐等。浙江的萧山、临安、余杭等地也有生产,一般用作吸水纸。

7. 以纸张薄厚命名的纸

单宣

又称料半,有四尺单,纸张厚度一般为0.06毫米。用途较广,修复书叶、用作护叶或书皮均可。

重宣

规格同单宣,只是纸略厚,只能用来修厚纸书,染色以后用作书皮。

夹宣

规格与单宣同,纸的厚度一般为0.09毫米,只能用作书皮。

双夹

规格同夹宣,只是纸略厚,只能用作书皮。

连史纸

产于福建连城、邵武和江西铅山等地,纸的原料为嫩竹。连史纸可能因为最初是在连城生产的,所以在纸名中有一个"连"字。连史纸原名为连四纸,是一种长宽为当地普通纸规格四倍大纸的名称,大概是由于方音的关系,连四纸被人称为连史纸并且延续下来,一直沿用到今天。连史纸又称为大连纸、粉连纸等。一般用于修补书叶,用作护叶,染色以后可以用作书皮。

8. 以纸的规格命名的纸(厘米)

二尺宣:46×70

三尺宣:70×100(大)

　　　　53×100(小)

　　四尺宣：69×138

　　五尺宣：84×153

　　六尺宣：97×180

　　八尺匹：129×248

　　丈二匹：145×367

　　丈六：193×504

　　需要说明的是，由于我国宣纸生产的历史悠久，地域广阔，厂家众多，规模大小不一，因此宣纸的生产还很不规范，至今还没有一个强制性的国家标准和行业标准，所以宣纸的品类、名称数不胜数，名目繁多。在同一个地区，同一种规格的纸可能并不完全一样，这是由于宣纸的生产完全手工操作所致。即使是同一个生产厂家的同一种纸，也可能会由于制造的时间不同而用料配方也不同。再加上各种纸用料配方的不断改进，以及造纸机械、造纸新技术的引进，新型手工纸不断涌现，因此，确切统计出中国宣纸从古到今全部的品类几乎是不可能的。笔者希望在不太久的将来，能够推出一部能与国际标准接轨的系统规范宣纸等手工纸生产的国家标准，以促进我国传统的手工纸业的发展。

第三章

中国古代书籍装帧形式

一、简策与帛书

1. 简策

又称简册，做法是将削成细长条形状的竹、木简用细绳编连起来，然后从尾向头卷起存放。这种形式比较简单，操作方便。竹、木简都是硬质材料，用细绳编连起来以后，就可以舒卷自如。从先秦时代直到东晋，竹、木简曾经流传了很长时间，并对中国古代书籍的装帧形式产生了极其深远的影响。

2. 帛书装帧

帛书的装帧现在知道的有三种：

（1）折叠。这种方法主要使用在面积较大的帛图帛画上。

（2）装盒。这种帛书的书叶面积基本相同，呈长方形。写好以后，按顺序将书叶排列好，然后装进一个方盒中。这种装帧的意义，在于完全脱离了竹木简编连成册、卷起收藏的传统习惯，为中国古籍逐渐向册叶制过渡创造了条件。

（3）卷装。这种帛书还是模仿简册将所有书叶连接成一个长条，再卷收起来。由于帛书较软，直接卷起来不太方便，人们就用一根小板条或小棍粘在帛书的左端，以此为轴将帛书卷起收藏。有些帛画为了观赏，就在帛画上端粘上一根苇秆作杆，中间拴上一根线，以便悬挂。

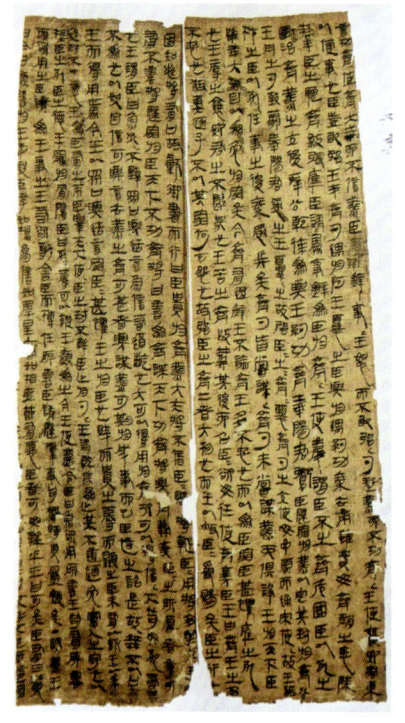

帛书书叶

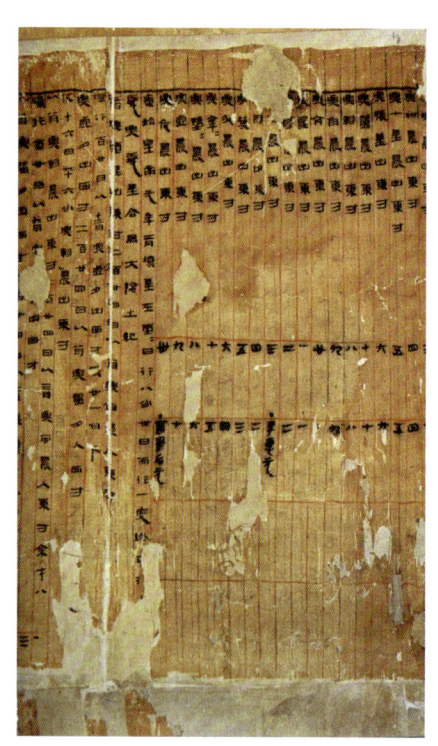

折叠的帛书

帛书盒子的外观

盒内帛书情况

二、纸书的装帧

1. 卷装

　　纸书出现以后，继承了简策、帛书的装帧形式：先将所有书叶连接成一个长条，纸张较厚的就像简策一样直接卷起，纸薄的就模仿帛书加个小棍当轴，然后再卷。为了区别，人们就把没有装轴的称为"卷子装"，装有轴的就称为"卷轴装"。笔者以为，"卷子装"和"卷轴装"可以统称为卷装。卷装是中国古代书籍中常见的装帧形式。到了宋代，人们为了保护书籍和增加书籍的观赏性，在卷装书籍正面四边接镶绫、绢、锦等丝织品，书叶反面通裱褙纸，再经绷平、砑光，然后加装天、地杆。书籍经过如此装饰，平整光洁，典雅大方，十分美观。横向展阅的，人们称之为"手卷"；竖着悬挂欣赏的，称之为"立轴"或"挂轴"。直到今天，我国书法和绘画作品的装帧，一般还采用这种形式。

卷轴装　　　　　　　　　　　　　　　　卷子装

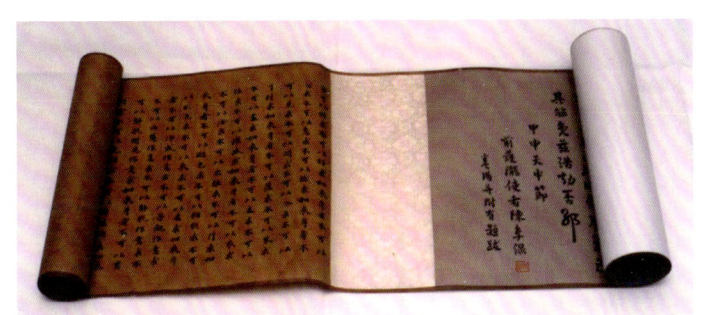

装潢精美的卷轴装

2．折装

做法是：将写、印好的书叶先粘连在一起成一长条形，再按固定规格左右均匀折叠，然后在首尾两叶纸上各粘上一张厚纸作为书皮。由于佛、道经典多采用这种装帧形式，所以也称"经折装"。折装也是中国古代书籍中比较常见的装订形式。

　　许多人认为经折装是对卷轴装的一种改进形式，但在英国国家图书馆珍藏的经折装敦煌遗书中，每张书叶在书写时，位于中间位置的三行字在上半部空出三四个字不写，留一小块空白，空白中间位置画一个圆圈。这实际上是承袭梵夹装的做法。由此可以看出，经折装是从梵夹装演化而来，和卷轴装关系不大。

　　还有一点很有意思，宋、元两代折装佛经与明、清时代折装佛经书皮的装法明显不同：宋代装在卷首，元代装在卷尾，书皮长度是书宽的两倍略多，从左右两个方向分别包裹整册书籍。日本学者岛田翰在其《古文旧书考》中讲到的类似日本"囊草子"的大概就是这种装帧。他以为这就是宋人张邦基在《墨庄漫录》中提到的"旋风叶"。由于他叙述得不太清楚，以至后人根据他对旋风叶的解释，认定用一张整张书皮包裹经折装书籍右侧，把书籍首、尾粘在一起的装帧就是中国古书的旋风装。

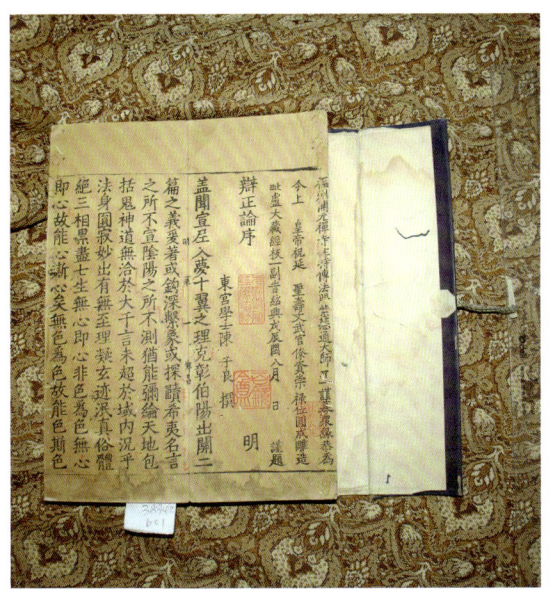

宋代经折装经首展平

宋代经折装经首

宋代经折装外观

元代经折装经首

元代经折装经尾

元代经折装外观

汉文折装书籍一般都是竖写左行，而有些少数民族的折装书籍有横写右行的。如西藏《法典》、1954年达赖喇嘛献给毛泽东的《毛主席颂》就是横写形式的经折装。

3. 旋风装

流行于唐代末年至宋代。名称起源于宋代张邦基《墨庄漫录》中关于"旋风叶"的记载。具体做法是：将写好的书叶按顺序排好，放在一张长纸做成的底纸上，然后在每张书叶的左边（或右边）涂上浆糊，逐叶码齐粘好。粘好的纸边再用一根破开的细竹管夹住，竹管上打三五个眼，用麻线缝住加固。也有不用竹管的，而是把书叶的一端全粘在一根细木棍上。这种装帧形式的外形，很像现代的小挂历，只是底纸长些，横着看罢了。这种装帧形式的意义，在于它把一个长卷子分成几段改成了一个短卷子，并保留了卷装书籍的特点，装轴卷收。这无疑是对书籍卷装形式的一种改进。英国、法国国家图书馆都藏有这种装帧形式的敦煌遗书。

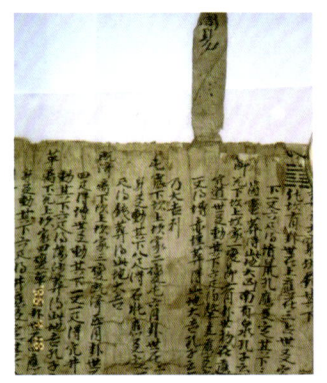 

旋风装书籍的书签　　　　　　　　　旋风装书籍的外观

旋风装书籍打开后书叶的排列情况

4. 梵夹装

在古代印度，人们习惯把佛教经典刻、写在贝多罗树的叶子上，并把这种写有佛经的贝叶称为"贝叶经"。梵夹装是贝叶经特有的装订形式，在隋唐时期传入我国。制作方法很简单：把贝叶码放整齐，前后各用一块与贝叶规格相同的薄木板夹住，在木板中心两侧，各钻一个直径2—3毫米、贯穿木板和全部贝叶的洞，再拿一根长绳，把绳子的两头分别从两个洞中穿出，把木板和贝叶串连在一块并捆扎起来。因贝叶上刻写的经文多为梵文，因此叫作"梵夹装"。

"梵夹装"贝叶经

纸本汉文佛经　　　　　　　　装有木质护板的汉文佛经

汉文、藏文、蒙文等文种的佛教经典也有类似这种装帧的。还有的板上不穿洞，因此也就无须穿绳，而用绸缎等软布将全部书叶包裹起来。这样的书籍，确切点儿说，应该叫做"夹装"了。

蒙文夹装佛经

5. 粘叶装

流行于唐末、五代时期。名称亦起源于宋代张邦基《墨庄漫录》中关于"粘叶"的记载。这种装帧形式的书籍视书叶纸张薄厚有两种做法：

（1）书叶纸薄的就单面书写，把有字的一面作为正面，相向对折，无字的一面为背面。书叶与书叶之间，背面相对。除第一叶上半叶和最后一叶下半叶外，各叶背面统统涂上浆糊，按顺序使两叶之间的背面依次粘连，把全部书叶连接起来成为一册。

（2）书叶纸张较厚的没写字之前先对折一下，折口向右，分成四面。纸背向上的一面为第一页，向下的一面为第四页，纸面相向的两页依次为第二、第三页。依纸背、纸面、纸面、纸背的顺序书写，然后把书叶排好，在每张书叶背面折缝处，涂上2—3毫米宽的浆糊，依次粘接起来。这样，就成了一本近似正方形的册子，这种书籍的外观和现代无线装订的书差不多。只是把书平放时，书口、书脊多是倾斜的，角度在45°—60°之间。这也许是当时的人们为了便于翻阅而特意设计的。书的四个角大多被剪切成圆弧形，可能是因为要经常随身携带、翻阅的缘故。在英国、法国国家图书馆收藏的敦煌遗书中，就有不少是这种装帧形式的。

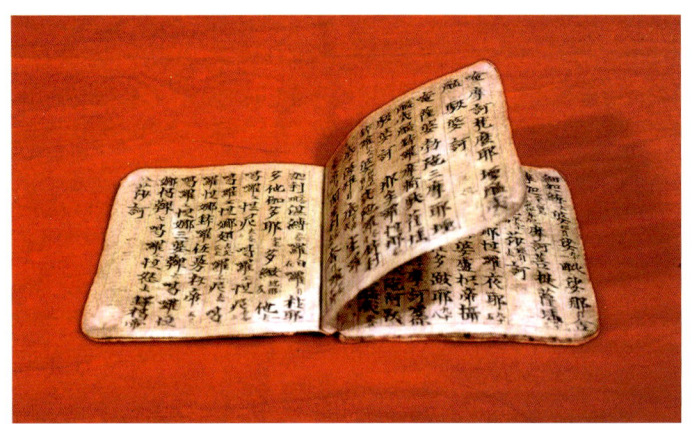

6. 缝缋装

流行于唐末、五代时期。在敦煌遗书中，有的书就是这种装订形式的。这种装帧书籍的办法，多是把几张书叶叠放在一起对折，成为长方形的一叠，几叠放在一起，用线串连。这点和现代书籍索线装订的方式非常相似，只是穿线的方法不太规则。这样装订的书多是先折叠，再书写，就像现代书籍印刷前的排版，然后缝线，裁切。这种装帧形式实际上就是现代精装书的鼻祖。

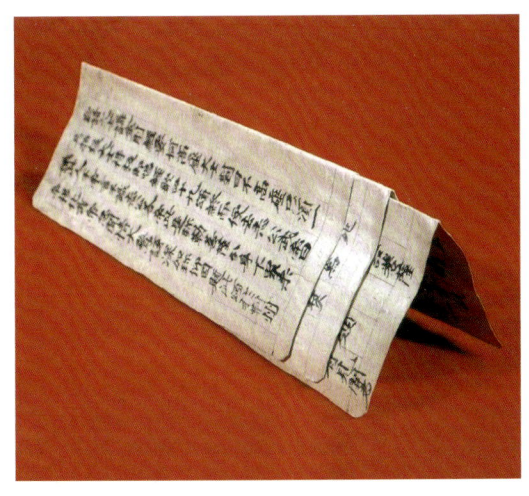

书叶对折叠放在一起。

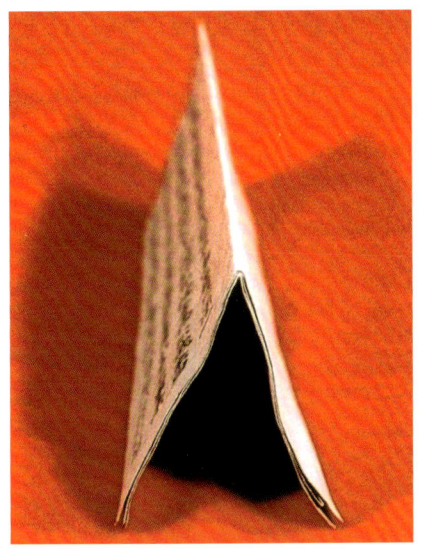

几张书叶成为一叠。

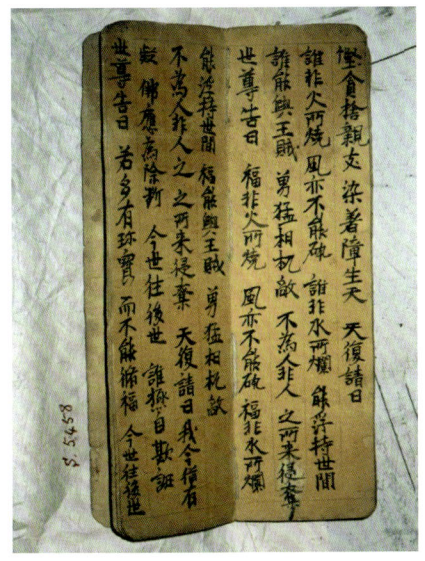

用线把书叶连在一起。

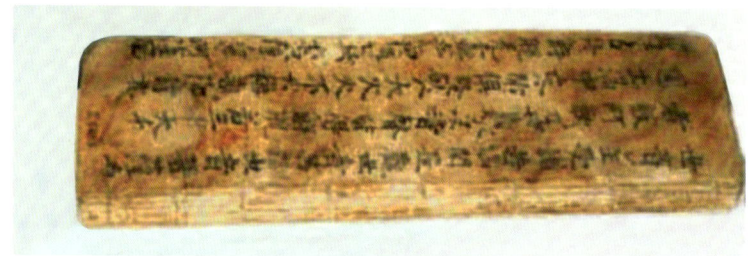

缝制完成的书。

缝有丝织品书皮的书。

外加纸书皮的书。

7. 龙鳞装

又称"鱼鳞装"。这是在宋代宣和年间，装裱工匠为修复书叶两面都有字的书籍而创造的一种装订形式。做法很复杂：第一步，把两层宣纸粘在一起作为底纸，在底纸首尾及上下两边接镶绫、绢等丝织品。第二步，在最后一张书叶右边涂上2—3毫米的浆糊，书叶和底纸左边对齐，粘好。再按照一定的距离，将倒数第二叶、第三叶……依次向右粘贴在底纸上。正数第一张书叶因是单面书写，所以整幅粘在底纸上。第三步，在底纸四周镶上丝织品，并在底纸没粘书叶的那面，再裱上两层宣纸。第四步，经过绷平、砑光，最后在底纸右端装上木轴，左端装上细木条。卷收时从右向左卷，这点和常见的卷装书籍不同。故宫博物院收藏的相传为唐代吴彩鸾所书的《刊谬补缺切韵》，是惟一的一件龙鳞装书籍。

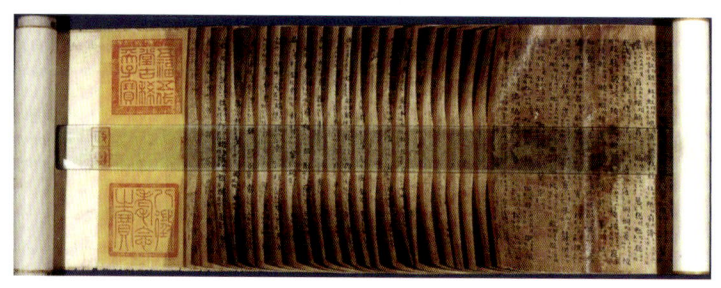

8. 蝴蝶装

也称"蝶装"。装订方法：将书叶有字的一面相向对折，和粘叶装相仿，集齐后的书叶背面相对，折口处每边涂上2—3毫米的浆糊，依次粘好作为书背。切齐其余三面，再用一张比书叶稍长点儿的厚纸作为书皮，书皮正中间和整个书背粘紧，把所有书叶包裹起来。因书叶的中缝被粘在书皮上，打开时书叶两端上下扇动，与蝶翅相仿，所以叫"蝴蝶装"。许多宋、元版图书都是这种装订形式的。

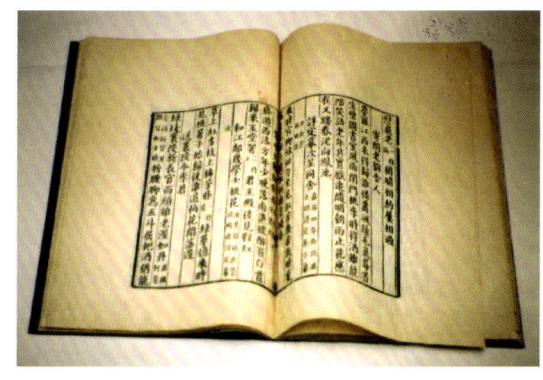

打开的蝴蝶装书籍。

蝴蝶装书籍外观。

辽代蝴蝶装书籍的原始装帧形式与现代常见的蝴蝶装书籍相比，在书背上稍有不同：

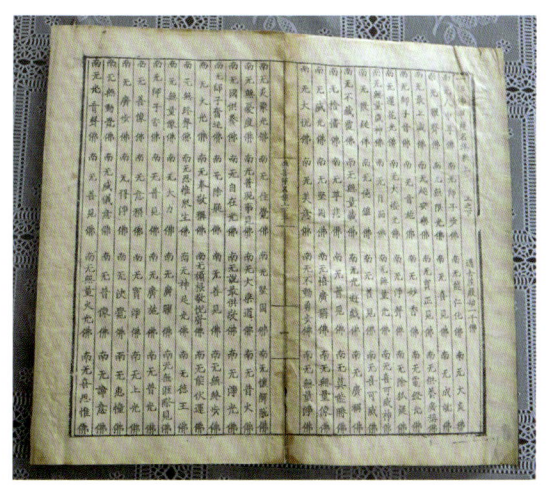

在书叶中缝涂满浆糊，再逐一将书叶粘连。这样可使书背粘接牢固，经久耐用。这种方法虽然简单，但把涂满浆糊的书叶整整齐齐地粘集在一起，却不是一件简单的事，难度很高。

辽代蝴蝶装书籍的书皮装法一如宋代包裹书背,只是有的书还在靠近书口部分装有一根细竹条,颇似唐代卷装书籍的天杆,古朴自然。

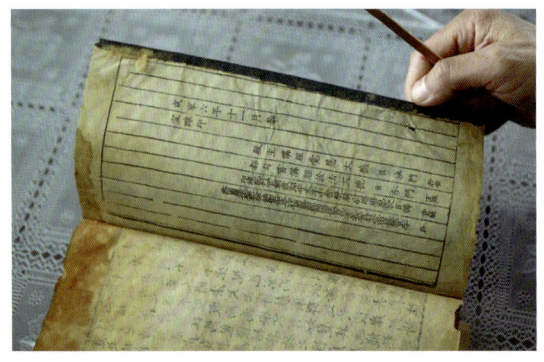

竹条粘法:书皮与书口对齐折印,余边涂浆糊,将竹条粘在书皮折缝处。

为了降低装订难度,辽代蝴蝶装也有在书背处缝线的,这样的方式可缩短装订时间,提高书籍的生产速度。与现代平装书籍的"平订"方式完全相同,可以说是现代平订方式之鼻祖。

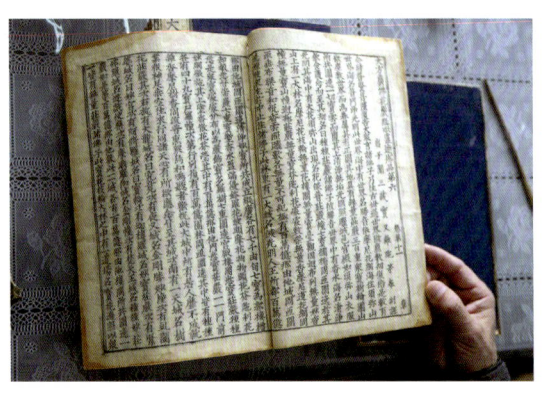

书背订线的蝴蝶装展阅时,书叶版心部分不能展平。

另有一种改进了的蝴蝶装,称为黄装。说到黄装,不能不提到黄装的创始人清代著名藏书家黄丕烈。黄丕烈,江苏长洲人。生于清乾隆二十八年(1763),卒于道光五年(1825)。字荛圃,号复翁、佞宋居士。喜好藏书、校书,是清代有名的藏书家和校勘学家。为保护藏书,避免虫害,他改进了蝴蝶装书籍的装帧方法:在两张书叶的背面书口部位,点少许浆糊使其相互粘住。书背的处理不再像蝴蝶装那样涂满浆糊,而是直接用书皮包裹,从而避免版心部分被蠹虫蛀坏。由于这种装帧始自黄丕烈,后人就把这种蝴蝶装的改进形式称为"黄装"。

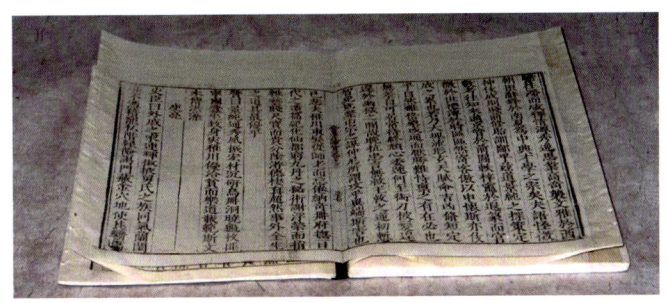

9. 包背装

装订方法:将书叶无字的一面相向对折,集齐后的书叶字面相对,折口处撅齐作为书口,书叶左右两侧栏线以外适当的地方打眼、穿捻,再切齐天、地、书背。虽然折口方法和蝴蝶装相反,但用一张厚纸作为书皮包裹书背的方法一如蝴蝶装。包背装每叶两面有字,外形和现代平装书籍基本上一样,是现代平装书的滥觞。

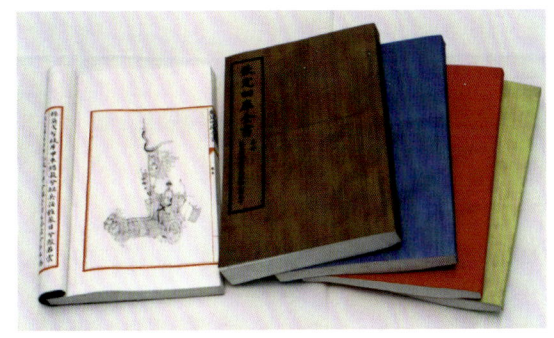

包背装书籍书叶和书背。

包背装书籍外观。

10. 线装

这是古籍中最常见的装订形式。书叶的折法、订法和包背装一样,只是装书皮的时间和书皮的装法不同。书皮不再用一张比书叶稍长的整纸包裹书背,而是把它裁开,分成面积比半张书叶稍宽些的两张。书叶码齐,用纸捻订在一起之后,就分别粘在封面、封底,切齐天、地、书背三面后,打眼、订线。线装书的出现,提高了书籍装订的速度,适应了较大规模书籍生产的需要。所以,我们今天看到的古书,绝大多数是线装的。

11. 毛装

这是手稿、抄本书使用最多的装订形式。方法非常简单:书叶折法和线装一样,折完后码齐,粘上书皮(也可不粘书皮),就打眼、穿捻。我国历史上有名的巨帙铜活字印本《古今图书集成》,就是以毛装形式传世的珍本。

三、书籍常识

1. 古书各部分名称

书衣:即书皮,也称封皮。

书芯:指书皮以内或未上书皮以前已订在一起的书册。

书头:书籍上端切口处。

书脚:书籍下端切口处。

书口:与书背相对,可翻叶展阅的开口。

书背:书眼至书脊之间的部分。

书脊:与书口相对,上下封皮相隔或连接的部分,相当于书籍的厚度。

书眼:贯穿全部书叶用以穿线的洞眼。

书根:书脚右侧。

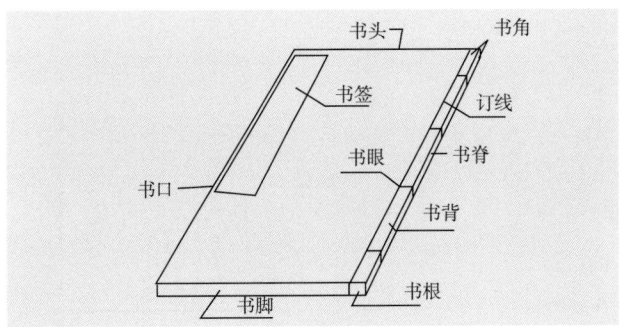

2．书叶各部分名称

书叶：按文稿顺序排列的写、印好的单张。

板框：书叶正面图文四边的围栏。

版心（书口）：上半版与下半版之间作为折叶中缝标准的条状行格。

天头：图文或板框上方余幅。

地脚（下脚）：图文或板框下方余幅。

书脑：书芯装订捻、线以右的部分。

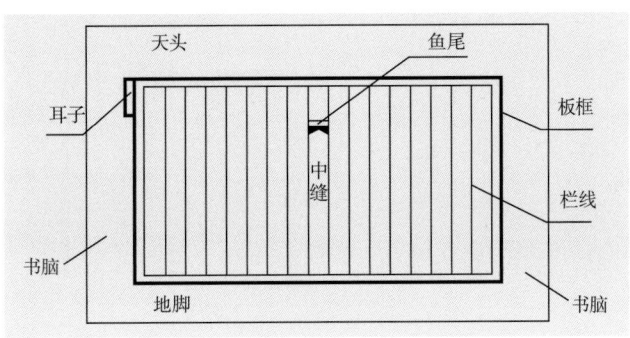

四、古籍修复常用术语

补：在书叶、字画破损处背面用纸粘补整齐。

托：即在书叶、字画、绫、绢等丝织品的背面加粘一张纸。

裱：把数张纸粘在一起。

排：用棕刷在裱件背面从上到下、从头至尾均匀用力刷平。

镶：在书叶、字画四周用纸或绫、绢、锦等丝织品粘接以加宽、加长。

衬：在书叶、拓片的背面垫纸。

揭：把粘在一起的两张纸或几张纸分开。

接：在书叶的一边或两边粘纸加宽或加长。

装：即装饰、装订。

修复:补破,然后复原。

五、古籍中常见的损坏现象

断线

这在古籍中是最常见的。一部古籍,少则一二册,多则十几册,甚至上百册,很难保持订线不损。有的一部书中,一册或几册断线,有的书全部断线。断线的原因,主要有两个:一为磨损。这在首尾两册最为常见。一为糟朽。过去我们钉书,主要用丝线,含大量动物蛋白,时间一长,自然腐败,所以,民间有"陈丝如烂草"一说。断线书籍修复时,只是换上同颜色丝线就行了。颜色如没有现成的,染色后再用。现在市场上有售尼龙线的,外观同丝线差不多,只是线的质地稍硬一点,但成本较丝线低得多。因其是化学纤维,在修复善本书时最好不用。

破皮

破皮就是书除书皮以外,其他地方均完好,不须拆开修补。常见的是一部书首尾两册上下的两张书皮受到损失。修复的方法:拆去线和书皮,将书皮修补好,重装,或添加新皮,按原来的针眼钉线。

书口断裂

开口就是书口被磨破,但并不严重。开口严重的,是书口部分完全断开,成为两张单叶。修复方法:拆开书籍,每张书叶都需"溜口",即在书口处粘上皮纸条。但溜过口的书,由于加贴了一张皮纸条,书叶对折以后,皮纸条也对折起来夹在书口处,使书口高出书叶的其他部分,这就要用锤子锤,在锤不下去时,应衬纸使其平整。

圆角

这也是磨损所至。书的四角磨秃,也须拆开修补。补好后剪齐或裁齐。

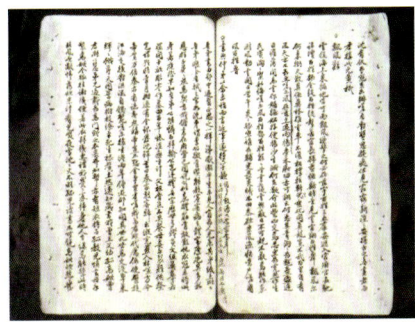

虫蛀

是古书中最常见的破损形式。

鼠啮

 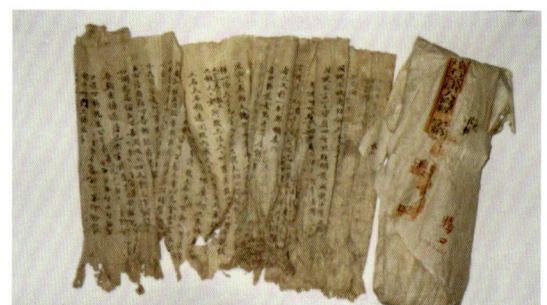

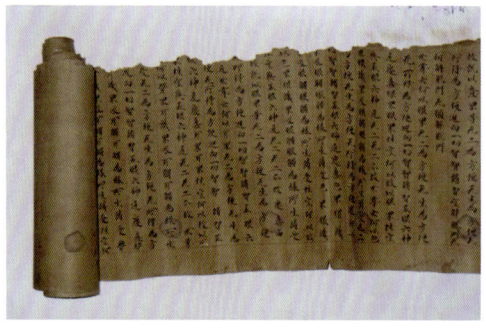 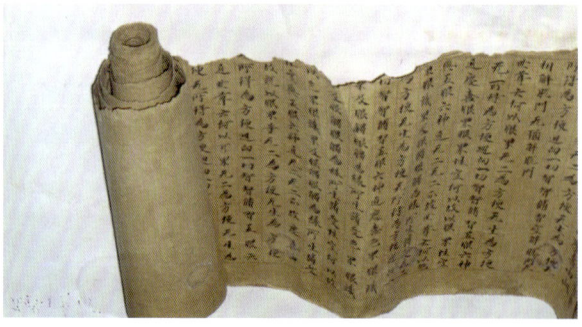

烬余

水浸

书籍遭水浸湿而留下污迹，并不多见。水迹较轻的，用温水洇开就行。严重的，就要用水洗去，然后揭开修补。

霉斑

生霉的书，轻则几叶粘在一起，重的整册书粘在一起，形成"书砖"。

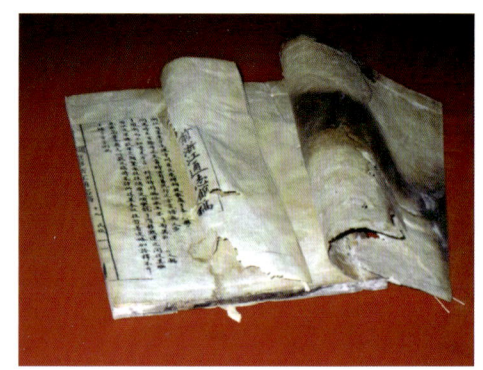

糟朽

书籍糟朽的情况，发生在竹纸书籍上为多。这样的书叶，一触即碎。这样的书，一般均要托裱，以增加其书叶纸张的韧性。

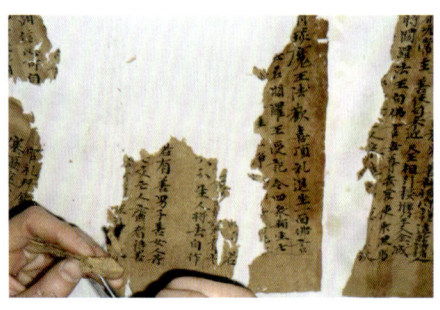

书脑过窄

书叶的两侧边框以外的地方称书脑。书脑过窄就是指这部分书叶尺寸较小，订上书捻后，翻阅时中间两行字不容易看清楚。这样的书，每叶均须加宽书脑部分，即接书脑。因为是在书背外侧接纸加宽，所以，也有将这道工序称为接书背的。

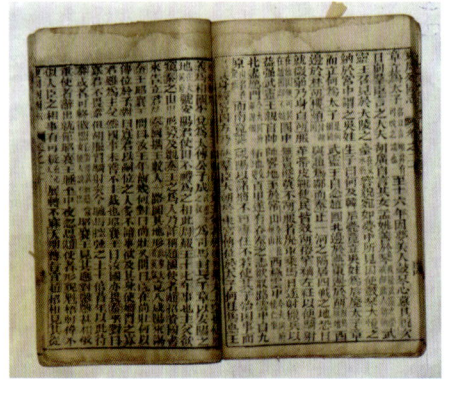

书品过小

有的书，天头、地脚、书脑等部分与板框相较小于正常比例。造成这种情况主要有两个原因：（1）印刷时为省纸，书品设计得太小；（2）书原来破损较严重，在书铺里被人把天头、地脚、书脑等处破损部分裁掉，板框四周余幅很窄。这样的书就要装成"金镶玉"装了。

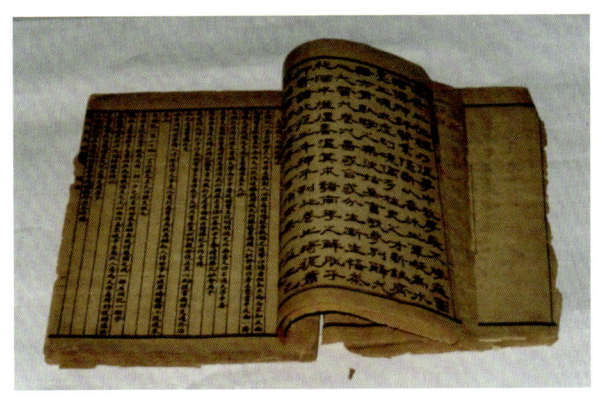

浆糊失效

由于装裱的年代久远，裱件中的浆糊已经失效，原先粘在一起的画芯和褙纸脱离散开。这样的裱件，就要重新装裱了。装裱时最好使用原来的镶料和褙纸。

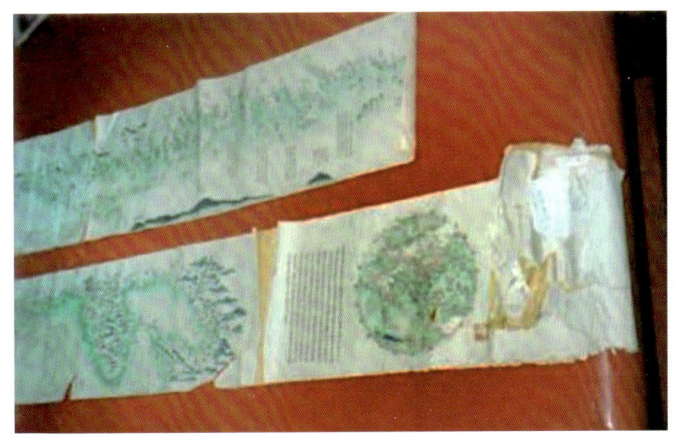

六、常见破损界定标准

1. 善本图书破损程度界定标准

轻度破损：换皮，订线，修补前后叶，破损书叶数量在25%左右，书叶破损面积不超过20%的；纸张强度尚好，稍有破损，全部书叶都需要溜口的。

中度破损：破损书叶数量在50%左右，或纸张糟朽、全部书叶都需要溜口的。

重度破损：整本溜口，破损书叶数量在80%左右的。

严重破损：全部书叶破损或糟朽的。

2. 敦煌遗书破损程度界定标准

轻度破损：上下两边轻微破损。

中度破损：两边有深度2厘米以下破损，卷面有少量裂痕，破损面积超过卷面20%而不足40%的。

重度破损：两边有深度2厘米以上破损且有补丁，卷面裂口较深，纸张较厚，补纸要补2层以上的，破损面积超过卷面40%而不足60%的。

严重破损：纸张较厚、补丁较多需要揭补且补纸需补多层的，或纸张虽薄，但破损面积超过卷面60%的。

3. 拓片破损程度界定标准

（1）拓片

轻度破损：破损面积在20%左右。

中度破损：破损面积20%—40%左右。

重度破损：破损面积40%—60%左右。

严重破损：破损面积超过60%，需整张托裱的。

（2）裱本

轻度破损：修皮、修补前后叶，书叶破损面积25%左右的；书叶较完整仅换褙纸的。

中度破损：全部书叶破损面积超过25%而不足50%的；全部折口破损的。

重度破损：全部书叶都需要揭裱，且书叶破损面积超过50%而不足80%的。

严重破损：全部书叶均已破损或糟朽的。

（3）裱轴

轻度破损：仅换镶料、褙纸的。

中度破损：画芯破损面积25%以下的。

重度破损：画芯破损面积25%以上，50%以下的。

严重破损：画芯糟朽或破损面积超过50%的。

4. 舆图修复破损程度界定标准

轻度破损：破损面积20%左右。

中度破损：破损面积20%—40%。

重度破损：破损面积40%—60%。

严重破损：破损面积超过60%，需整张托裱的。

装裱成轴的舆图参照金石拓片裱轴破损程度界定标准。

第四章

古籍修复技术分解动作

一、准备阶段

1. 核查

首先核查需要修复书籍的版本、册数及破损情况。核查结果及时登记在工作日志上。珍本书籍登记要尽量详细，每部书几册，每册多少页，乃至于前后书皮及书页是否完整，有否残损字，均须记明。

其次记录修复要求，即是否保留原书皮、护叶，是否衬、镶等等，以备日后查考。

要制定修复计划和方案，即根据修复要求，确定修复内容和需用工时，并据此准备材料。

2. 分解书籍

（1）拆书皮

 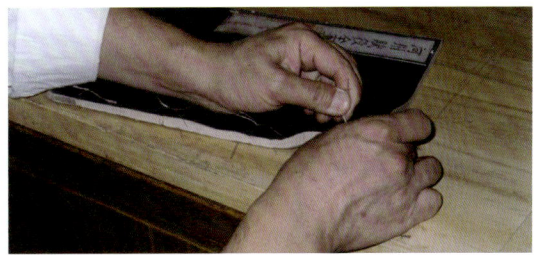

将书上订线剪断，拆掉。拆线时注意不要用力拉扯，以防将书勒破、勒撕。

 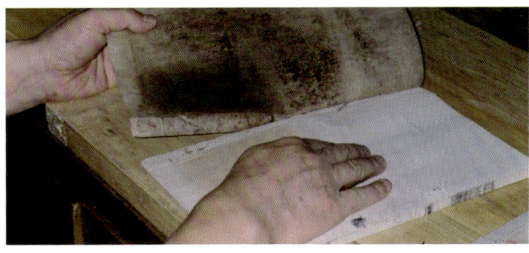

慢慢拆下书皮。

也可把书皮和护叶同时取下。

轻轻拆下包角的材料。

用水把包角材料润湿，再用小刀轻轻刮去浆糊。

（2）撤捻

用手将书背轻轻分开，在约二分之一处露出纸捻，用剪刀剪断，书背厚者，将捻按上法剪为三段或四段。用尖嘴钳叼住纸捻一端，慢慢旋转，将纸捻拔除。再轻捻书背，使书叶分开。书叶捻开时，可用毛笔蘸水点在订眼处，用手掌拍击订眼处使其平复。此项工序虽然简单，但切不可省略。否则，在进行下一步工作时，书叶极易撕毁。

挑开缠结在一起的纸捻。

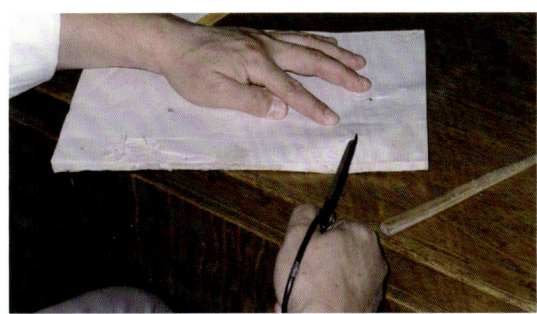

将纸捻剪断。

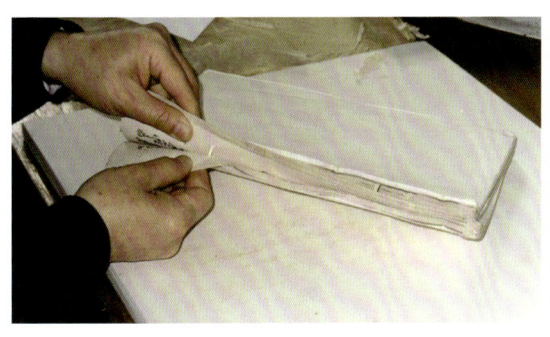

捻订得紧的, 分开书背, 用小刀割断纸捻。

拔掉纸捻。

（3）分离书叶

即把书叶数码顺序数一遍，遇有缺叶、错码应马上记在工作笔记本上。如有手稿、抄本等书籍没有页码时，应用铅笔在书叶背面右下角标明顺序，作为装订时书叶排列依据。页码顺好后，将书叶撴齐，下面用一木板垫好，上面再压一块，放在工作台右侧。

用毛笔蘸水把打过眼的位置润湿。

用手掌在打眼处轻拍，按平。

检查书叶页码是否正确，如没有页码的，在书叶右下角用铅笔标明书叶顺序。

（4）拆包背装、蝴蝶装书籍

①拆包背装书籍

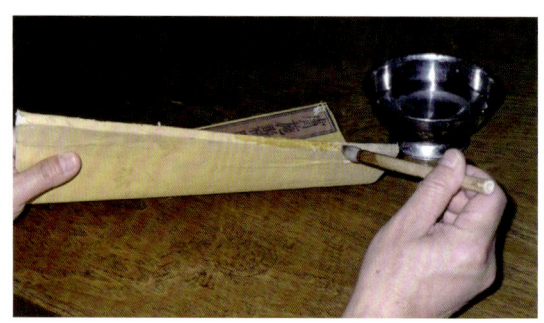 

先用毛笔蘸水涂在书背上，将原来的浆糊润湿。

用启子将书皮和护叶分开。

轻轻取下书皮。

用刀将书背上粘住的浆糊刮下。

挑去浆糊，分开书叶。

捻开书叶，刮净浆糊。

②拆蝴蝶装书籍

拆书皮方法同拆包背装。

用笔蘸水润湿书叶中缝。

轻轻拉动书叶。

用笔蘸水润湿书叶背面浆糊粘接处。

将书叶分离。

3. 揭书叶、书皮

书籍经水湿、霉变以后，霉菌的分泌物使部分或全部书叶粘成一团，这时需要把书叶揭开。揭开方法常用以下三种。

（1）干揭法

①揭书叶

适用于书叶粘压程度较轻的书籍。用手指或镊子轻拨书叶边缘，找到书叶之间的空隙。用启子轻轻插入空隙处，轻轻、慢慢地移动，使书叶之间空隙不断增大，直至把一张书叶全部分离出来为止。

用手指轻轻捏住纸边，顺着纸张帘纹慢慢分离粘在一起的书叶。

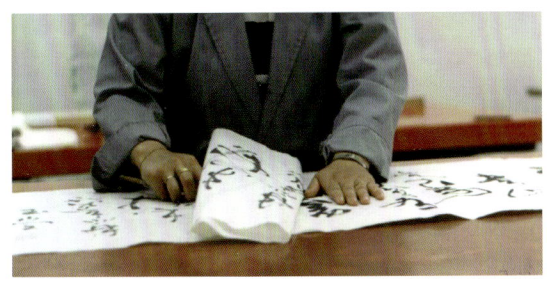

用启子插入纸张中间，慢慢移动。

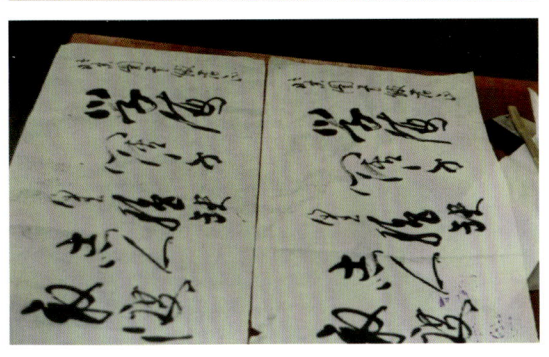

一张纸揭开为两张。

两人合作揭纸。

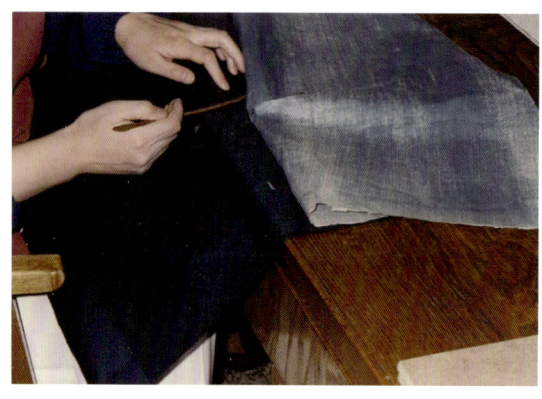

揭去书皮的托纸。

②揭书皮

粘在纸板上展平的书皮。

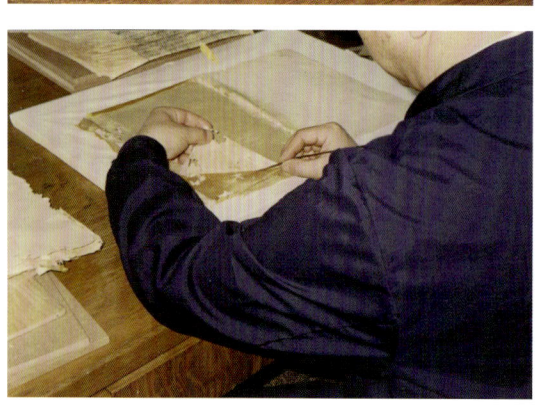

用启子插进书皮和纸板之间，轻轻移动。

不断变换启子的位置，直至将书皮从纸板上完全剥离为止。

（2）湿揭法
适用于粘压程度比较严重的书籍或纸张。

将要揭的书皮纸放在水中，浸透后揭开。

也可以将书皮放在裱书板上，用水浸湿或浸泡。

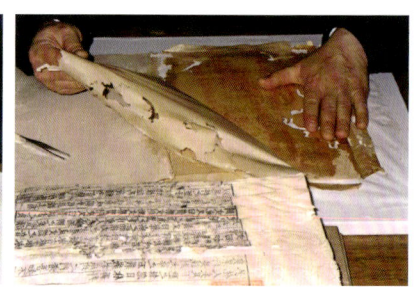

待书叶中的水分蒸发到一定程度时，再用竹签、镊子、大针等轻揭。

书叶糟朽严重，则须用绢、绫或薄布将书叶包起，再放在水中，以防把书叶泡烂。书叶在水中的时间，依书叶粘压程度而定，切不可在水中浸泡时间太长，不然的话，会把书叶泡碎还原成纸浆。

书叶泡揭完毕，将书叶分五六叶为一叠，左右错开摆在吸水纸上晾。待书叶中的水分蒸发70%，将书叶逐张揭开。

①揭补纸

把原先的补纸揭下。

补纸将书叶背面牢牢粘在一起。

书叶用水浸透，揭去表面的补纸。

将书叶的两面分开，揭去补纸。

②揭书皮

把书皮、书签放在裱板上，用水浸透，然后用纸或毛巾吸水，用手指轻轻把书皮、书签上粘的纸搓掉。

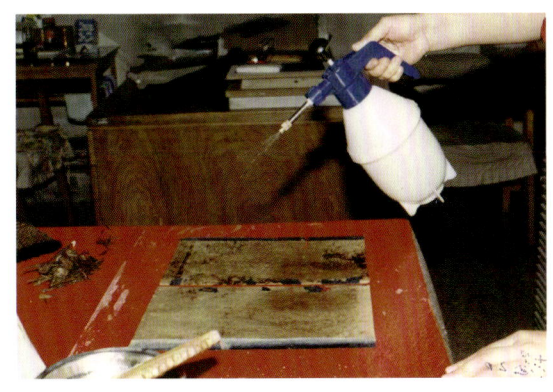

书皮正面向下平放在案上，用水润湿。

用手指将托纸一点一点搓掉。

（3）蒸揭法

适用于不易揭开又不能采用湿揭法的书籍。比如墨迹或栏线遇水后会洇化的书，就只能用蒸揭法。

操作方法是把书用净纸包好，放在蒸锅内蒸数分钟，使热气穿透书叶，然后取出趁热揭开，方法同前。然此法对书叶过薄、老化程度过高的书籍并不适用，这是需要加以注意的。

将书籍立放，悬空放在笼屉中。

锅、盆中加水，上放笼屉，放到电磁炉上烧开。待书籍纸张遇热纤维有些膨胀时，再揭。揭开的动作同揭书叶。

（4）粘揭法

适用于两面有字的书叶或报纸等。

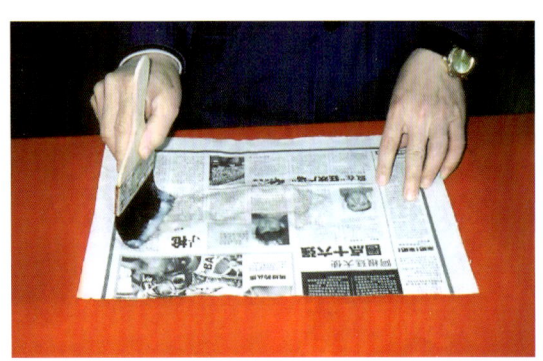

先在字纸的一面涂上浆糊，刷平，

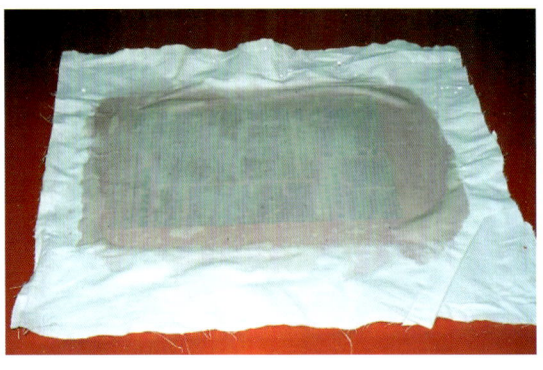

纸上粘上一层白布，

将纸面翻过来，

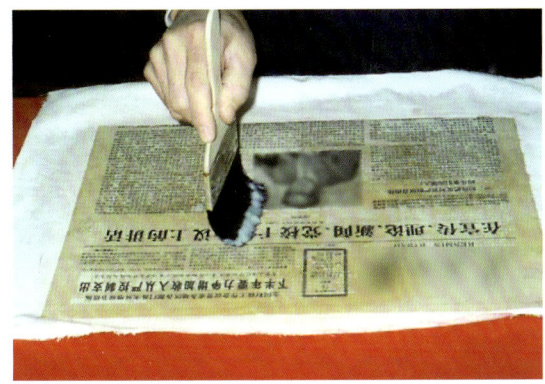

再涂浆糊。

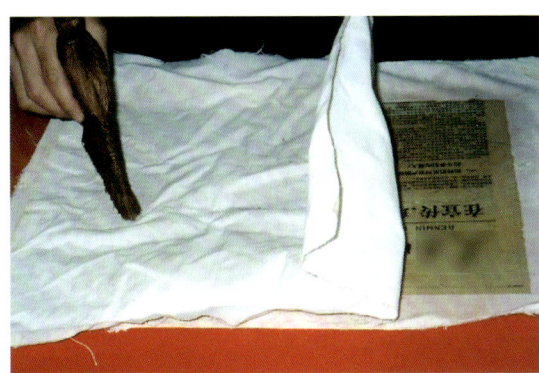

再贴上一层布，

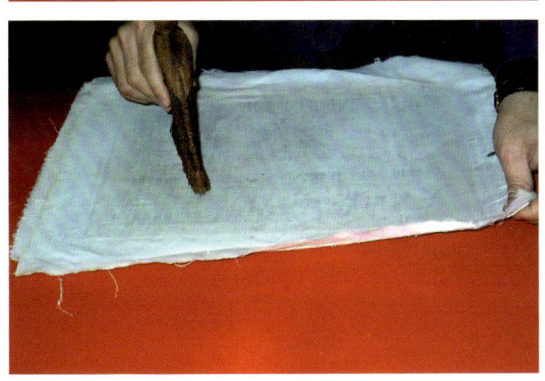

刷平、刷实。

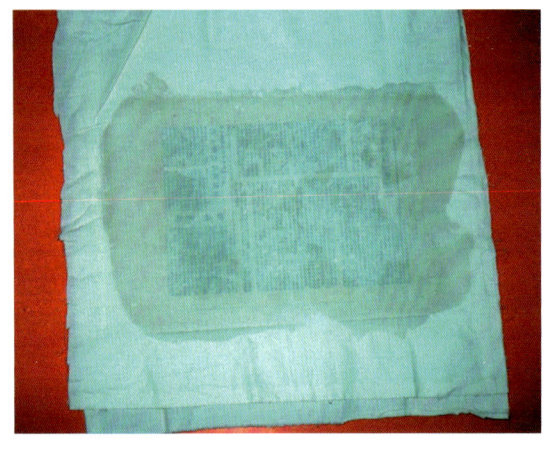

用书芯压平机压平，阴干。

待纸张和布完全干燥以后，用两手分别握住两块布的边缘，轻轻用力，揭开纸的一角，

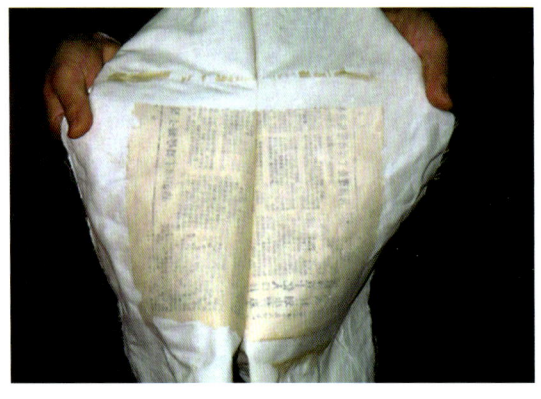

逐渐用力，直到粘在两块布中的纸完全被揭开。

 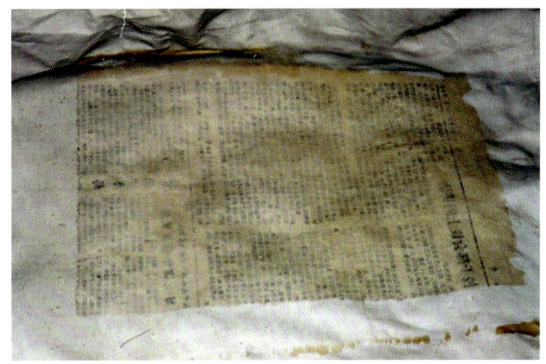

揭开后还粘在布上的报纸。

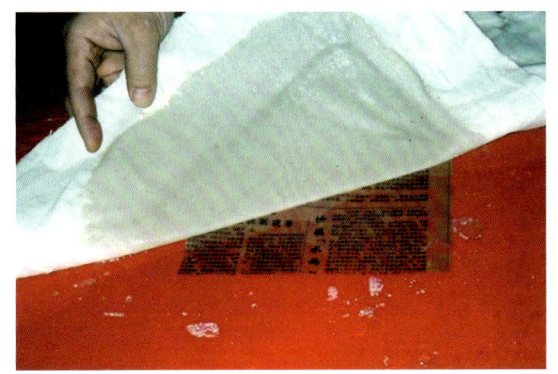

有纸的一面向下，平贴在裱案上，用水浸透，将布同纸分离，

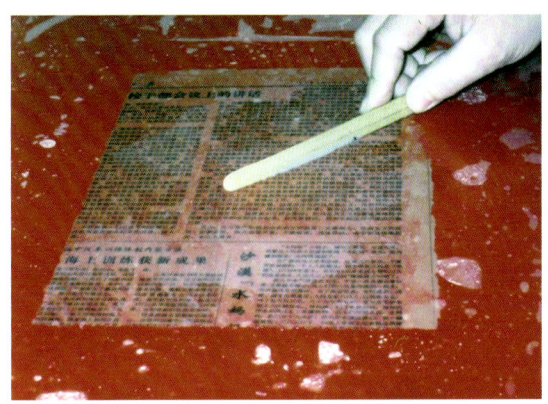

除去纸面上的浆糊。

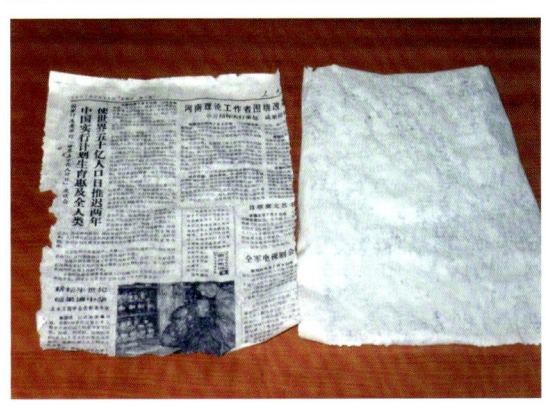

待纸干后一张纸就被揭开成为两个半张。

4. 书叶去污

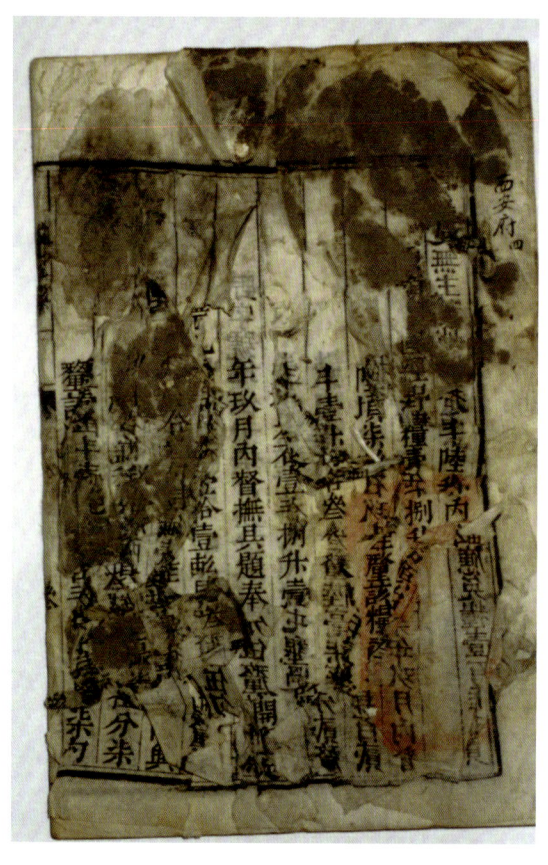

污染的书叶。

　　书叶上水迹或因过脏而呈黑黄色，需洗净后再做下一道工序。因水迹过深、书叶过脏，很容易在下一道工序"补破"时，在书叶上留下难看的印痕而成了"花脸"，一块颜色深，一块颜色浅，影响修复质量。书叶污染情形不同，去污方法也不尽相同，大致有以下三种方法，可以根据不同情况酌情使用。

　　（1）水洇法
　　适用于书叶上水迹、污垢不太严重的。

污垢可用毛笔蘸清水刷洗。

水迹斑斑的书叶。

用毛笔蘸热水沿水迹轻划。

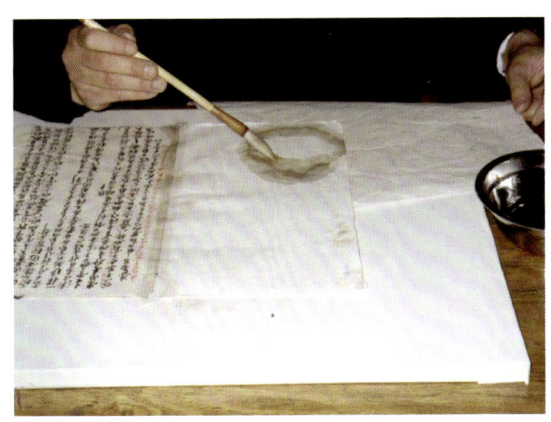

书叶底下垫吸水纸。

笔要软，劲要轻，水要热。

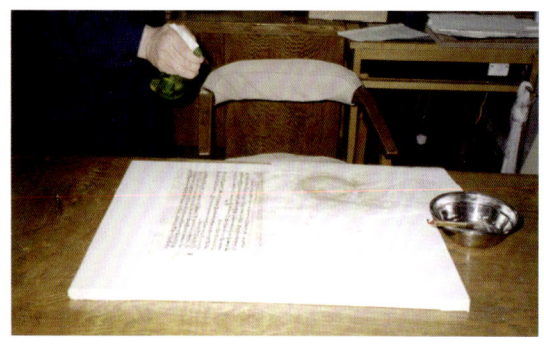

在书叶上喷水,然后把水吸干。

洗去水迹的书叶。

（2）水冲法

适用于污迹较重的书叶。

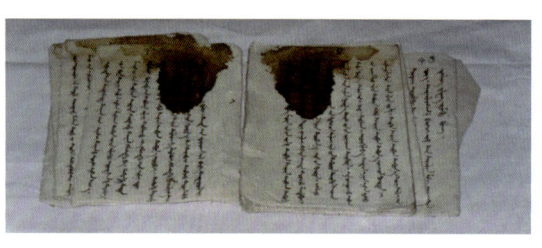

严重污染的书叶。

准备一块比书叶宽些的长条木板,木板上放一张干净厚纸。把已撤去书皮、护叶的书叶口朝上,由下而上地摆放在木板上,再将木板斜放。书口朝上,是为了防止冲水时书叶夹层进水,冲破书口,准备好以后即可进行冲水。

　　将水煮沸，水中可加一点碱性洗涤剂，制成低浓度洗涤液，灌入容器中，自木板下端逐渐向上，将水慢慢倒在书叶上。待书叶浸透，用手轻轻挤压书叶，使书叶中的脏水流出。若冲洗效果不很理想，可用洗涤液再冲一遍，然后用清水把书叶冲洗一两遍，洗净洗涤液。

冲毕，书叶放在干净纸上。

洗过的书叶。

（3）水浸法

把书叶垫上筛网，放进水槽中。

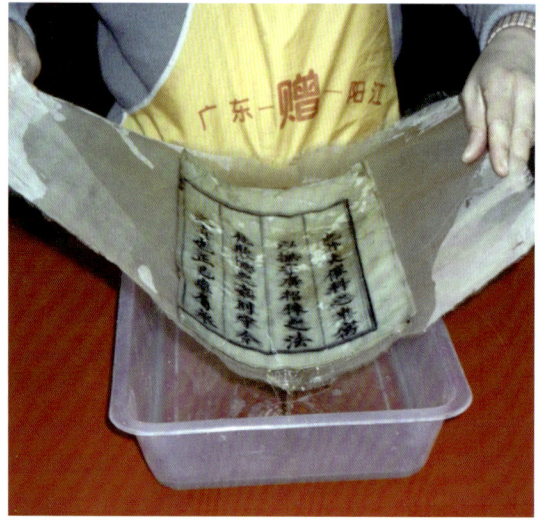

用手抻平筛网，将书叶反复浸入水中。

控水。

搭在竹竿上。

书叶不再滴水，就可以垫纸放在桌上。

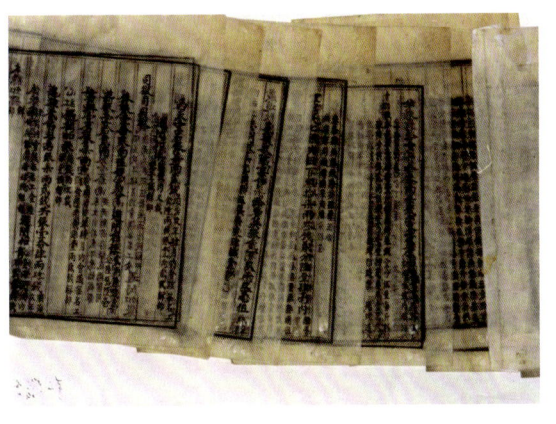

　　待书叶八成干时，将书叶分五六叶为一叠，垫上吸水纸。

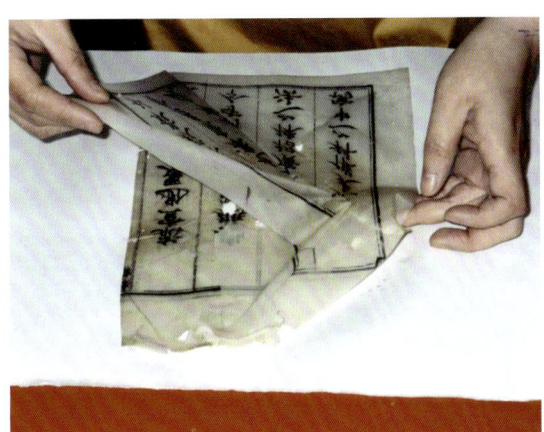

分成单张书叶。

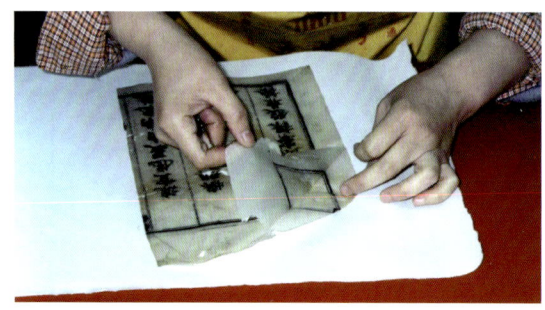 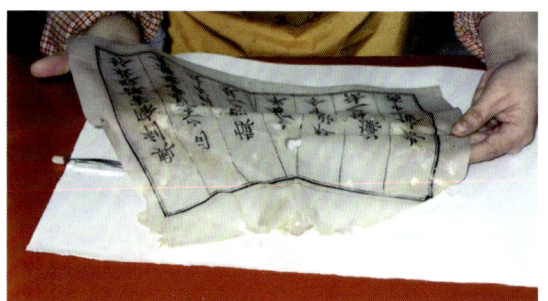

将单张书叶揭开。

书叶中间如有粘连的地方, 用镊子轻轻揭开。

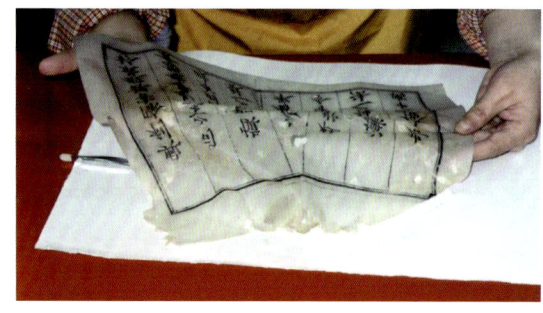

将揭开的书叶放平, 垫上纸压平。

应注意:

一、书中印有红格、蓝格, 先用水作一下试验, 看颜色是否会洇, 一般不要马上用水洗, 以免颜色洇染, 损坏书籍。

二、书叶上沾有油迹、墨水、霉斑等物质, 须用些对书籍无害的化学药品去污, 方法同前。

三、无论用哪种方法冲洗书叶, 洗净的书叶都要压干, 不能晾或晒。书叶中间的吸水纸要勤换, 特别是夏天, 每天最少换两次, 以防书叶生霉。

（4）漂白法

这是过去专卖古书的书铺子里经常使用的一种手法。其目的是要把两部以上的同一版本的残书配在一起成为一整套书出售, 这就需要将原来颜色不同的书叶漂白, 使书叶的颜色一致。

其法是：

①容器中（要比书叶的面积大些）放水加热至沸腾，放漂白粉，然后双手提起书叶的天头，将书叶的下脚5厘米左右迅速放进水中蘸一下水，马上提起使书叶离开水面，将浸透水的书叶下脚放在一块比书叶长、宽2厘米左右的木条上，借助水的力量使书叶和木条粘在一起。

②手拿木条，将未蘸水的书叶平铺在水面上很快地掠过，提起书叶，放进清水中清洗。

③用吸水纸吸去书叶中的水，将书叶阴干。

需要说明的是，用漂白粉漂白书叶的做法对纸张内部纤维有很大的破坏作用，在古籍修复工作中千万不要使用。

5．书叶除酸

有的书叶内含酸性物质过多，需要处理一下，通常除酸用的主要物质是氢氧化钙。

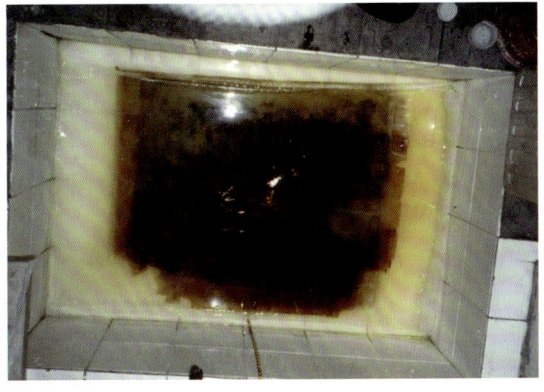

将书叶浸泡在2%左右的氢氧化钙溶液中一个小时以上。

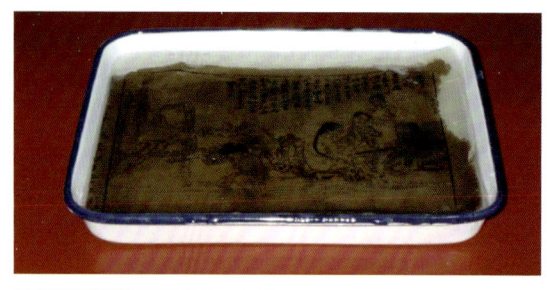

然后放到清水中漂洗，

出水后放在纸上晾干。

除酸后的书叶。

6. 配纸

　　所谓配纸，就是为书籍寻找修补破损之处的材料，即用作"补丁"的材料。由于种种原因，每部书所用的纸张都有它自己的特点，或薄或厚，颜色或白或黄，或深或浅。所以在配纸时，先要找出纸的颜色和书叶近似的旧纸，再于其中挑选制作材料和书叶相同的纸张，最后选用薄厚及纸纹与书叶尽量相同的旧纸用作"补丁"。

　　配纸是一项非常细致的工作。配补旧纸的颜色、质地、薄厚直接影响到书籍修复的质量。如果配的纸与书叶基本相同，修补好的书叶不容易看出来是补过的。经修补后不易让人看出原来破损的痕迹，就是"整旧如旧"修复原则的精髓，历代修复工作者也是用这个标准来衡量自己工作的。

　　反之，补书用纸不符合书籍用纸的特点，即使精工细作，修补过的书叶也会出现颜色不

一、厚薄不匀、凸凹不平等等情况，不但影响修复质量，还在一定程度缩短了书籍寿命，提高了修复频率，并且为以后的修复带来不必要的麻烦。所以配纸工作一定要仔细、认真地去做。

在配纸时，要注意光线对纸张颜色的影响，不要在光线不足或强光直射的环境下选配旧纸，最好在自然光线充足的环境中进行这项工作，以保证配纸工作的质量。

修补一部书，往往需用不少的旧纸。因此，平时必须注意搜集旧纸，为做好修复工作打好基础。现在旧纸来源主要有两个：一个是前人遗留，另一个是在修补过程中，把书籍上的护叶、衬纸和书皮撤换下来。前人遗留下来的，总有一天要用完；从书中撤换，从保护书籍的文物性、资料性来说也不足取。坐吃山空不行，拆东墙补西墙也不行，所以不断寻找旧纸及其代用品，是古籍修复工作的当务之急。

使用纸浆补书机补书，使我们看到解决补纸来源问题的希望。机器补书使用纸浆来源广泛，国内手工造纸场很多，很容易找到质量较高的纸浆。

自20世纪60年代起，国内就有人尝试用纸浆修补古书，以解决旧纸短缺的问题。由于各种条件的限制，这项研究的进展速度缓慢。而国外在这方面的研究进展很快，目前纸浆补书机已发展到液压气动型。1990年和1996年，笔者在英国、法国都曾见过这类机器。他们的机器虽然先进，但缺点也很突出：

一是噪音大。由于配制了真空抽气设备，机器工作时声音很大。为避免噪音的干扰，需另建一隔音室安装真空抽气设备，无形之中，扩大了设备占地面积。

二是耗水量大。由于未设用水回收系统，水用过即放掉，水消耗量很大。在一些缺水型城市，这类机器被明令禁止使用。

三是造价高。由于配置了气动、液压设备，机器的成本之高是可以想象的。

这样的机器虽然很先进，但由于存在上述缺点，不可能直接引进。那么，只有依靠自己的力量制作一台符合我国国情、符合我国图书馆实际的纸浆补书机来解决古书修补的问题了。

1994年初，笔者提出制作纸浆补书机的计划，得到张平同志的赞成和支持。1996年夏，完成了纸浆补书机样机的制作。1998年，该机的研制项目获文化部科学技术进步奖。

我们自行设计的纸浆补书机，具有构造简单、操作方便、用水少、噪音小、造价低等几个显著的优点。

纸浆补书机主要由以下几个部分组成：

纸浆槽：这是纸浆补书机最重要的部分，不锈钢制。纸浆槽上部为长方型，底部为椎型。在长方形底部，放一个不锈钢框架，在框上固定一张尼龙筛网，网下使用一个不锈钢支架托住。纸浆槽上部设有两个进水口，外侧装有一个带活动臂的压纸网架。

排水系统：装在纸浆槽底部，由不锈钢排水口、支架、电磁开关及防溅套管组成。

水箱：储水用。

上水系统：主要部件为水泵，以不锈钢管分别和水槽、纸浆槽连接。

支撑系统：包括机架、机壳、脚轮。

纸浆补书机的优点：纸浆补书机适合国内各类型图书馆、博物馆、档案馆使用，是修补

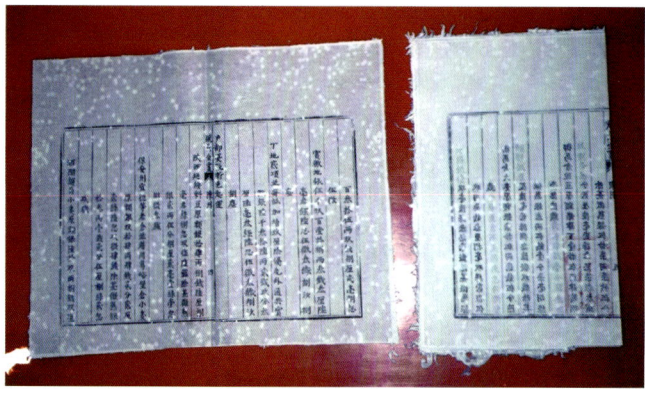

纸浆补书机　　　　　　　　　使用纸浆补书机修补的书叶

古籍比较理想的工具。和传统技术相比，纸浆修补技术有以下几个优点：

（1）节省时间。

传统手工操作中，配纸这道工序需要花费很多时间。旧纸存的越多，花费的时间就越多。有时竟会出现补一本书用四天时间，而配纸却用去两三天时间的事。使用纸浆补书，只须配色，无须配纸，节省了工作时间。传统手工补书速度很慢，若遇上严重破损的书叶，一个熟练的员工一天也就能补十多叶。而用纸浆补书的速度比手工补书快得多，若是一个人操作，每小时可以补好书叶5—6张。

（2）质量好。表现在：

①书叶平整。用传统修复技术修补书叶，补纸是用浆糊粘在书叶上的。如果用的浆糊浓度掌握不好，浆糊干燥后会收缩，补过的书叶不会很平。由于补纸是补在书叶背面的，破洞四周都要有补纸搭茬，当书叶对折以后，同一个破洞的周围就会高出两张纸的厚度。几十张书叶对折放在一起，破洞周围就会高出许多。而用纸浆补过的书叶，由于是由纸浆填充在破洞之中，书叶正反两面都是平的。因此，用纸浆补过的书叶的平整度，是传统手工操作方式绝对不能达到的。

②补纸薄厚均匀、颜色和谐。传统手工方式补书，补配的纸由于条件的限制，不可能每一张书叶都配得很合适。有的薄些，有的厚些。有的颜色深些，有的颜色淡些。而用纸浆修补的书叶，补纸均薄厚均匀，颜色一致。

③补书不用浆糊，利于图书保护。

④书叶干净，可洗去污渍，并可同时进行书叶除酸工作。纸浆补书是在水中完成的，补书叶的同时，就等于把书叶洗了一遍。若对纸张进行脱酸处理的话，由于纸浆补书机是循环用水，只须把药剂放进水中即可，不会造成浪费。

（3）减少了工序。

用传统手工操作方式修补的书叶，一般都要经过喷水、压平，还要用铁锤锤平。书叶如果稍厚些，把书叶锤平就很困难。用小锤太费时间，容易把书叶弄脏；用大锤又容易将书叶锤伤。由于用纸浆补的书叶薄厚均匀，而且可用上光机烘干，既平整又增加了纸的强度，无须再经过喷水、压平和锤平三道工序。

（4）操作简便。

传统手工补书对技术的要求很高。特别是修补善本书，修补书叶是关键。一本书修得好不好，主要是看补得平不平。要完成这项工作没有一定的技术和经验是不行的。而对于使用纸浆补书机补书的人来说，只要稍加训练即可上机操作，节省了大量的培训时间。

另外，若条件允许，加大纸浆槽的长和宽，处理好墨迹、颜色，即可修补破损字画、地图等。

7. 染色

染色的颜料多为国画色，如赭石、藤黄和墨，也有用中药槐黄、栀子、橡斗的，还有用红茶、咖啡等来作染色材料的。使用什么样的材料染色，须根据需要和实际条件确定。如赭石、藤黄等国画色，用水浸化，兑水，加胶少许，制成色水。

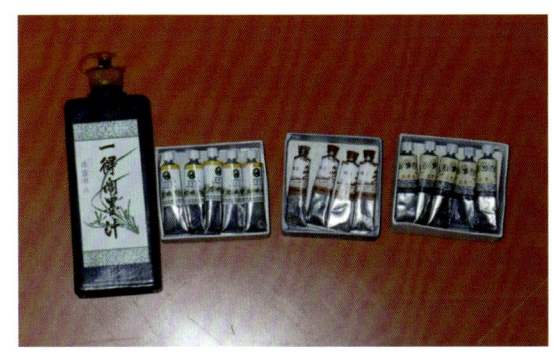

常用的国画色：藤黄、赭石、花青和墨。

将颜料兑水化开。

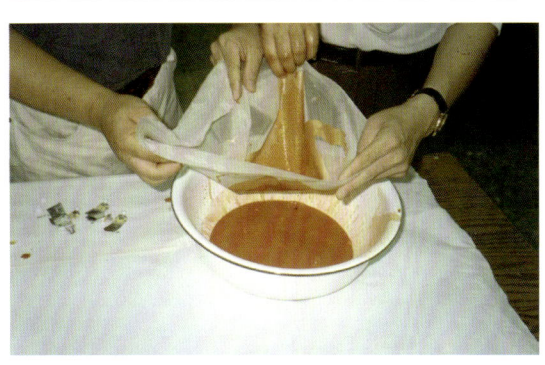

过滤色水。

（1）刷染

将纸平放在裱板上，用排笔蘸染料往纸上刷，刷时用力要均匀，多刷几遍，使纸的颜色由浅变深，合适为止。

在染好的纸上覆纸。

用棕刷刷平。

再次刷色水。

将所有染好色的纸揭起,翻过来放在案子上,使色水均匀。

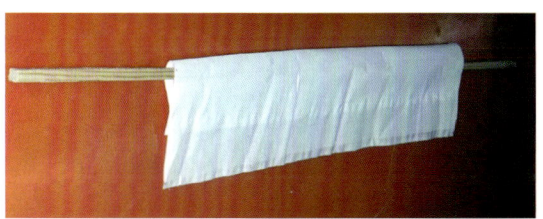

一条纸折回三分之一粘住,成一个纸筒,筒中穿过一根细木棍。

每个纸筒外余纸边缘和一张染色纸边缘涂上浆糊,粘在一起。

轻轻提起纸筒,将染色纸分离。

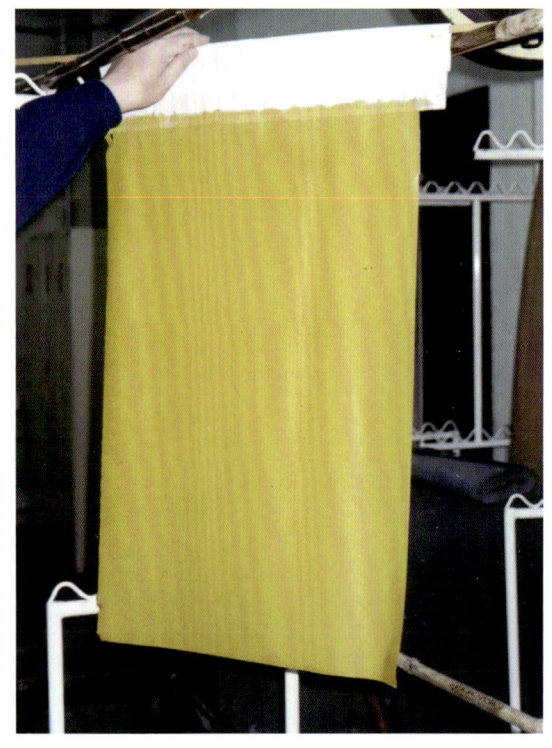

将染色纸慢慢移至晾纸架上,搭在两根竹竿之间。

也可以在染色纸一端涂上浆糊。

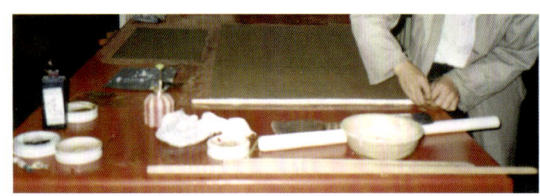

沾上细木棍。

拿住细木棍,慢慢抬起,将染色纸分离。

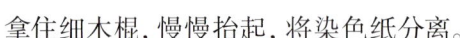

搭在晾纸架上。

（2）拉染

用黄檗、槐黄、栀子染色，需置于一盆或锅内，放水用火煮开，煮时亦可加少许胶，可使颜色牢固，亦增强纸张拉力。染色时，将煮好的颜色倾倒在一个水槽内，水槽长度要大于待染的纸张宽度。书叶较小，以两手持纸之一端，趁热一叶叶顺水槽将纸浸湿拉起，然后晾在竹竿上即可。

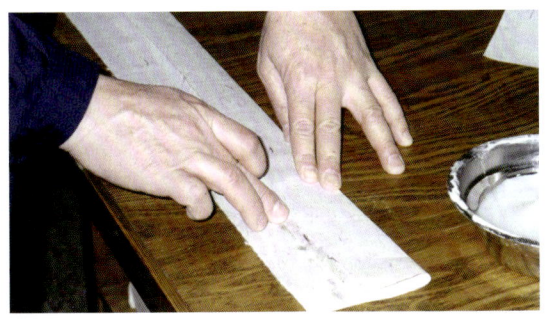

取一张纸条，折回三分之一制成纸筒。

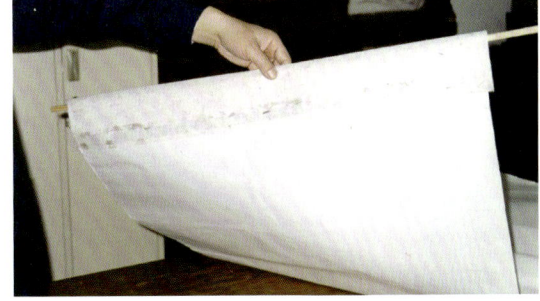

每张待染的纸都要粘上一个纸筒。

单人操作，一手持杆，一手提起纸下边，将纸放在槽中，

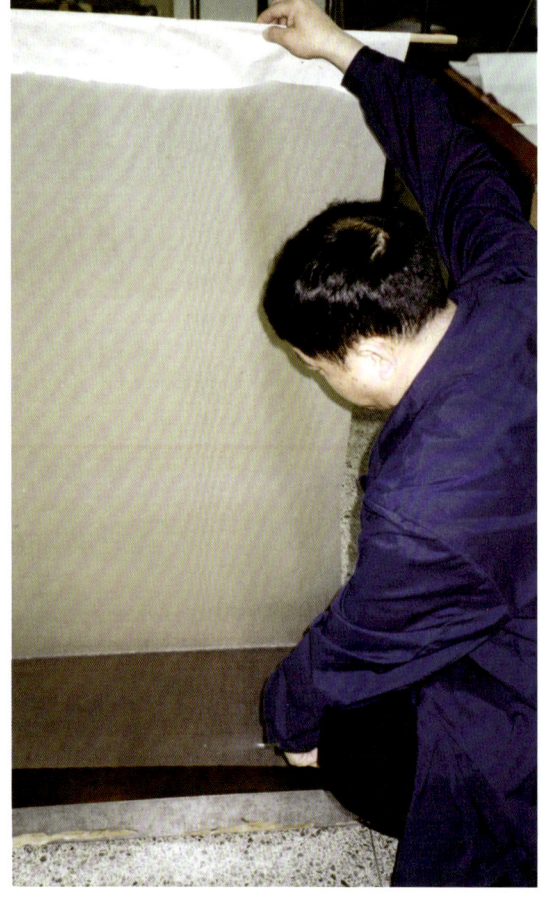

上手轻拉，下手轻送，这样做适合染较厚的纸。

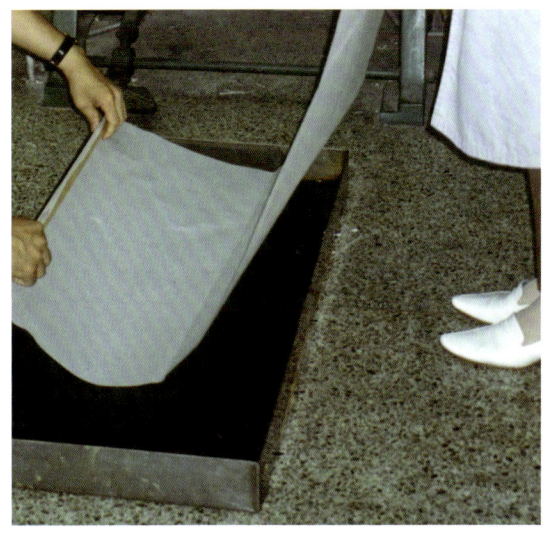

染薄纸要两人操作，一人持杆，一人提纸尾。

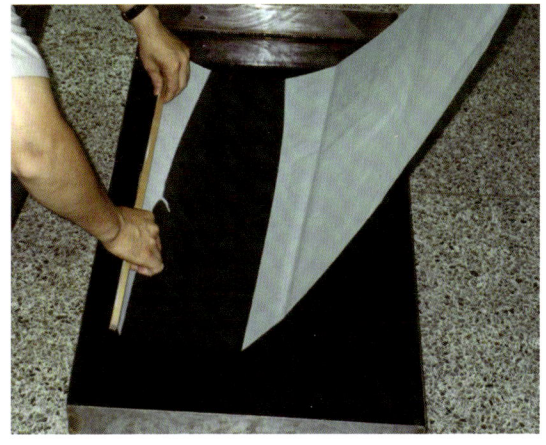

轻轻下放，将纸放在色水上，先洇透一段。

持杆者将杆轻轻上提，

提纸尾者慢慢下送,

注意不要让纸和水槽边接触,

将染好的纸提起,注意在整个染纸的过程中,自始至终纸是在色水表面运动,千万不要将纸浸在色水中,否则纸上的颜色就会出现不均匀的现象。

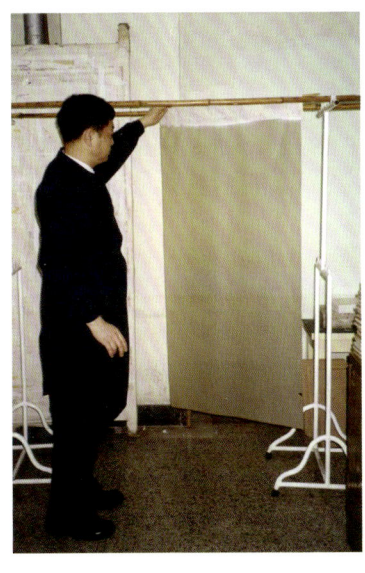

慢慢将染好的纸举到两根竹竿中,搭好,晾干为止。

注意:在晾纸的过程中,移动一定要慢,以防在移动的过程中由于空气的作用使纸飘动造成折叠或粘连,影响染纸的质量。

（3）浸染

以新纸染色使之成为仿旧纸,主要用于溜口和托裱书叶。选用的纸一般要比书叶薄一些。

染色用的橡树果实外壳——橡斗（橡碗）。

用橡斗染色,须放入锅中将橡斗煮透,将颜色煮出来。

把煮好的色汁倒进水槽中。

把少量纸放进水槽抚平。

用小碗舀起色水倒在纸上。

倒在纸上的色水要均匀。

　　待纸完全浸透后,再另取少量纸覆在浸透的纸上,重复前一动作。

　　待所有的纸全浸透后,放一块木板在水槽下一侧,将色水从纸中控出。也可将浸透色水的纸取出,放在一块木板上,把木板的一端垫起,把纸中多余的色水控出。

　　水控净后,把纸分为10—20张一叠,搭在竹竿上晾干,使用时揭开即可。

　　需要注意的是，晾在竹竿上的纸，每叠最上一张颜色较重。这是由于这张纸干得较快，又反复吸取下边纸上的水分。因此，晾纸时，每叠纸数量不能太少，否则会造成不必要的浪费。

　　（4）染丝线

　　煮好染色水，用木棍把丝线挑起，将丝线的一半放进色水中，

　　待丝线浸透色水以后马上提出水面，

再染另一半丝线。

也可不用木棍，提住扎住丝线的细绳浸染。

丝线上染好颜色,搭在木棍上阴干。

有一点特别要注意:无论是用国画色或者用橡碗子等染料染纸或其他修复材料,其pH值的测试结果一般都偏酸性,因此这些染过的材料最好先在碱性溶液中浸泡一下,在pH值上升至碱性范围内再用。

8.制浆糊

浆糊是修复古籍中使用的重要材料,浆糊运用的程度如何,直接关系到修复的质量。修复工作中所使用的浆糊,实际上是一种将稠浆糊兑水稀释,然后才使用的浆糊溶液。因此,浆糊的浓度,是保证修复工作质量的关键。浓度过低,起不到粘接修补材料的作用;浓度偏高,又会使书叶出现皱褶,凸凹不平。所以,修复工作中浆糊的制作方法,自古以来得到人们的重视。浆糊多用淀粉制成,制作方法多种多样。

古人有以花椒水、白芨水等熬制浆糊的,大概是想通过添加剂来提高浆糊的粘度及防腐能力。修复工作中经常使用的浆糊原料——淀粉,以前都是靠手工制作。方法是将面粉加水和匀,放在水中漂洗,提出面筋。洗出的淀粉经过多次换水淘净,控水,晾干。用时将淀粉加少许水浸透调匀,用开水冲或熬制都可。现在,市场上就可买到高纯度小麦淀粉,买来即可使用,非常方便。

(1)熬制浆糊

制作浆糊的淀粉。

熬制浆糊方法比较简单,将兑好水的容器放在炉子上把浆糊熬熟就可以了。

（2）冲制浆糊

每500克淀粉可冲制2000—2500克左右的浆糊。冲制方法是：取淀粉100克放进盆、碗中，根据使用需要加冷水40—120毫升和匀，再用沸水250—280毫升冲开，冲熟就行了。

在搪瓷盆中冲制浆糊。

在碗中冲制浆糊。

在瓷盆中冲制浆糊。

充分搅拌：浆糊冲熟以后，要充分搅拌，将浆糊搅拌均匀。

（3）养浆

　　浆糊制好后，要马上用手蘸水把浆糊表面抚平，再加一些冷水使浆糊和空气隔离，以免浆糊表面起皮，变干变硬。如能把浆糊放凉以后放进冰箱冷藏室保存，最为理想。

（4）过箩

使用前，要将浆糊过箩，去掉浆糊中的小疙瘩。过箩可在盆中进行，也可在桌上直接操作。

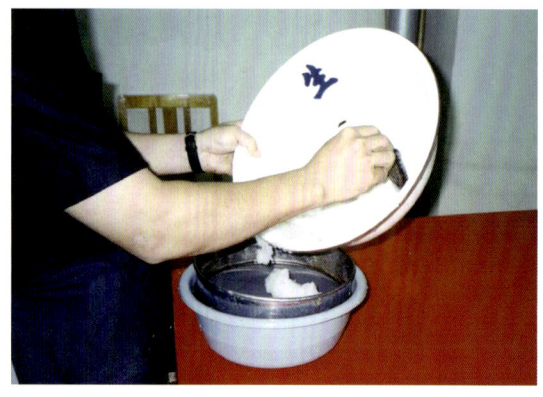

将浆糊倒入箩中。

用棕刷轻压浆糊，将浆糊从箩的另一面挤出。

将浆糊直接挤到工作台上。

浆糊稀释方法很简单，在稠浆糊中加水即可。兑水时，一次不能兑得太多，一点点加水，加水次数要多些。一次加水过多，浆糊不易调匀，会出现小疙瘩，遇到这种情况，可用箩将浆糊滤一下，除去浆糊疙瘩再用。冬天气温低，浆糊调制要用热水。

注意事项：

使用浆糊的浓度，要根据纸张的厚薄分别对待。纸厚，浆糊溶液要稍浓一些，水与浆糊的比例约为1∶4或1∶5，纸薄，浆糊溶液就要淡一些，水与浆糊的比例是1∶6或1∶8或更多。确定浆糊浓度的依据是能粘住修补材料而且平整。根据实验，在修复过程中，浆糊浓度为1%—3%时粘接效果最好。

每天使用的浆糊要随用随调，隔日浆糊绝不可使用。主要是因为浆糊溶液放置时间一长，粘度降低。再有，使用时间一长，浆糊中混进不少书叶上的灰尘和浮墨，用这样的浆糊修补书叶，会把书叶弄脏。所以，每次调制浆糊不要多，每天能换一两次最好。

二、修整阶段

1. 修补书叶

（1）手工补书

①补书口

一部书无论损坏程度如何，书口总是损坏比较严重的部分。书口破损可分为两类：一类是书口只残损部分或一半，未全部断裂。另一类是书口全部断裂，一张书叶成了两半。两类破损书口的修复工作，大体相同，稍有差别。

溜口前，应把配好的旧纸、皮纸条、浆糊准备好。书叶为白纸，用白色皮纸裁成宽1厘米左右的纸条溜口。书叶为黄纸，要用染色皮纸。黄纸书不能用白纸溜口，否则书籍修复完毕，装订成册以后，书口白色而书叶却为黄色，极不协调。这样修过的书籍比较难看。

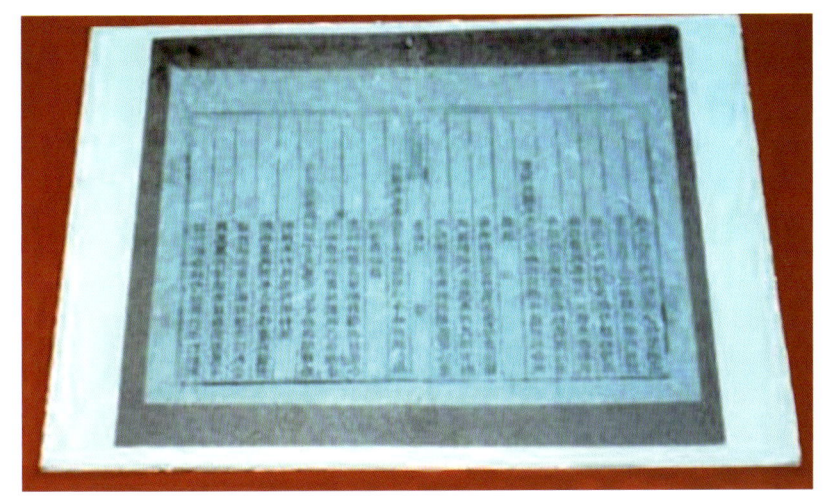

书叶是白色的，补书板上可以粘一张不掉色的色纸或托好的绫子。

溜口时，将书叶展开，背面（无字的一面）向上，正面朝下，放在补书板上。书口已完全断裂的书叶，要注意将书口对齐，使书口破损处栏线对直、对正，但须注意不可搭茬，以免造成修复后书口毛茬外露而出现"起刺"现象。书口对正后，用左手中指、大指压住书口，不使书叶移动，右手持笔蘸稀浆糊在书口上涂。浆糊要涂得匀，持笔的手用力不能大，不然的话，笔头的力量会使已经对齐的书叶推开，涂完浆糊还须重新对齐书叶，很是麻烦。

浆糊在书口处涂约1厘米宽，取一棉纸条，一手持上端，一手持下端，轻轻放在书口上，然后用一手掌轻按，使皮纸条和书口粘牢。如果涂的浆糊稍多，可用另一张纸放在书口处轻按，吸去多余水分。然后，两手持书叶两侧书脑处，轻轻向上掀起书叶，放在事先准备好的吸水纸上。这时可再用手按一次皮纸条，使书口棉纸条粘牢，即可对第二叶进行溜口。

有的书叶书口只裂开下边一半，书叶展平后书口下部分开，不能合拢。若书口对齐，中间出现皱折。对这样的书叶进行溜口时，可用笔蘸水先在书口上没破的地方涂一下，然后再展平书叶，书口就容易对齐了。如果书口仍然不齐，可先以书口两侧栏线互相平行为原则，轻轻抻拉书口上部，使书叶得以展平，然后再溜口。

若书口完全断裂且有残缺，先找一张完整的书叶，平铺在补书板上，书叶四周用铅笔做出记号，画在补书板上，作为修补书叶的依据。

将断成两半的书叶按标在补书板上的记号对齐, 书口两侧的栏线要对直, 平行。

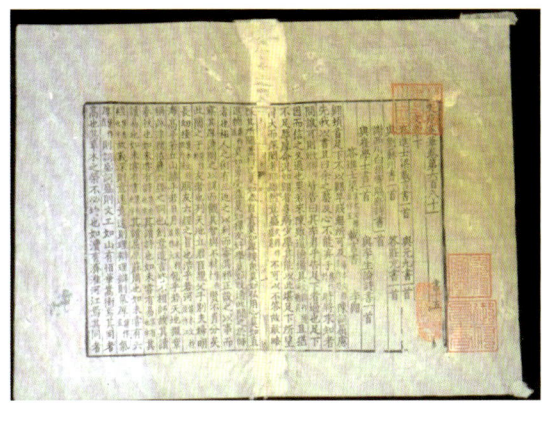

书叶对齐后, 用和书叶同色的纸先把书口残破处补好, 然后再溜一条皮纸条。

有的书叶的书口一经水浸立即伸张, 等溜完口书叶干燥后又会收缩很多, 致使书口出现许多小皱折, 既不美观, 也影响修复质量。有人在修这样的书叶时, 先在书叶上喷上些水, 然后再溜口。这样做当时看很好, 但是由于书叶和溜口用的皮纸吸水程度不同, 因而收缩的力量也不同。一般说来, 书叶质地较紧密, 吸水也多一些, 而皮纸质地松稀一些, 吸水程度不如书叶, 溜口后水分一蒸发, 书叶和棉纸收缩程度不一样, 书口就会出现皱折, 所以, 在书叶上先喷水再溜口的方法, 对于这种纸来说, 并不足取。

对这种书叶进行溜口, 只能用涂浆糊快, 溜纸条快的方法。这虽不能从根本上解决问题, 但相对来说, 效果会好一点。

有的书叶上印有红、蓝格线, 一经水湿即洇成一片, 这种书叶在溜口时, 不可直接在书叶上涂抹浆糊, 而要把浆糊涂在棉纸条上, 再往书口上粘。使用这种溜口方法时, 可先作一小试验来测定浆糊使用量, 即在书叶不显眼的地方粘一小块棉纸条, 粘住不翘, 即为合适。

②补书叶

书叶背面向上放在补书板上展平, 先去掉书叶破损处的纸屑和污物。

用笔在破损处或孔洞周围涂上浆糊,

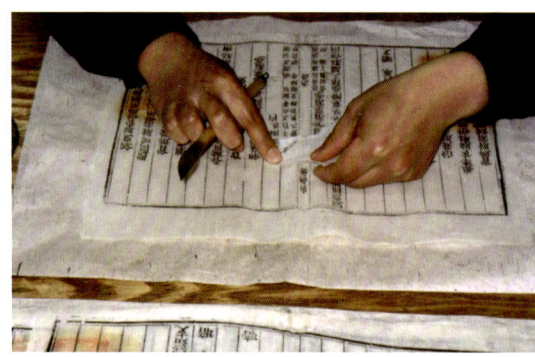

补上纸,

将多余的补纸撕下。

注意:

补书的顺序是"先补中心,后补边","先补大,后补小"。补书叶先溜口,实际上是"先补中心"。

需补的孔洞较多,每补过几个孔洞之后,就要将书叶掀起一下,以免遗漏在补书板上的浆糊把书叶粘住。破损孔洞大,补完一个就要把书叶掀起一下,然后再补其他破处。

多余的补纸,要用手轻轻撕下。若纸较厚不容易撕,可用笔蘸水在补丁纸上划一下,撕下就比较容易。切不可用力撕扯,以免损坏书叶。

补完的书叶要集中放在板上,书叶之间要稍稍错开一些。

a 掏补(不拆书)

就是在不拆书的前提下,尽量保持书籍原来的装帧特点,将毛笔伸进对折的书叶中间涂浆糊,然后再补书。这种方法适用于装帧形式比较有价值、书品比较宽大且破损程度较轻的书。

掏补少数民族文字图书的书皮。

掏补少数民族文字图书的书叶。

在补纸下垫纸,吸水。

修补《永乐大典》时,将补纸垫在破损处下面。

从正面把笔伸进破损处将浆糊涂在书叶背面。

用镊子将破损处纸纹对正，压实，将书叶和补纸粘在一起。

先将补纸撕好，涂上浆糊，垫上纸吸去水分，放进书叶背面中间，

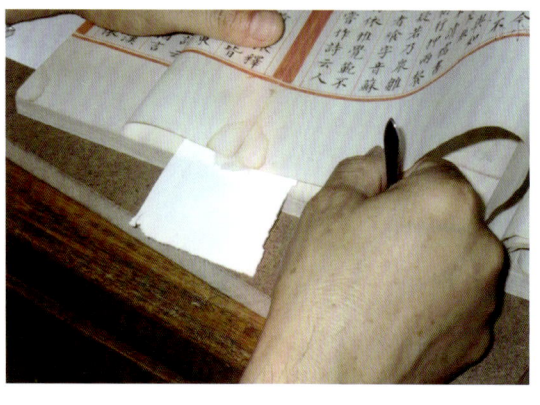

对准书叶破损处，

压实。

补好的书口。

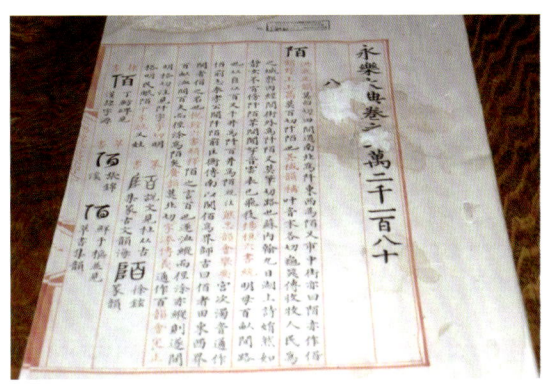

使用掏补方法补好的《永乐大典》

b 正面补

适用于书叶粘接程度较高，若完全揭开后会将书叶揭伤或损失文字的书。但要选用薄而且能透出清晰文字的纸作补纸。

背面已经粘牢的书叶　　　　　　　　从正面补好的书叶

③托书叶

书叶霉变，纸张强度降低，背面加托一张纸可加固书叶。但需要注意的是，能补的书叶尽量补，能不托的书叶尽量不托。

裱板上喷水，放一块透明的塑料布，用湿布擦平。

书叶字面向下放在塑料布上，用小排笔蘸稀浆糊刷平。

将破损处补好并刷上浆糊。

书叶背后托上一张纸。

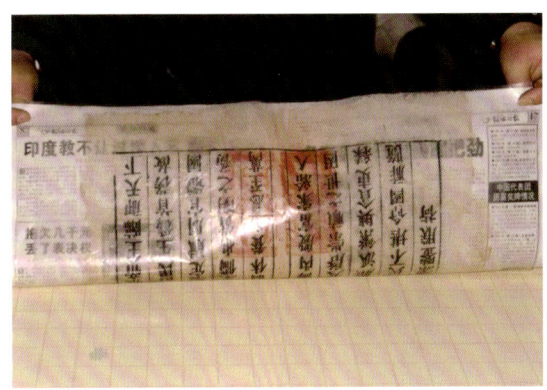

托纸上覆纸吸水，翻过来。

揭去塑料布，书叶托好。

④修补书皮

托书皮：

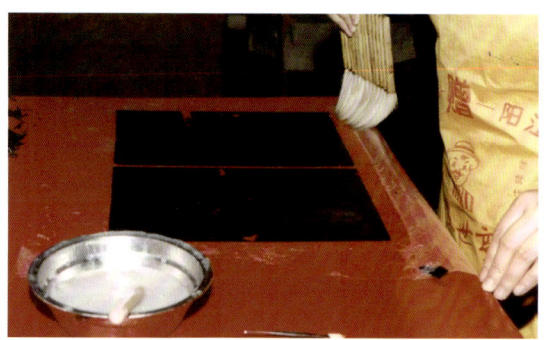

在揭去托纸的书皮上涂匀浆糊。

粘贴一张和书皮颜色相近的纸。

再涂上浆糊，粘上一张皮纸。

覆纸吸水。

将裱好的书皮放在晾纸架上，揭去塑料布，书皮托裱结束。

也可以把裱好的书皮贴到木墙上绷平。

（2）纸浆补书

以手工方式补书，要在书叶破洞的周围涂上浆糊，粘上补纸。这样一来，破洞周围纸张相接的地方就变成了两层。由于书叶上破洞基本上是对称的，对折以后，破洞周围就高出很多。而经过托裱的书叶，书叶会加厚、变硬。要想克服这些缺点，用纸浆补书是最佳的选择。

纸浆补书机。　　　　　　　　　　　　掀开机内压纸架。

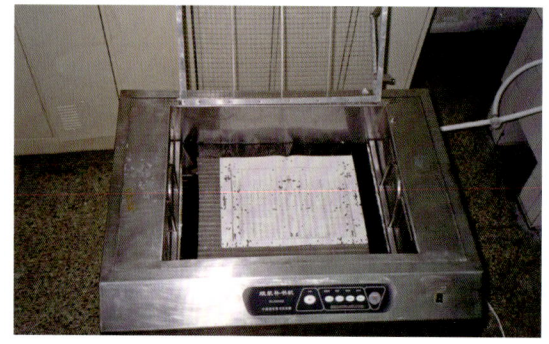

把书叶放进补书机内，

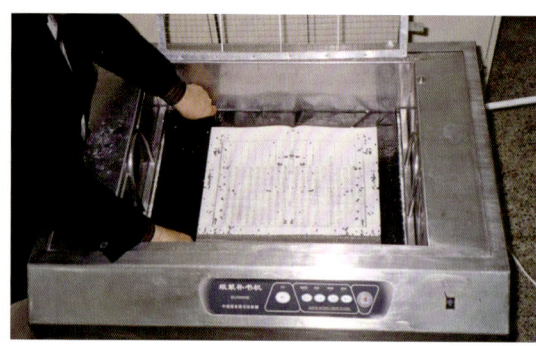

书叶四周用深颜色塑料布条挡严。

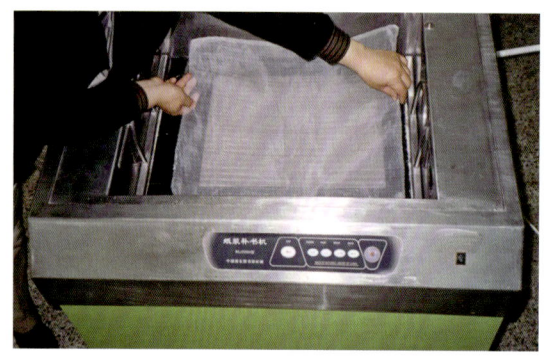

取出书叶，放进一张塑料筛网。

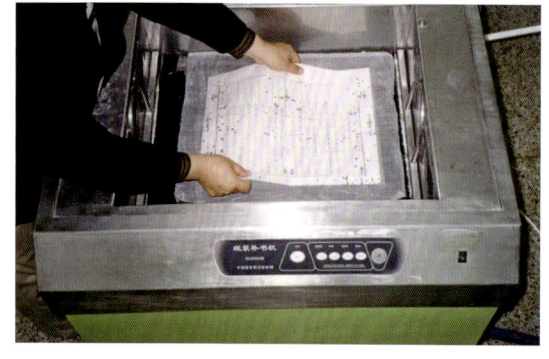

放进书叶。

放下压纸架，

按"上水"键向纸浆槽注水。

水注满按"停止"键。

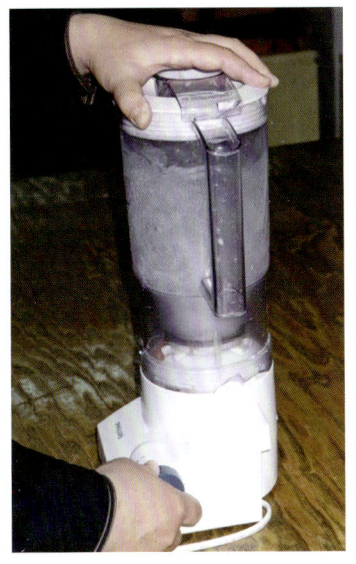

打纸浆。

将纸浆倒入水中。

按下"补书"键,抬起压纸架。

待水泄净,再用一张筛网盖在书叶上。

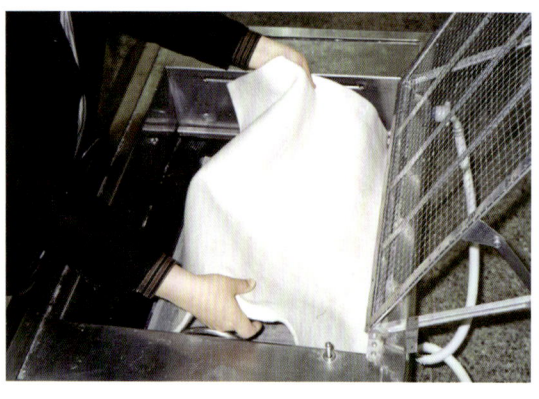

筛网上加盖一块毡子。

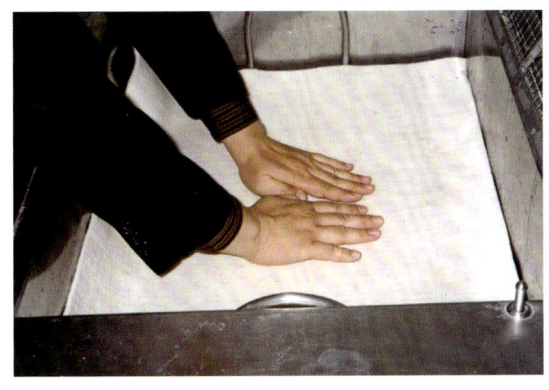

把毡子抚平,吸收书叶中的水分。

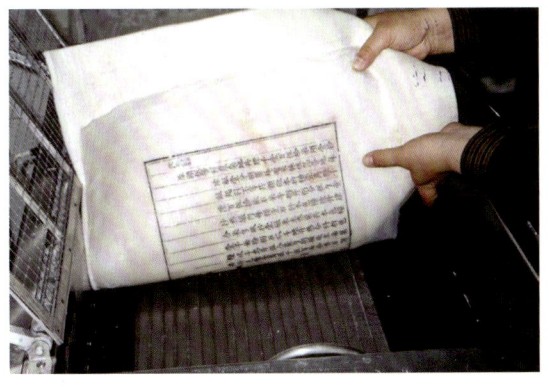

将书叶连同毡子、筛网一同取出。

书叶向上放在桌上。

再盖上一块毡子。

上下用压书板夹住。

放进压平机压平、脱水。

从压平机中取出,去掉上面的毡子。

撤掉一层筛网。

去掉另一块毡子,放在晾纸架上,揭掉另一层筛网。

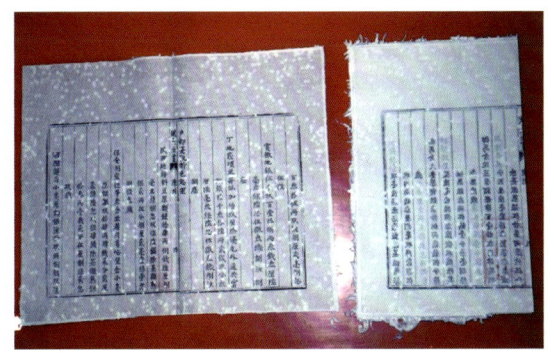

用纸浆补好的书叶。使用这种方法补书叶速度较快,但由于塑料布没有贴紧书叶,补好的书叶四周有毛茬,需要再剪齐。

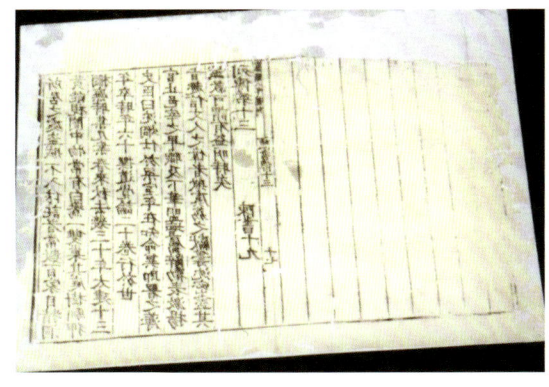

也可以将破损的书叶先放进补书机,

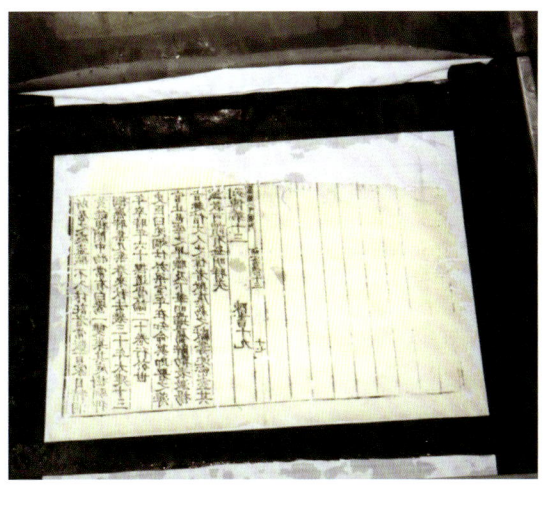

四周用塑料布按书叶原来的规格围好。以下动作同前。

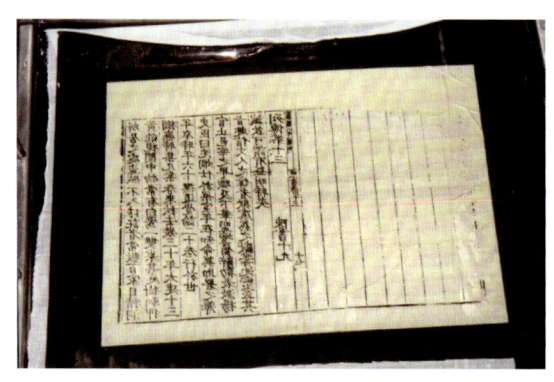

补好的书叶背面情况。

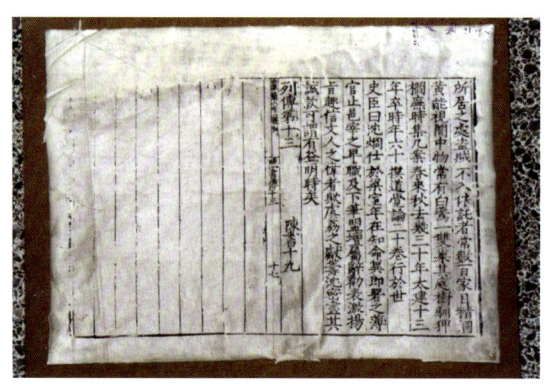

补好的书叶正面。这样做补好的书叶四周比较整齐,由于每次补书叶都要重新铺塑料布,补书叶的速度和塑料布放在筛网下面相比要稍慢一些。但由于补好的书叶四周整齐,剪齐时比较容易,可以把补书叶多耗费的时间补回来。

2. 喷水压平

书叶修补完毕,因补过的地方涂过浆糊,干燥以后收缩,有些凸凹不平。要使书叶平整,首先应在书叶上喷水。

喷水时,将补好的书叶五六叶为一叠,用喷水壶喷上水,将书叶喷潮,放在一叠吸水纸上,再往第二叠书叶上喷水,放在第一叠书叶上,稍稍错开,待喷过四五叠书叶后,取几张洁净的吸水纸,放在书叶上,用手抚平。再接着喷水,书叶全部喷潮为止。

喷水时须控制水量,水喷得过少,书叶未润透,书叶无法平整。喷水过多,容易将书叶上补的纸闷下来。特别在夏天,喷水过多,书叶过潮,很容易使霉菌滋生,致使书叶受损。

书叶喷完水,上下垫一些吸水纸,最后再盖一层厚板纸,上压石块、砖等重物。为了不使书叶发霉,且容易压平,书叶要每日倒一次。倒叶时,如同喷水时一样,每次用手拿起一叠书叶,翻过来放在吸水纸上,书叶全部倒完,再次盖上厚纸板,压平。

将书叶正面向下,按顺序排好并左右错开1—2厘米,摆齐。

喷少许水。

书叶上盖几张吸水纸。

抚平, 排除书叶间的空气。

吸水纸上覆盖一块薄纸板。

纸板上压上石板或其他重物。

3. 划栏补字

划栏补字就是在书叶修复完毕以后,由修复人员用毛笔将书叶上缺损的栏线和文字补齐。写字要靠经常练习,划栏就要借助专用的工具"笔床"了。

毛笔和笔床。讲究的笔床用红木等名贵木材制作,长17厘米,一头宽一头窄。宽的一头上边约1厘米,下边约0.8厘米,且缩进0.6厘米;窄的一头上边约0.6厘米,下边约0.4厘米。就是说,无论从哪面看,笔床都是梯形的。在笔床面积最大的一面,挖一个圆槽,以容纳毛笔,使毛笔能够紧紧地和笔床贴住。

笔床的用法:将毛笔笔尖蘸墨,放在笔床上贴紧,笔尖露出笔床一点,约1毫米,笔床靠在尺板边上,笔尖对准要划线的位置。

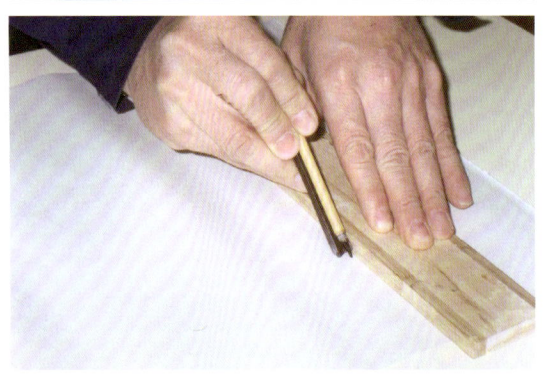

慢慢将笔床连毛笔一起竖起,待笔尖接触到纸面时,匀速将笔床连笔一起向后运动,运动速度按照栏线的轻重、粗细随机掌握。

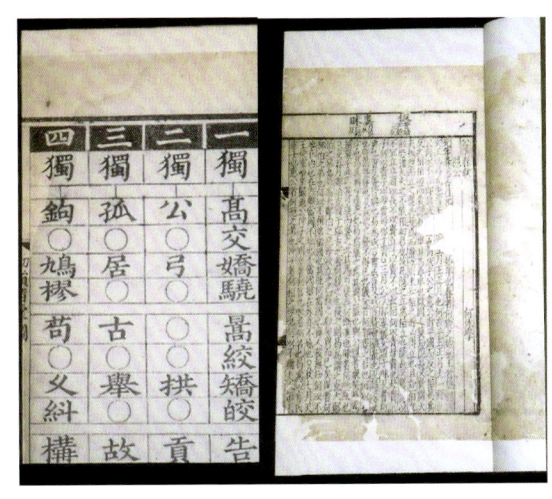

经过划栏补字的书叶。

现在，划栏补字这道工序已经没有人做了。这有着几方面的原因：第一，是人们的图书保护观念不断进步，大多数人已经认识到修复的主要目的是保护图书，使图书延年益寿，而不是再单纯地去追求书籍修复后的完整和美观。第二，古籍也是文物，保持文物的原始面貌是修复的最高追求，没有人能允许别人在古籍上写字划道。第三，现在要找一个能够用毛笔熟练地写出颜、柳、欧、赵各种书法的人太难了。所以这项工作不能做也没法做了。

三、复原阶段

1. 书芯装订

（1）折叶

书叶压平以后，即可把书叶对折起来，准备装订。

折叶前，先将书叶顺序理好，有字的一面朝下，第一叶放在最下面。书叶天头朝左，下脚朝右，放在一张洁净的纸上。用两手拇指和食指、中指分别握住书叶天头、下脚靠近书口的部位，以版心折缝为准，使书叶背面向背面对折。每折完一叶，即将书叶书口朝左放在夹书板上，一册书叶折完，压一块夹书板，直至书叶全部折完为止。

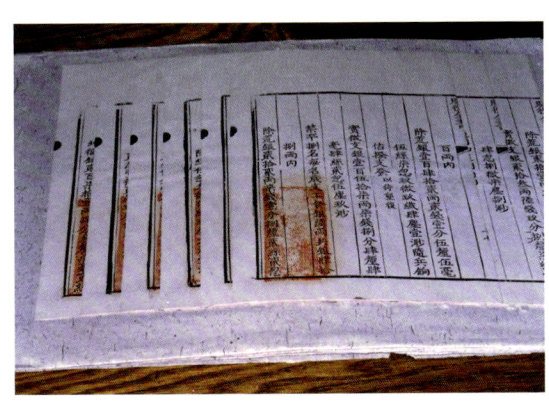

压平的书叶。

 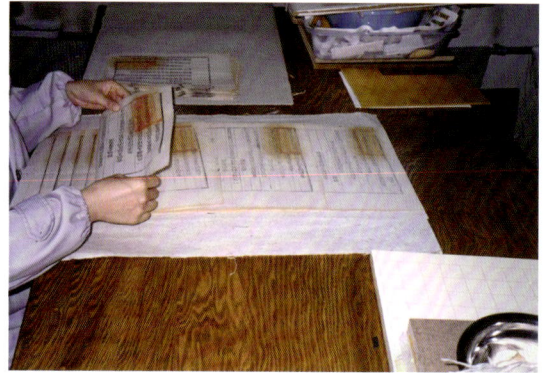

线装、包背装背面向上，对折书叶。

压实折缝。

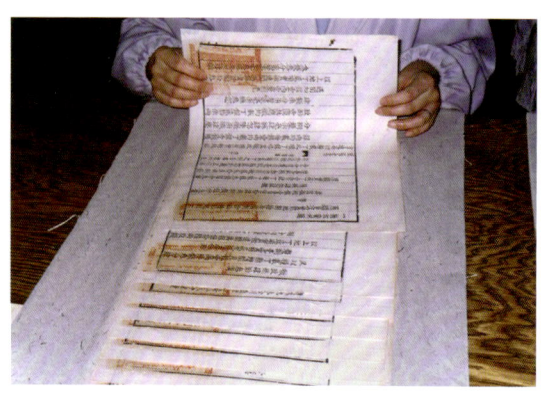

蝴蝶装字面向上，对折书叶。

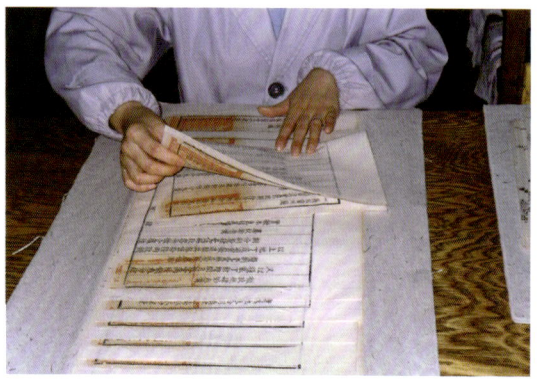

压实折缝。

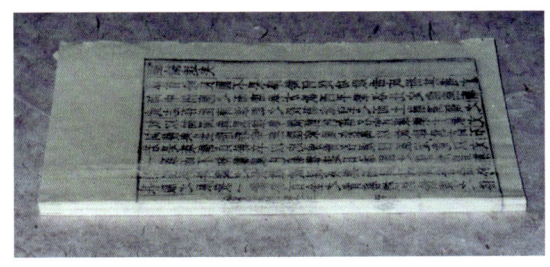

折好的书叶。

注意：

溜过口的书叶，要用手在溜口部位拂拭一下，看看有无纸屑、砂粒等物，如无，再折。书口原来折偏的，无须改正。每张书叶折口要用手掌按压一下，但要注意经常看看手上是否粘上书叶上的油墨等物，手脏了就要洗净，以免将书叶弄脏。

书叶折完后，将书叶理好，剪齐书叶四周纸边，上下用压书板夹住。

（2）剪齐

把补纸依书叶边缘剪齐。

剪齐天头、地脚。

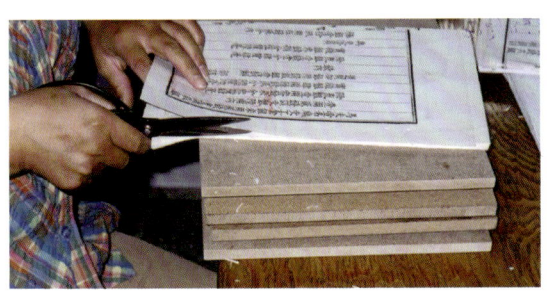

剪齐书背。

（3）撤齐

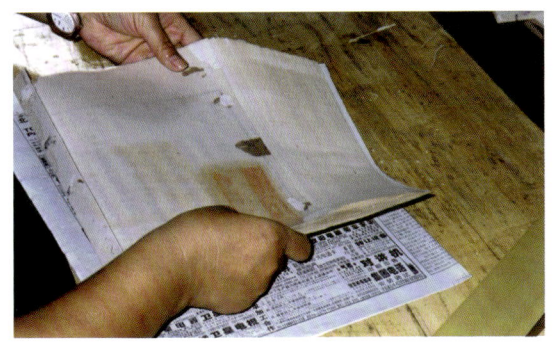

将书叶捻开，使书叶中间容纳一些空气。

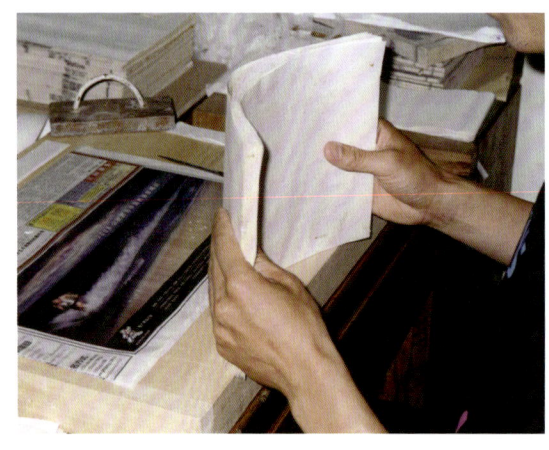

书口向下轻轻撴齐。

两手虎口相对轻轻用力，靠齐书口。

天头向上，轻轻撴齐下脚。

（4）锤平

书叶修补后，补过的地方就厚一点，折叶以后更加明显。锤平就是在补过的地方锤一锤，使书叶平整。

取几张折好的书叶，撴齐放在平滑的石板上。左手轻压书叶，凭手指的感觉摸到书叶修补过的地方。右手持锤轻轻在书叶上锤一遍，修补过的地方要稍用力。书叶锤完一面，翻过来再锤另一面。一叠书叶锤完，再锤第二叠，直至全部锤平为止。

有些书叶纸张较厚或修补之处很多，一次很难锤平，要锤两三次，直至书叶平整为止。

注意事项：

一定要等书叶干透才能锤。如书叶潮湿，锤过以后，修补过的地方会发黑变亮，甚至会上下粘住，影响修复质量。

（5）齐栏

左手四指按住书叶，拇指顶住书口。

右手中指插进书叶，按住下面的书叶。拇指和食指夹住书叶，前后、左右移动书叶，把书叶对齐。

右手夹住书叶移动时，左手要松开书叶，右手对齐书叶后，再重新压住书叶。然后，右手中指移至下一叶，继续齐栏动作。

①排栏

适用于纸张较厚的书叶。

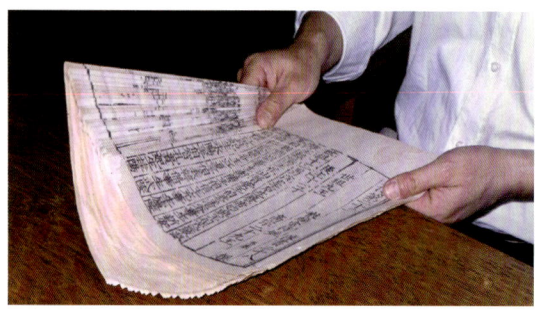

捻开书叶。

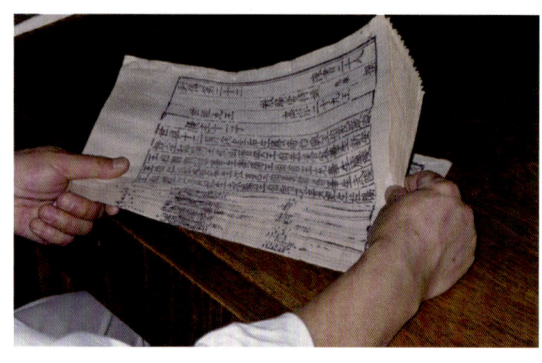

右手自下而上逐叶拉动书叶，将栏线对齐。

②碰针

适用于很薄且宽大，表面又不光滑的书叶。

在订书板上垂直插上两根大针，将书叶一张一张摆齐，书口顶住针，将栏线对齐或把下脚摆齐。

（6）加护叶

在书叶上下加上两张折好的空白宣纸，面积比书叶略大或相同。

（7）压实

把对齐书口和下脚的书叶上下用压书板夹住，放进压平机或压上石板压平。

书叶上下夹板。

放进手动压平机压平。

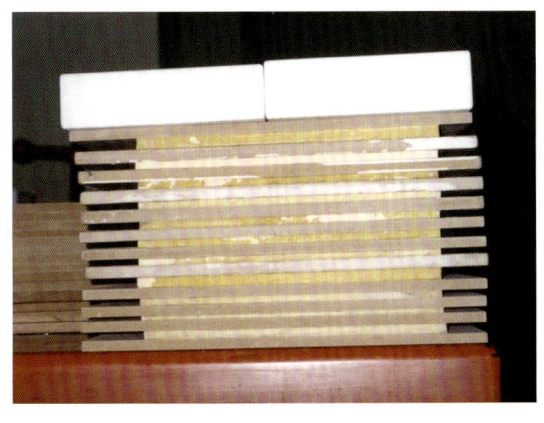

也可以用石板压平。

（8）下捻

用纸捻将书叶订在一起。

①搓捻

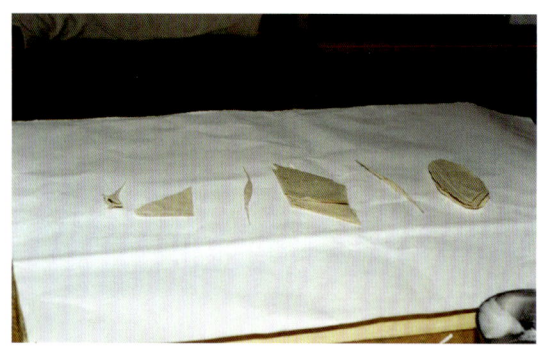

选用较厚的皮纸，剪成三角形或菱形，搓成纸捻。

搓制两头尖的纸捻（又叫纸镑子、蚂蟥祥）。

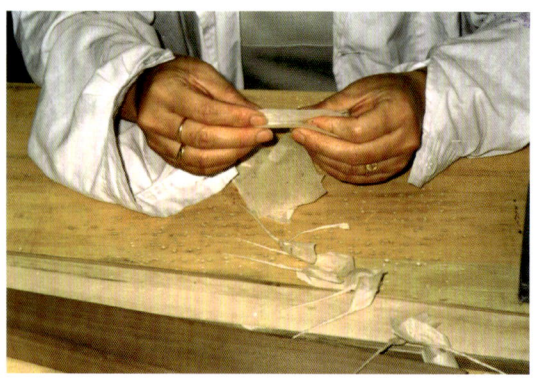

搓制纸钉。

用尺板靠齐书口。

订好眼位。一般情况下，还使用原来的眼位。古籍下捻一般订两个捻，共打四个眼。各个眼位距书口的距离应一致。

眼位应打在一条线上。

②打眼

③穿纸捻

纸捻穿进打好的洞中。

拉紧纸捻,打结。

打好结的纸捻。

④锤平

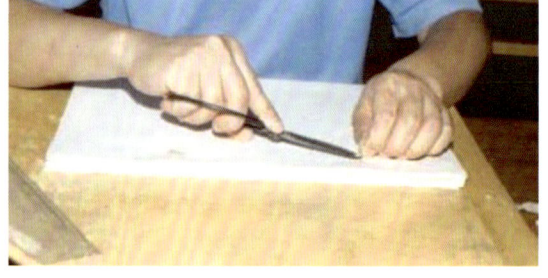

也可以将纸捻两头拉住并拢在一起,用剪刀剪断。

剪断的纸捻。

在剪断的纸捻上涂上浆糊。

将纸捻用敲槌砸倒、砸平。

订好的书芯。

纸钉的位置。

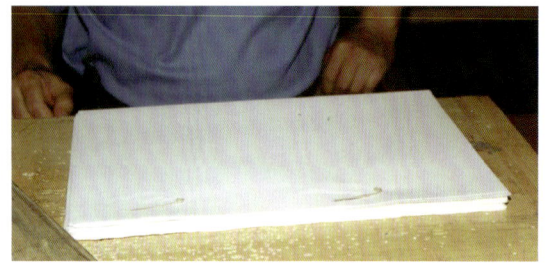

纸钉盘扣。

（9）裁切

只限于用"整旧如新"方法修复的古籍，用"整旧如旧"方法修复的古籍不能裁切。

裁书背。

裁天、地。

（10）包角

确定书背一侧包角的长度。

确定书脚一侧包角的长度。书背一侧和
书脚一侧长度的比例为3:2。

确定书角的宽度，一般计算方法为书芯
厚度加1厘米。

裁切包角用的绫或绢。

以书角一侧的尺寸为宽，裁一张纸条，
长度不限。

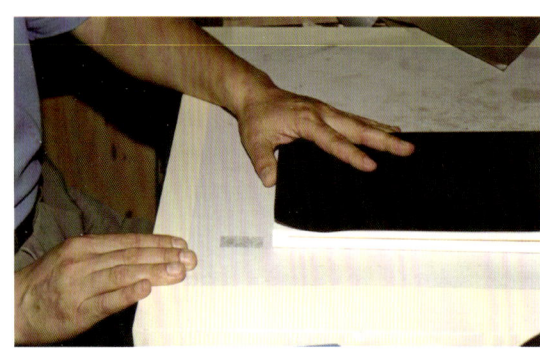

贴在板上。书角和纸条的外延对齐。

包角绫绢涂上稠浆糊，用右手中指粘起。左手掀起书芯，留下两层护叶纸，将包角纸探进护叶纸0.5厘米。

放下书芯，再掀起上面的两层护叶纸，轻推包角绫绢，包紧书角的一侧。超出书背的余边折向书芯粘住，上面涂少许浆糊，放下一层护叶纸粘住。

书芯下拉露出书角，用拇指轻推包角纸。

　　书芯翻面，推紧包角纸，超出书芯部分折向书芯粘住，上面涂少许浆糊，放下最后一层护叶纸粘住。然后书芯翻转，粘好另一面，包角完毕。

包角可在书皮上好以前操作，也可在书皮上好以后操作，动作相同。

2．装书皮

　（1）线装书皮装法
　①装皮
　a　上皮

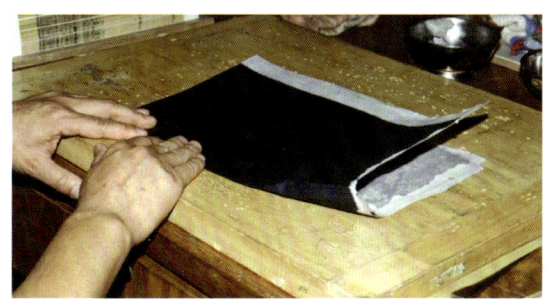

　　将压平的书皮纸（双张）对折出三条直线，一条线居中作为裁开书皮的依据，其余两条线分别距中线1.5—2厘米，折回作为书皮靠齐书口的部分。书皮每边要比书芯大2厘米左右。

将三条折缝分别压实。

用启子沿中间的折缝裁开。

裁开的书皮。

在护叶书口部分均匀点抹3—5点浆糊。

再在纸捻上涂少许浆糊。

　　将书皮折口一侧对齐书口，压实，把书皮和护叶粘在一起。

第二册书芯压住第一册，书口对齐，再粘书皮。

继续粘贴书皮，直至所有书芯全部粘上书皮，再把全部书芯翻转，在书芯的另一面粘上书皮。

单张书皮折口时要在书皮下垫一木尺板或钢尺，用两手指节在书皮上轻按出折印。

把折印处压实。

在书口及纸捻上涂浆糊，粘上书皮。

把书平放在桌上，用剪刀贴着书芯右侧把书皮剪齐。一般顺序是先剪齐天头，然后剪下脚，最后剪书背。

可把上面的书皮折一下，以便于操作。

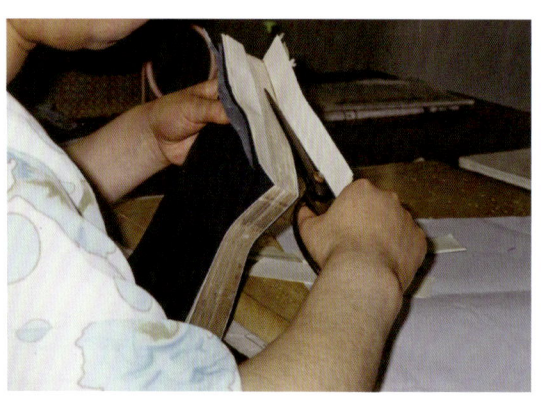

剪齐书皮天头后，再剪齐书皮下脚。

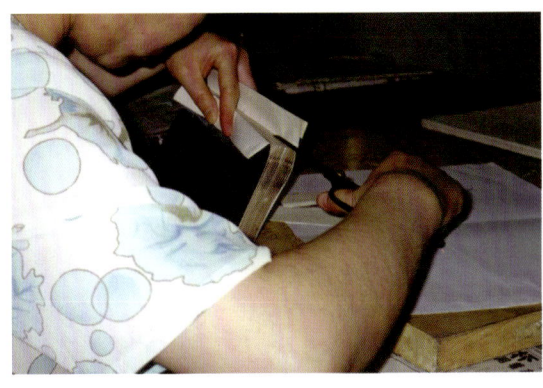

剪齐书皮一侧。

再剪书皮另一侧，剪齐为止。

b 扣皮

同上皮一样，书口中部涂上少许浆糊。

将书皮折好口的一侧和书口对齐。

按实。

压上尺板、铅砣，转书芯使书口向外，再折书背一侧的书皮余边。

书皮折边中部点几点浆糊和护叶粘住。

转尺板压住，再推转书芯，折天头部分书皮余边。

再转书芯，折下脚部分书皮余边。

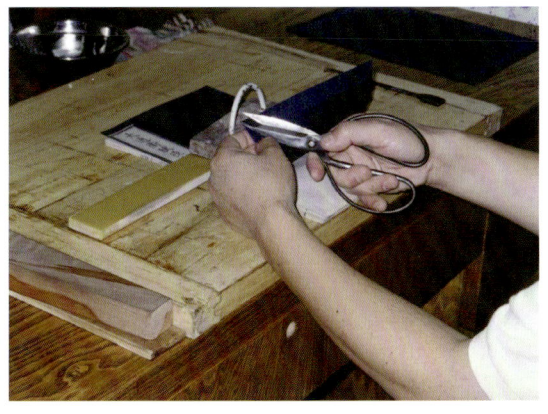

剪去书皮左下角折边重叠的纸。

再剪去书皮右下角折边重叠的纸。

两个书角和书角之间涂上少许浆糊。

将书皮粘牢。

如果书皮是用丝绸材料制作的, 不能用剪刀剪去书角折边重叠部分, 只能将书角按照折印呈45° 折回。

再将书皮余边折回对齐。

折好角的书皮。

书皮和护叶粘牢。

c 筒子皮

对折好的书皮（即筒子叶）和书口撴齐，

位于下边的书叶打开成单张，平放在锥板上，书叶上面用尺板和重物压住。

掀开上面的第一层书皮,在第二层书皮上打眼,眼位的分布同线装书。

拉住下面打开的书皮,将书叶上打好眼的部位转到锥板外面。

穿纸捻。

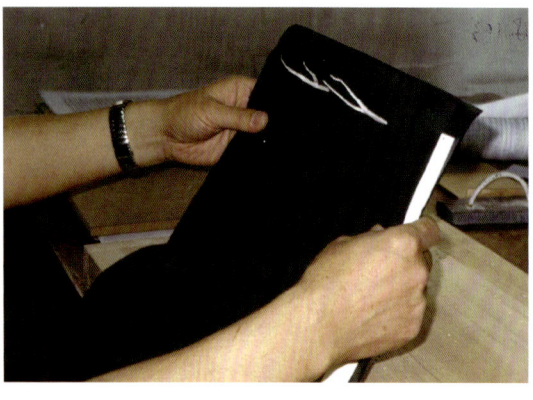

将订好的书叶翻转。

将纸捻两头并在一起，用剪刀贴住书皮剪去多余部分。

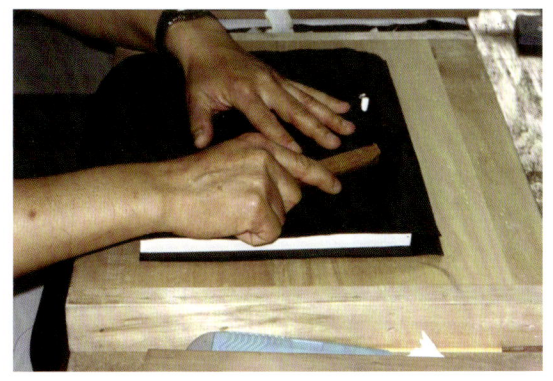

纸捻断头上涂少许浆糊，相对按倒，用小锤锤平。

将书皮按折印还原。

剪齐书皮即可。

②打书眼

a　确定书眼位置

取一张纸对折（任意方向）一下，

　　再折成一个直角，直角边向右靠齐天头和书背，以书长、书宽各十分之一距离确定靠近书角部分第一个眼的位置。

　　用锥子按住中间，把折成直角的纸折向左边。

　　按照已经定好的第一眼的位置扎第四眼的位置。

打开折纸，直角部分与中线对齐，确定第二眼的位置。

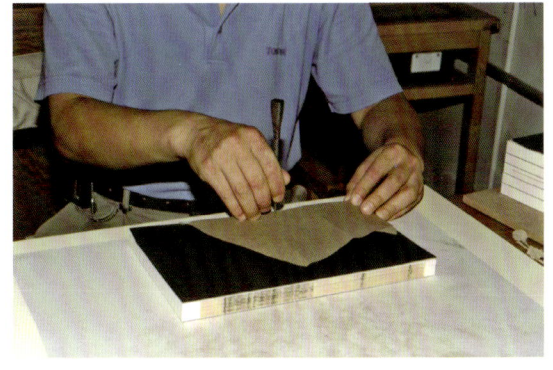

打开折纸，直角边向左，依第二眼的位置，确定第三眼的位置。书眼最佳位置，第一眼距天头的距离为书长的十分之一，第二眼与第一眼之间的距离为书长的十分之三，第三眼与第二眼之间的距离为书长的十分之二，第四眼与第三眼之间的距离为书长的十分之三，距地脚的距离为书长的十分之一。

用尺把定好的眼位量一下，把所有的眼位调整到一条直线上。

b　打眼

书放正，从上向下打眼。

依次打眼。

也可以把书横着放打眼。

　　如果在书角部分再加一个眼，书皮上就有了6个眼，第二眼和第三眼之间加一个眼，就成为7个眼，以此类推，如果书品较大的话，还可以打9个眼、11个眼等等。

　　打眼应该从书的两面打。打第一面的时候，不要用力，锥子尖只要稍稍露出另一面书皮就停手，翻面再打。这样做要求锥子要扶得正，若锥子歪了，两面的眼位就不在同一位置了。

　　打眼这道工序，由于是手工操作，锥子扶不正是很自然的事。从天头向下自上而下打眼，订好线以后，一部书若干册放在一起，缠在天头和下脚的线是在一条直线上，而在中间两道绕过书背的线就要调整一下才能整齐划一。而把书横放着，从左至右打眼，定线以后的效果相反。

③订线

a 订4眼线

　　根据经验，每订一册书，所用的丝线长度约为书长的6—7倍。也可用公式计算出订书丝线的长度，订单线（4眼线）：2书长+8书背宽+18书厚+2针长，订双线线长加倍。

　　书籍正面（首叶）向上，天头向右，书背向人。从右向左，依次为1—4眼。书背和桌边平行，为便于操作，打眼部分悬在桌外。引线穿针，针尖向下从第二眼穿出。

　　用针将书背从中分开，分为平均的两等份，将线头挑出来。

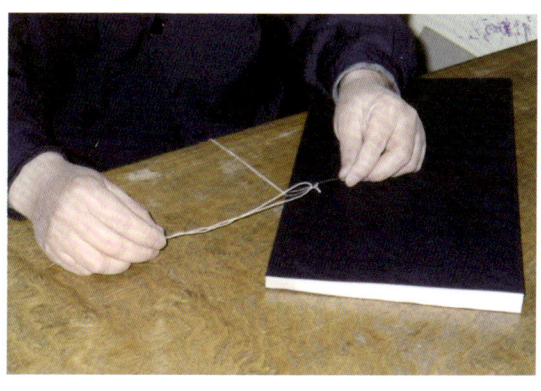

线头处理方法：

　　一、线头打结成套，然后针从线套中穿出。

　　二、线头拉进书背用手按住，再次穿线。

　　三、在线头上粘一点浆糊，轻拉丝线，使线头缩进书背，用手指捏住，压紧。

　　四、留2厘米左右线头露在书背外，继续穿线，订完线，将线头拨进书背。

将线向前拉紧,

针再次从第二眼穿出。

右手拉紧线头,左手捏住书背,将书翻过来,背面(尾叶)向上,天头向左。

向右将线拉紧,

针尖向下，从第三眼中穿出。

将线绕过书背，再次从第三眼中穿出。

右手拉紧线，左手捏住线和书角，

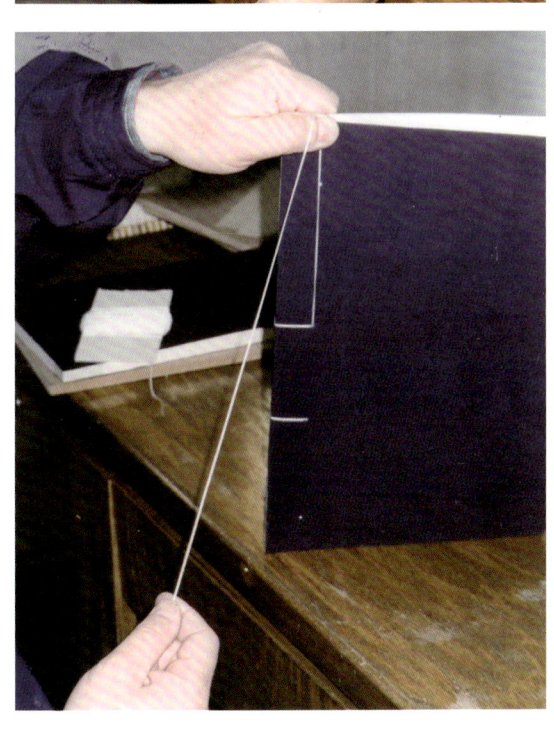

将书翻过来，书籍正面向上。

针尖向下, 穿过第四眼。

向下将线拉紧。

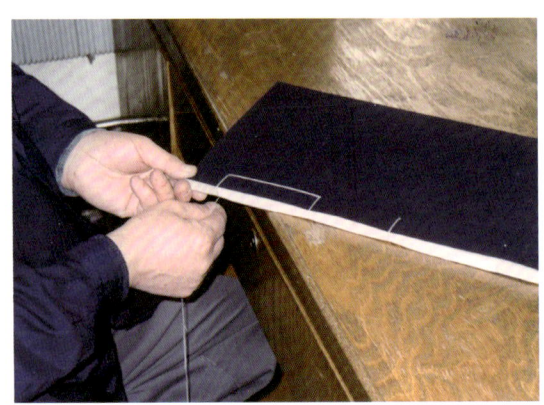

丝线绕过书背, 针再次从第四眼穿过。

将书转90°, 丝线绕过书脚, 再次从第四眼穿出。

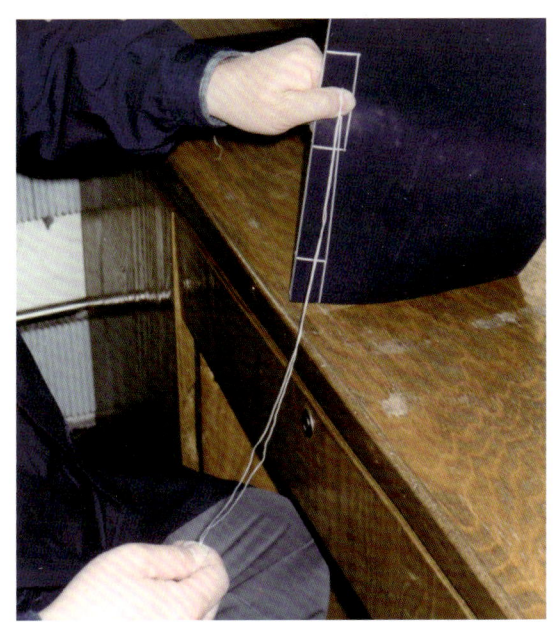

　　将书背转回和桌边平行位置，捏住书背和丝线，将书翻转，反面向上。

　　一手将线拉紧，一手持针穿进第三眼。

　　将书翻转，正面向上。

针线穿进第二眼。

将书翻转,反面向上。

将针穿进第一眼。

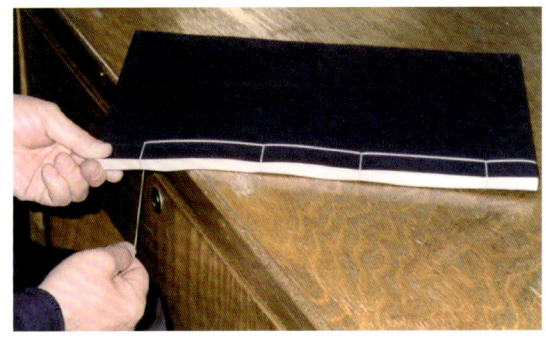

丝线绕过书背,再从第一眼穿过。

　将书转90°,丝线绕过天头,再次从第一眼穿出。

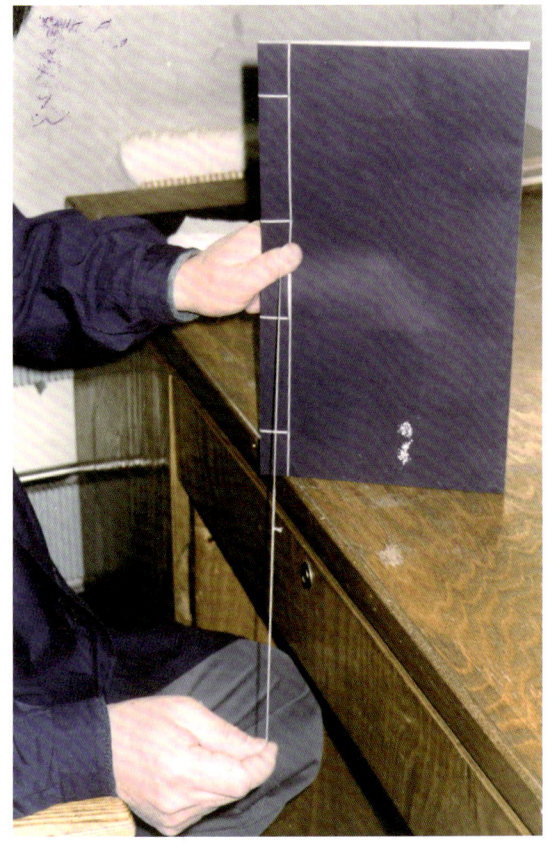

　将书背转回和桌边平行位置,捏住书背和丝线,将书翻转,正面向上。

将线向左拉紧。

将针穿过第二眼。

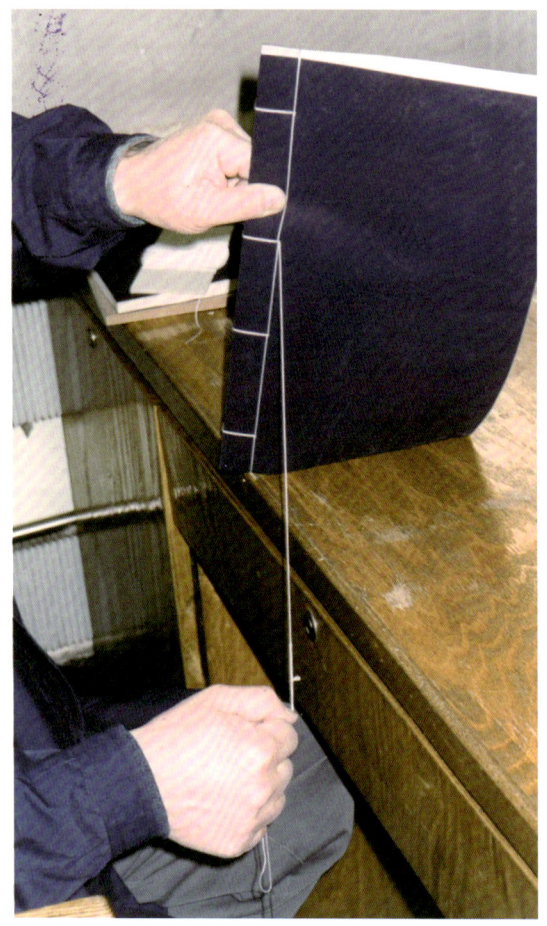

将书翻转,反面向上。

将针从眼位两边的线下绕一下，形成一个线圈。

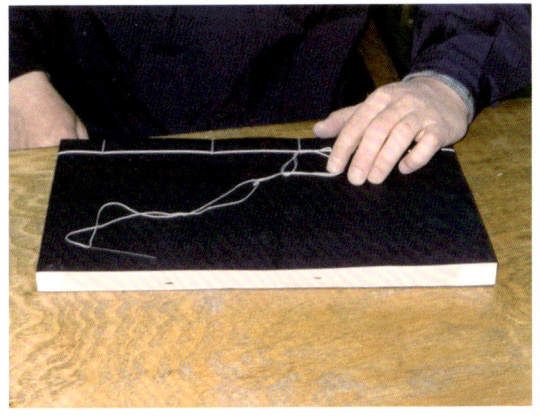

针从线圈中穿出，

拉紧。

针线再从第二眼穿过。

将书翻转，正面向上。

剪断丝线，线头长2—3毫米。

将线头用锥子塞进第二眼中。

把线拨直，调正，订线完毕。

为方便纫线，可用一根短线系一个扣作为纫头，每次换线，线就从纫头中穿过，这样就免去了纫针的麻烦。

b 订6眼线

第四眼线订好以后，穿入地脚处的书角眼，

绕书背一周穿回，

再绕过书脚，穿回书脚眼，

将书翻转，

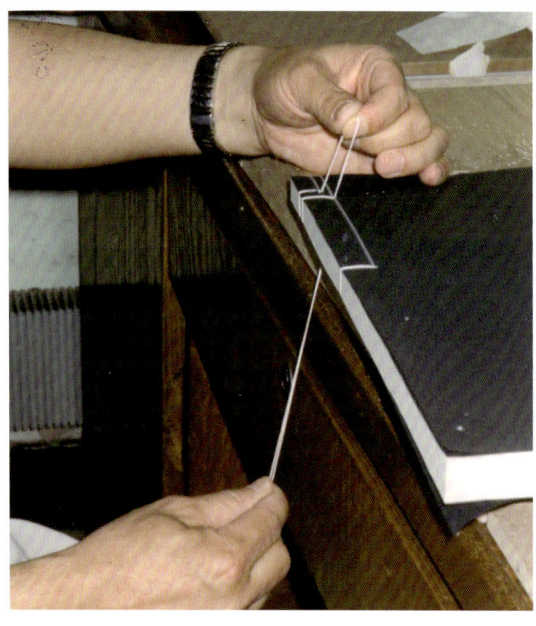

穿入第四眼。

待第一眼处的线订好以后，将针穿入天头处的书脚眼，

绕书背一周穿回，

绕天头一周后穿回，

将书翻转，

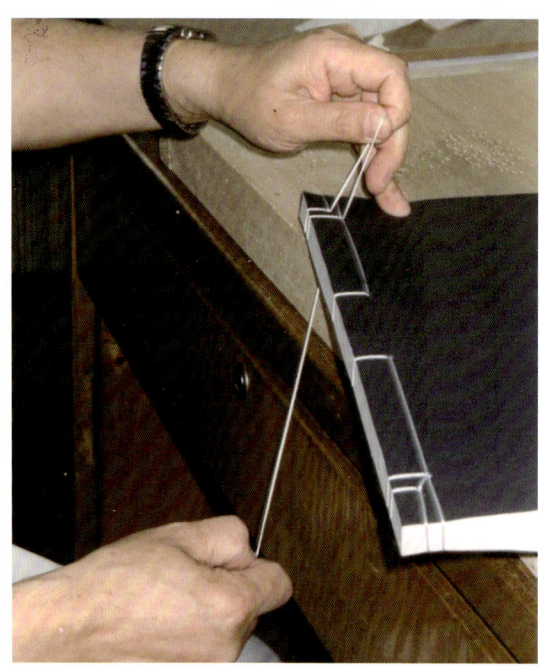

穿回第一眼，再翻书一次继续4眼线的订线，动作前面已经讲过。

订6眼线的书籍

订7眼线的书籍

（2）包背装、蝴蝶装书皮装法

①浆背

包背装的书在订好纸捻以后，书脊部分涂上浆糊，阴干。蝴蝶装的书折好书叶撴齐，折口部分作为书背，涂上浆糊，阴干。

将书背撴齐，放在压书板上。

加上压书板。

压上石块等重物，用手在书背上涂上浆糊。

也可以用小棕刷在书背上刷浆糊。

粘上薄皮纸。

用棕刷刷实。

自然干燥。

书背浆糊干后，去掉重物，轻轻掀开压书板，取下。

按册分开，

轻轻分离。

②装皮

a　装厚纸书皮

书平放，书背与桌边平行。书背上涂上浆糊，放好书皮，用手在书背处压印。

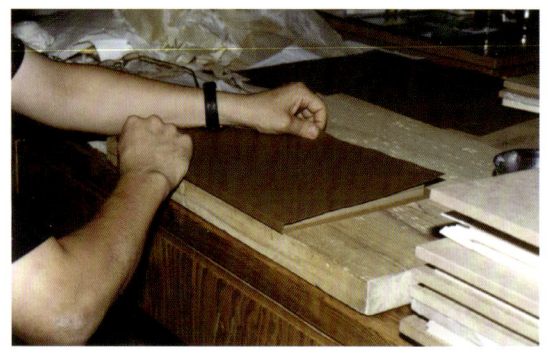

翻转书,拉紧书皮,待书背干后用剪刀贴着书芯剪去书皮余边即可。

b　使用新书皮包书背

在护叶中部靠近书背的一侧轻点2—3点稠浆糊,

将书皮正面相向对折,折口对齐书背,粘在护叶上。

一册书粘上书皮以后,上面压上另一册书,继续粘书皮。

待粘书皮的浆糊干了以后，将书皮打开。

绕过书背，用针锥将折印压实，

打开书皮，如果书叶少或书叶较薄软，可用钢尺比齐下脚。

合上书皮，用手指轻压钢尺边缘，在书皮上压出折印。如果书叶较多、较厚，可不用钢尺，直接在书皮上压印。

将折印压实。

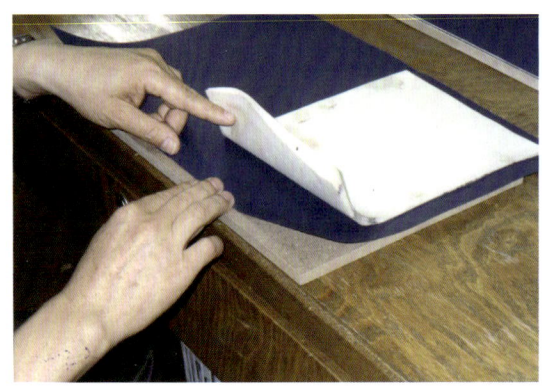

　　打开书皮，按折印将书皮折印以外的部分折回，使折印和下脚对齐。

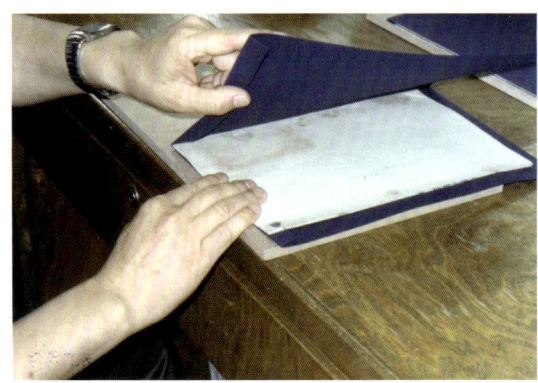

合上书皮。

压实折印。

平转书籍，按上述顺序将书皮的天头部分折回和书叶对齐。

折边和书叶不齐的地方，可用锥子插进折口，推进或拉出。

折好天地两边以后，将书皮打开，再次正面相对对折，露出书背。

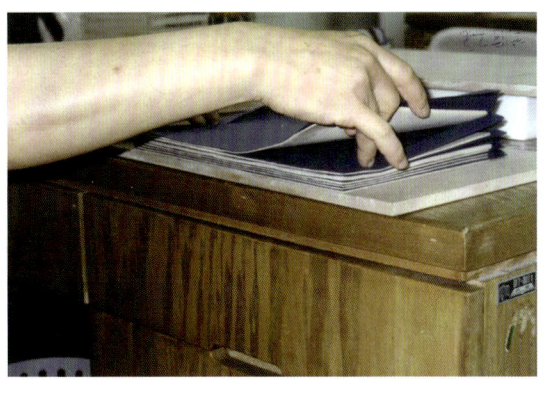

继续按上述方法操作，将折好书皮上下两边的书集中在一起，书背对齐。

书籍上下用压书板压住，书背和压书板的边缘对齐，用手或刷子在书背上涂上稠浆糊。

将书籍按册分开，将书皮打开，

包裹书背，

拉紧书皮，将书背裹紧。

用手指在书皮上书背位置压出折印,

将钢尺与书背对齐,用锥子将书背刮平。

也可以将几册书集中在一起,撴齐书背,

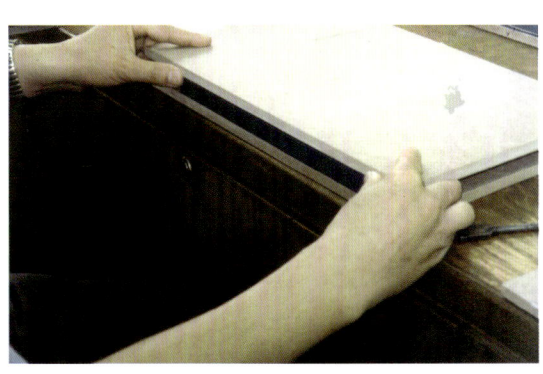

压上压书板,

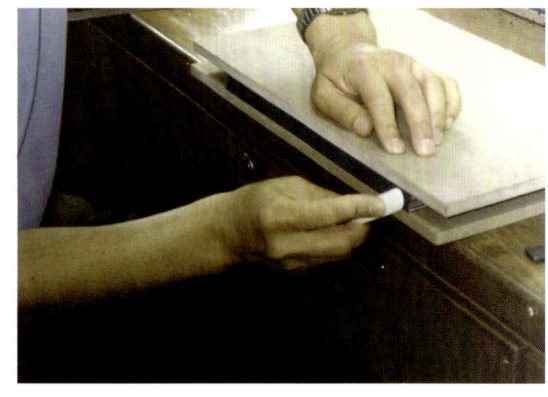

用轧子刮平书背。

掀开书皮，用钢尺对齐书口，

合上书皮，在书口处压上折印，

将书口余边折回，按实，

用锥子压实。

剪去书口处与书角处书皮的重叠部分,

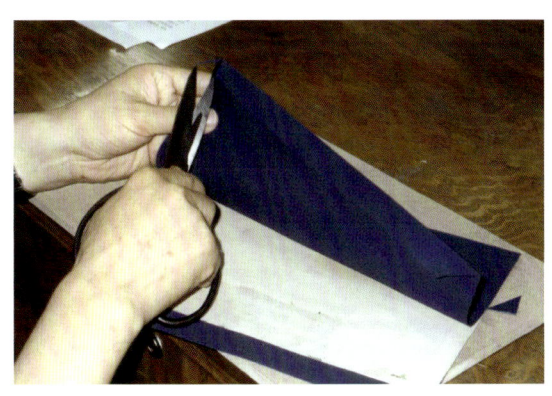

剪去天头或下脚处书皮重叠部分。

在护叶书口和天地处(边缘)涂上少许浆糊,

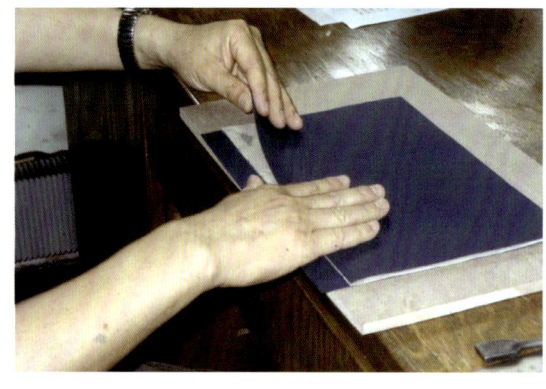

将书皮粘住。

c　使用修好的旧书皮包书背

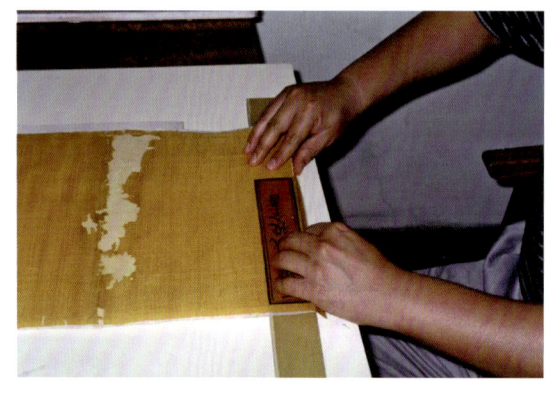

　　将书皮放在书芯上,书口位置下面垫尺板,压出折印。

将余边折回,贴住书口,压实。

将书平转180°,在书背边缘压印。

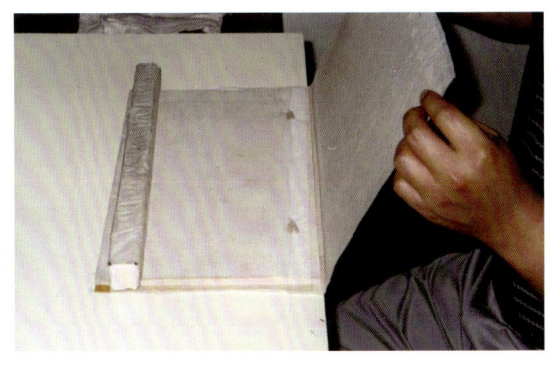

将书翻转，书皮包住书背。

在书背另一面按书背的厚度压印。

压实折印。

将书平转180°，在书口处压出折印。

将书翻转，在书头处折印。

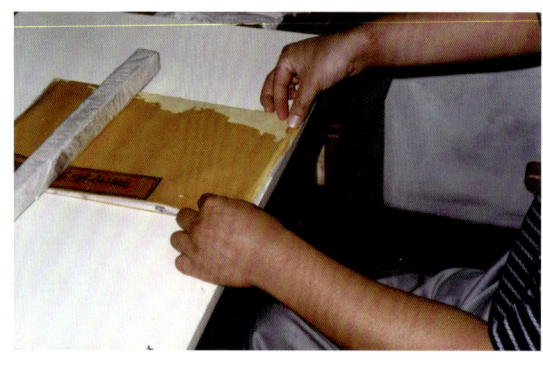

将书平转180°，在书脚处折印。

将书翻转，在另一面书头、书脚处折印。

将折印压实。

将书皮余边折回。

　　用书皮包好书芯,检查书皮是否把书芯包裹严密。

剪去书皮折边的重叠部分。

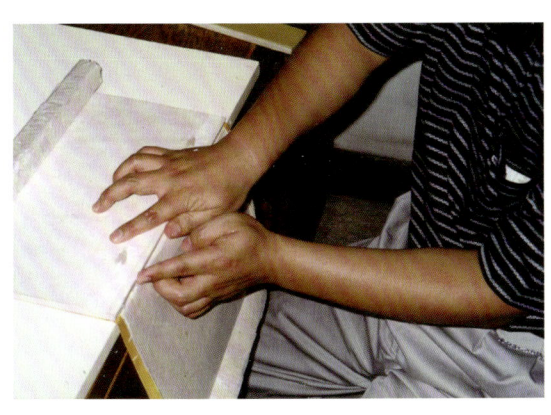

掀开书皮,在书背上涂上稠浆糊。

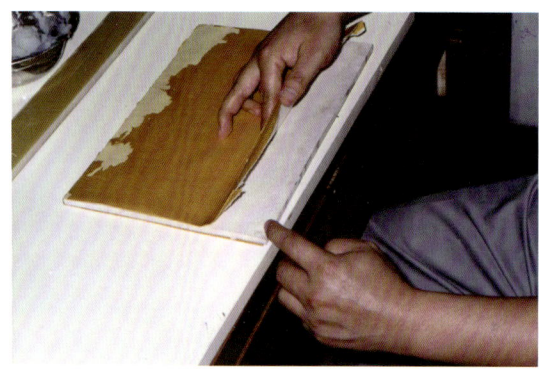

将书皮拉平, 拉紧。

在书口均匀点3—4点浆糊,

将书皮贴实。

　　包好书皮的书要用板分别夹住, 用石板或其他重物压实。

（3）毛装书皮装订法

撴齐书籍下脚。

撴齐书口，

确定眼位，两眼之间的距离（即纸捻露在书皮外的长度）不超过书长的五分之一，并要注意和书口平行。

打眼4个，

穿捻，

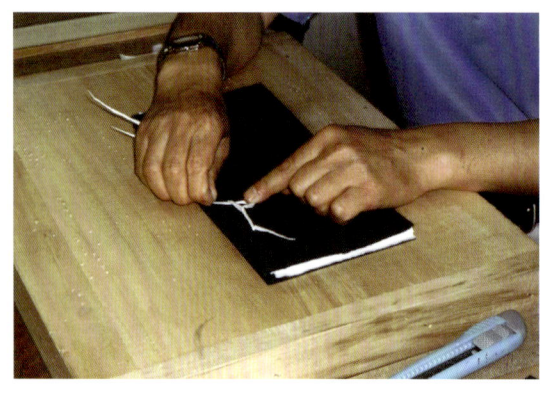

翻转订好的书叶，使书背向上，将纸捻两端相交，缠绕，

用小锤将纸捻锤平。

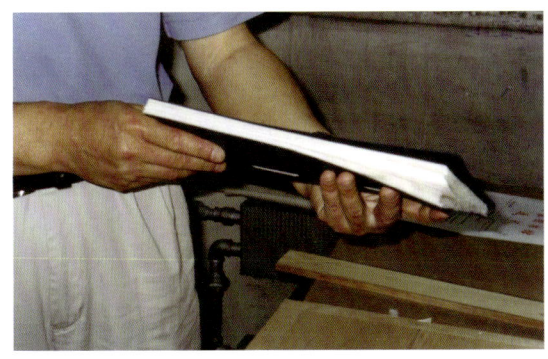

　　订好的毛装书籍书口平整,下脚略齐,天头和书背毛茬任其自然。

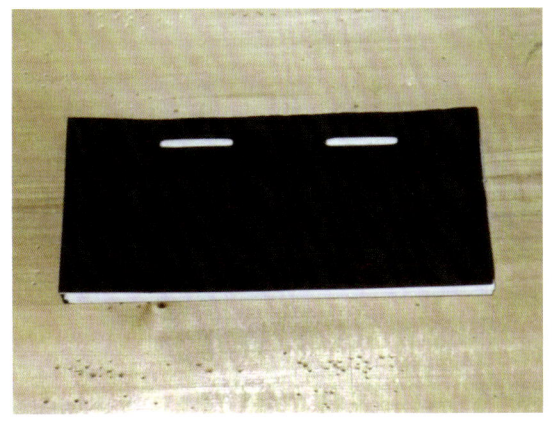

毛装书籍的正面。

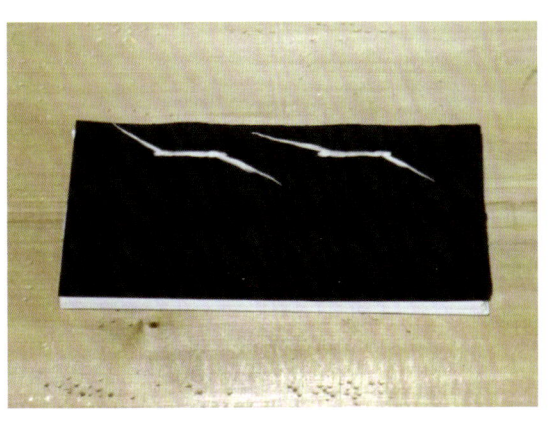

毛装书籍的背面。

3．贴签

书名签背面向上，四边轻轻涂几点浆糊，

放到书皮上，书签上端距天头3毫米，书签左侧距书口2毫米，

用一条宣纸压平、吸水。

如果有标明书册顺序的方签,同样在方签的背面四周轻涂几点浆糊,放在书皮上,位置在书名签右侧至书背中间,方签上端距天头距离以不超过方签的宽度为好。

用宣纸压平、吸水。

贴好书签的书籍

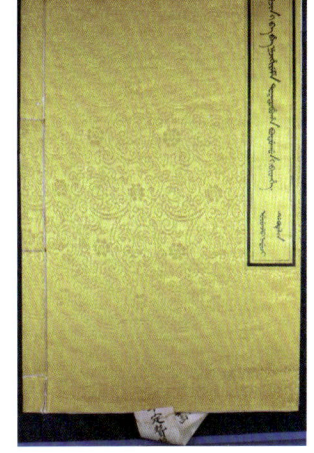

满文、蒙文书籍在左侧订线,右侧贴签

四、衬　纸

书叶过薄,或书叶质地较脆硬不易锤平时,可在书叶中夹一张纸,即是衬纸,以增强书叶的牢度和抗拉、耐折的能力。

　　衬纸所用的纸张，虽不似补书用纸那样要求严格，但衬纸的颜色、质地、薄厚也应和书叶差不多。书叶厚而衬纸薄，尚还可用；书叶薄而衬纸厚，则不如不衬。其原因在于：书平放和书叶翻动时，衬纸在书叶中的情况并不一样，书叶一经翻动，衬纸总要弯曲，紧紧抵住书口，书叶比衬纸薄或书口有磨损处，不消几次翻动，书叶即会从书口处断裂。所以，一般来说，凡需衬纸的书叶，必须先溜口，以增强书口纸张强度。

　　书叶中衬的纸有单叶、双叶之分。所谓单叶，指书叶中夹衬的纸为单层，所需衬纸为一张书叶面积的一半；所谓双叶，即是书叶中夹衬的纸如同书叶一样，为一张纸而两折，其用纸面积同一张书叶面积完全相同。

1. 排纸

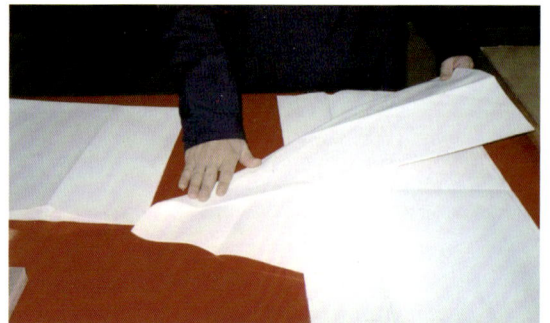

　　裁衬纸前，先在宣纸折印的地方，折一些45°的小折，再喷水压平。

2. 裁衬纸

把衬纸裁好，

　　对折，撤齐，以准备做下脚的一侧为准，对折起来。

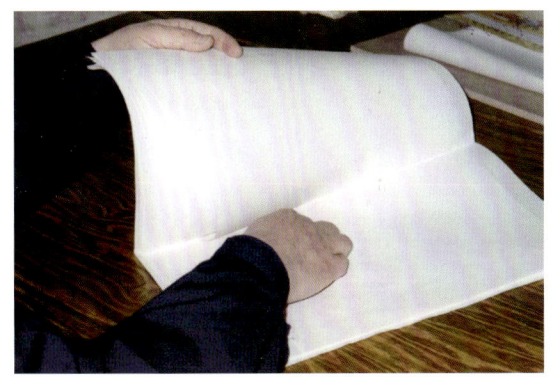

稍打开一些，左手轻拿纸边，右手放松，手背向上伸进衬纸中间，收拢五指，以食指到小指的指甲压住衬纸，前后运动，稍稍用力，使衬纸一张一张地滑动，错开。

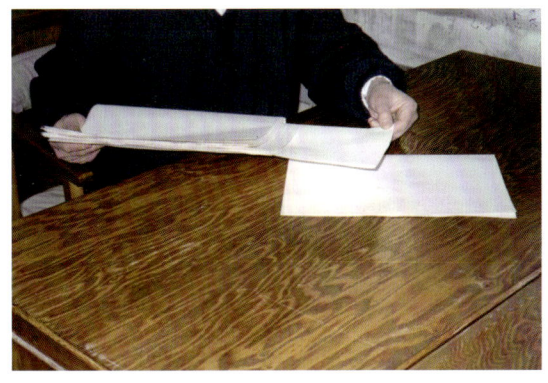

对折衬纸，将捻开的衬纸逐张拉出，

撴齐后压实折口。

也可把折过印的衬纸平放在桌上，两手放松同时向中间轻推，使折口处拱起，然后再分离衬纸。

3. 衬入书叶

白色书叶中间衬白色衬纸。打开书叶，将衬纸夹进书叶中间，

衬纸折缝处要对齐书叶的中缝。

"单叶衬"要按长宽各比书叶小2毫米的标准，裁去多余的衬纸。

黄色书叶中间插进白色衬纸。

折缝对齐书口。

书叶与衬纸结合要紧密。

衬纸时，取一叠书叶，以十余叶为宜，以左手握住书脑部分，将书叶稍压，小指压住书口部分，不使书叶移动。右手持衬纸，书口部分向左。左手轻提书叶，拇指逐张放开，使一张书叶从背面打开，右手将衬纸逐张夹在中间，使衬纸折缝处和书口相贴。待左手书叶全部夹上衬纸，即撴齐放在夹书板内夹好。再取一叠书叶继续操作，方法同前。

衬纸为单叶时，为预防书口部分出现不易锤平的现象，可在衬纸时，一部分衬纸抵住书叶书口，一部分衬纸离开书叶书口部分1—2毫米，并在书脑处轻点少许浆糊，粘住衬纸，使其在撴齐时不致下滑。由于衬纸在书口部参差不齐，比较适应修补后书口稍高的情况，因而在锤平时，就容易得多了。

4．接书脑

（1）粘接

首先把原来的订纸捻用的洞补上。

然后在书脑边缘涂上浆糊,

粘上补纸,

裁齐补纸上部,使其长度和书叶相等。

在补纸余出部分用水笔画线。

撕去多余部分。

（2）衬接

将比书叶宽些的纸插入书叶间。

衬纸和书叶上下对齐。

打开衬纸，将宽出部分折回，纸边和书叶边缘对齐。

如衬纸为单叶，将衬纸余出部分折回即可。

接好的书叶。

（3）碰接

用一叠与书叶厚度相同的纸订好，裁齐
一侧。

裁齐的一侧和书背相碰。

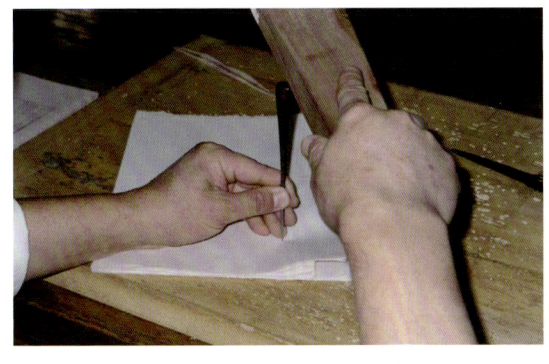

加两张护叶，分别在书叶和接纸上打眼。

穿上纸捻。

将两部分连接在一起。

5．"金镶玉"

又称"惜古衬"、"袍套装"。实际就是在衬纸的基础上，将衬纸余边折回，再按比例裁切衬纸，是古籍修复工作中用"整旧如新"的方法修复古籍的主要形式。

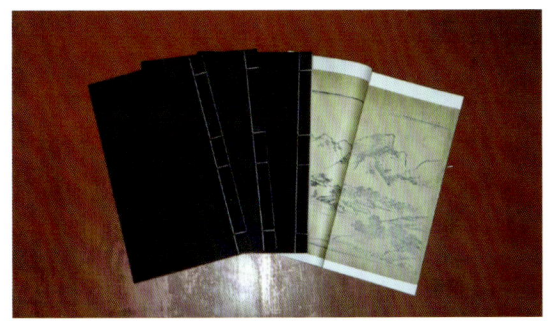

用"金镶玉"法修复的书籍。衬纸超出原书天地部分之和，一般不超过原书长的五分之一。

（1）配纸

裁好衬纸。衬纸宽：书高×1.4+2厘米。衬纸长：衬纸宽÷3×4。喷水压平。

（2）定位

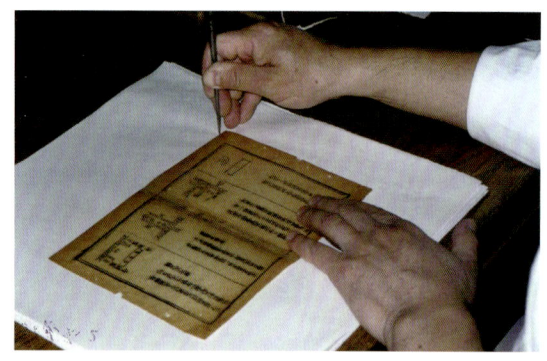

取一张书叶在衬纸上摆好位置，在书叶四角各扎两个眼。

将衬纸全部扎好眼。

（3）铺纸

取一张衬纸放在桌上，将一张书叶字面向下对齐衬纸上扎好的眼，放平。

书叶上加一张衬纸盖住，透过衬纸上扎好的眼将书叶四边对齐。如此，直至将全部书叶下都铺好衬纸。

（4）固定衬纸

用毛笔蘸浆糊在书叶背面书脑部位轻点少许。

（5）接天地

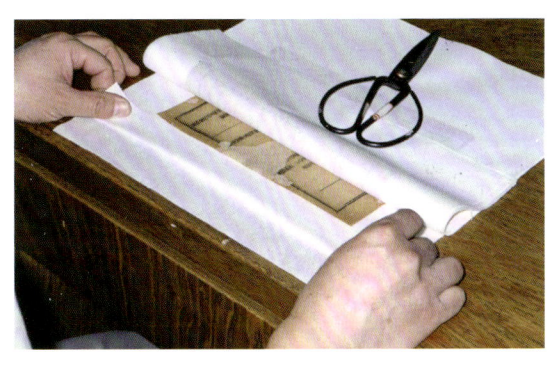

自下而上，依次将书叶地脚外衬纸余幅折回，衬纸边缘和书叶地脚对齐。

地脚外衬纸余边全部折完，再依次将书叶天头外衬纸余幅折回，衬纸边缘和书叶天头对齐。

（6）剪口

天头、地脚外衬纸余幅折完，将书叶转向，书脑向人。用剪刀将书脑外衬纸余幅二分之一处剪断，剪口与折回的纸边对齐。

（7）接书脑

将书脑外衬纸余幅折回。

（8）折叶

书叶连同衬纸一起对折，书叶字面向外。

用针锥将书脑与衬纸相粘连的部分挑开抚平。

（9）撴齐

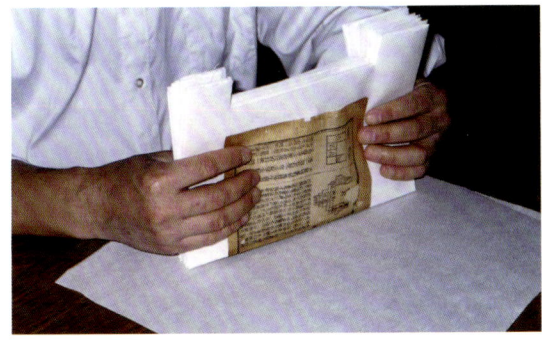

撴齐书口。

锤平书叶。

（10）齐下脚

对齐书叶下脚。

（11）打眼

加上护叶，在书叶、衬纸上分别打眼。

（12）穿纸捻

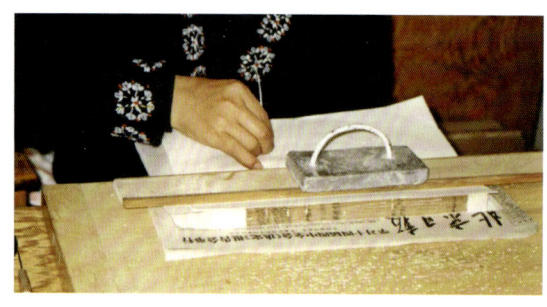

将书叶和衬纸连在一起。

每个纸捻穿两个眼，一个眼订在书叶上，一个眼订在衬纸上。

订好纸捻的"金镶玉"书。订好的纸捻呈倒"八"字形。

以下裁切、包角、上皮、订线等各道工序同线装书。

6．挖衬

挖衬多用在手稿、信札、小张金石拓片或钞票等不规则的散叶装订上。

做法是：先把手稿等粘贴在折成筒子叶的纸上，再在筒子叶中间衬纸。为了使订好的书平整，就要在衬纸上按照手稿等纸张的形状挖下一块纸，以保证书叶的平整。由于综合了挖镶和衬纸的技术特点，因此叫做"挖衬"。

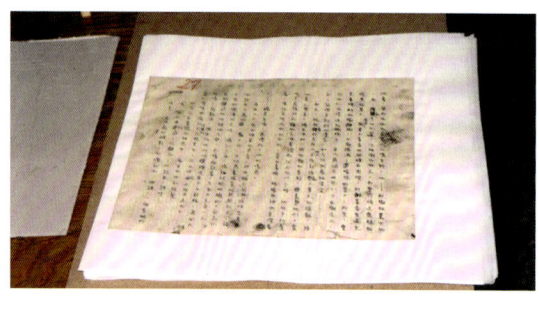

对折衬纸，把手稿四周涂浆糊粘在衬纸上。

对折另一张衬纸，在衬纸的一面挖下一块同手稿面积、形状相同的纸。

衬在前一张衬纸之下。以下订线、装书皮同线装、包背装等。

下捻（略）。

7. 装硬纸书皮

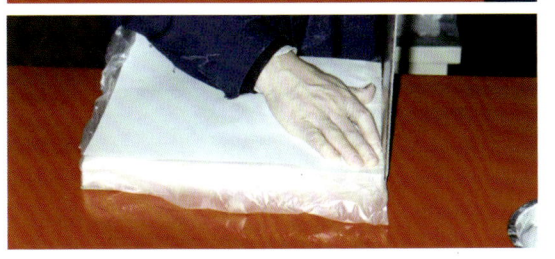

按照包背装书皮的做法，用锦或布包裹做成硬书皮，将订好的书芯放在书皮上。

在裁切整齐的书背上涂上浆糊，

将书背拉紧包裹书背，然后阴干。

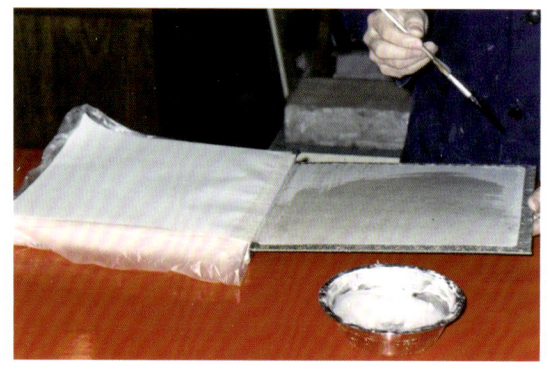

在书皮上涂上浆糊,

将书皮和护叶粘住,压上重物阴干。

装订完毕书皮打开后的状况。

装订完毕手稿打开的样子。

手稿装订后的样子。

第五章

敦煌遗书的修复

按传统方式修复敦煌遗书，一般都要装裱成手卷。但这样做有几个问题：

1.原件受到损失。原写经纸经托纸上墙绷平后，接镶丝织品时要把四边裁切齐整，无论裁掉的纸边多么窄，也是损伤了原件。

2.因全卷托裱，原件的厚度在装裱后已很难准确测出。熟悉传统装裱工艺的人都了解，书画装成手卷时，若原件纸张较厚的话，大都需要揭薄一些或干脆揭掉一层，这样装裱成的手卷才能柔软，便于舒卷。敦煌遗书的价值在于它的全部，并不单纯体现在它的文字之中，它用纸的厚薄，长宽厚各部分的尺寸，造纸原料的选择，加工是否精致，装帧形式等等，都是敦煌遗书宝贵价值不可分割的组成部分。装裱时原件的纸如被揭薄，原件的文物价值和资料价值无疑都会受到损失。

3.纸张吸水后纤维就会膨胀，纸张的长度和宽度都会"涨出"，待其干燥脱水后又会"收缩"，但不一定缩回原来的尺寸。用于装裱书画的我国传统手工纸也是这样。为使手卷在装裱过程中便于操作，就需要控制纸张的伸缩，使其伸缩率越低越好。控制纸张伸缩率的办法通常是在装裱手卷用的纸及原件上施加胶矾溶液作为固定剂。但是，矾这种物质对纸张内部结构的破坏是非常严重的。施过胶矾的纸耐折能力大大降低，时间稍长纸张就会变色、酥脆老化。修复的本来目的是为了延长文献的使用寿命，施用胶矾反而会加速其损坏，是违反修复原意的。

敦煌遗书的修复工作要严格遵循"整旧如旧"的原则进行，尽量保留敦煌遗书的原始面貌。绝对不能因采取的修复措施欠妥，而使敦煌遗书的资料及文物价值受损失。传统装裱技术中符合图书保护原理的，一定要继承，其中不符合图书保护原理的就要坚决改进。在总结敦煌遗书修复的历史经验及教训的基础上，笔者制定了一套修复方案，并得到了有关专家和学者的肯定。

1. 长卷的修复

（1）展平

用潮湿的纸包住敦煌卷子，待卷子润潮以后，再轻轻打开，展平。

（2）补破

用毛笔蘸少许浆糊涂在破损处周围，再用皮纸粘补。常见的破口多为撕裂或长期折叠而形成。在修复时，用的纸条越细越好，镶缝一般在1—2毫米左右。

补纸一般都补在背面，两面有字时补在无字处。补纸不要压住字迹或笔画。

补好的敦煌遗书的背面

补好的上下两边（背面）

正面补好的纸边

注意：因受潮、发霉或磨损而使纸张变松变软变烂的地方，补纸可以适当大一些。如写经纸较厚，补纸就要用两层或三层，直到和原写经纸补平为止。

（3）喷水

（4）压平

经卷上下都用吸水纸夹住，再压上木板及重物压实。

压平的敦煌遗书。

（5）裁剪整齐

被裁剪的部分只能是在原件四周镶补的纸，原件丝毫不能裁切。

（6）加地轴和包首
①加地轴

取两张纸，分别作为地轴和包首。

取一张纸卷起一段作为地轴，余纸垫入原件末尾，

对齐，

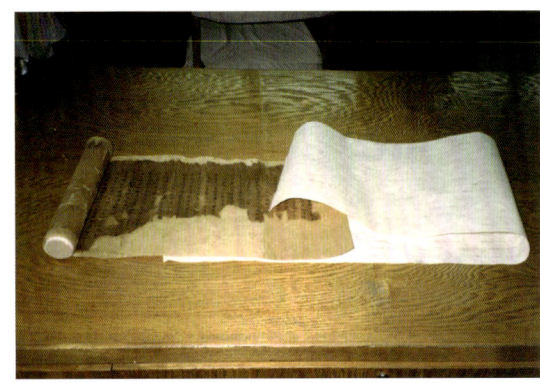

卷起。

②加包首

另一张纸垫在原件卷首下面，

卷齐。

③扎紧

用纸带扎住。

修复完毕的敦煌遗书长卷。

　　加包首及拖尾。准备两张比经卷稍宽、稍长的旧高丽纸，一张卷成轴状，接在遗书的尾部；另一张加在首部，但都不与遗书原件粘接。这样既可最大限度地保留遗书原件的面貌，也可使包首及卷轴发挥它们应有的作用。

2．残卷的修复

补破损（同长卷），略。

用一张比原件宽些的长纸垫在原件下面，一端卷成轴状，

残卷放在纸上，末端与纸轴对正，

卷起来，

卷紧，用丝带捆扎好。

补破、压平等工序同长卷的修复一样。与长卷修复不同的是，准备一张左侧加装了木轴的旧高丽纸作为底纸，然后将经卷放在底纸上，用底纸衬在遗书下面卷起收藏。

3.残片的修复

残片的修复稍微复杂一些，分以下几个步骤。

（1）除尘

因大部分残片以前从未做过整理，尘垢较多，所以先要展平和除尘垢。个别污垢较厚的要用清水洗净。洗时要注意用水越少越好，以免使残片原有的颜色变浅。

（2）补破

方法同长卷修复。

（3）包纸

在测量纸张厚度以后，用皮纸将残片夹住包好，放入用宣纸制成的袋中，外加函套保存。

采用此法修复的敦煌遗书，最大限度地保存了遗书原貌。除了清水及浆糊以外，尽量不作其他的处理。破损的部位补纸越少、越细越好，能不补尽量不补。添加的包首、拖尾不与经卷相连，原件的面貌未作丝毫的改变。残片装袋的方法，也较其他方法工艺简单，易于掌握和操作，所用设备、材料也很有限。

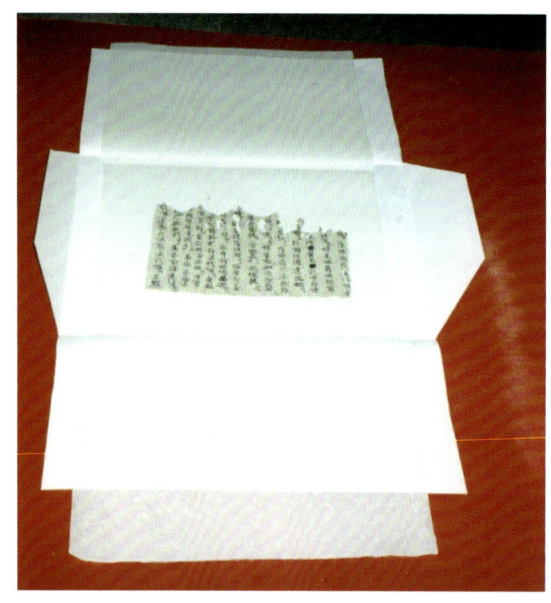

残片放在一张皮纸上，放进宣纸做成的信封形状纸上，

用皮纸包住残片，

信封纸左右两边相向折回，

向上折信封纸下边，

向下折信封纸上边，完毕。

第六章

字画装裱技术常识

一、古书修复与字画装裱

人们常常用"书画同源"来说明中国书法和绘画技法之间有很多共通之处。我们现在把这句话用来形容古代书籍修复技术和装裱字画技术之间的联系，也是最贴切不过的。前面讲过，有关古籍修复技术的记载最早出现在南北朝的《齐民要术》中，而且比较详细。大家学习过中国古代书籍史以后，都会知道在那个时期，书籍流行的形式是卷装。所以，《齐民要术》中记载的书籍修复是对卷装书籍的修复。

南北朝以后，卷装书籍无论从质量还是数量来说，都有一个大的发展，到了隋唐时代，就出现了专门负责书籍装潢的部门和官吏。据史载，唐代大书法家褚遂良，就是个通晓书籍装裱的行家。到了宋代，印刷书籍大量生产，且装订形式也由卷装变为册叶式，装订方法也有了很大的改变。这时的卷装书籍，已成为前代遗物，价同古董，在修复时，也讲究起来。加之宋代文人学士中多有通晓书画装修技术的，官府也努力提倡华贵艳丽，所以这时期，卷装书籍的装修，仿照字画装裱加装各种锦、绫等丝织品，发展成为"大镶"、"小镶"等多种装裱形式。而折装、蝴蝶装的装帧方法，也普遍应用到碑帖之上。字画镶边方法在书籍的修复过程中也有应用，只是操作方法略有不同而已。

由于工具使用、工作环境的要求以及工作的方便，卷装、经折装书籍的修复，走入了装裱字画的行列。而蝴蝶装、包背装、线装书籍的修复，多依存于宋以后出现的书坊。到了近代，装裱字画和书籍修复，好像成了两种不同的技术，在行业上也有了差别和分工。实际上，把两种技术放在一起比较一下，就可以看出，它们之间的差别并不是很大。

首先，修补原理是一样的。古籍和字画都有修补问题，而书画由于篇幅有限，观赏性强，在修补时须精工细作，"整旧如旧"。故宫博物院等单位在这方面的成就，举世瞩目。书籍的实用性强，篇幅虽较字画为小，但数量多，一册书的书叶，三五十叶是常见的，上百叶甚至达五六百叶，也是可以见到的。因此，书的修补，就不可能像修画那样，花很多时间、下很大的功夫去补一个蛀洞，质量也不能像字画的修补那样讲究。

第二，使用的工具，也基本相同。字画修复时经常使用的工具，书籍修复时也都可使用。除了工具的规格以外，最大的一个差别，只是修书时多了一把锥子、一个木制锤子而已。可以说，装裱字画的工具乃至工作间的一切设施，修书时都可使用。

第三，修复方法也相同。装裱字画有"揭、洗、托、裱"各法，同样适用于书籍修复。揭法、洗法、托裱法，书籍修复时也常用。画有接镶，接镶丝织品。书有镶衬，书籍修复过程中著名的"金镶玉"方法，实际上也是接镶，只不过接镶的是纸罢了。

因此，从事古籍修复工作的人员，最好同时掌握修书、裱画两种技能，这样才能更好地把工作做好。

二、装裱字画常用名词

一色裱：俗称"一块板"，即裱件全部镶料的颜色为一种颜色。

两色裱：即裱件镶料的颜色为两种颜色组合。

三色裱：即裱件镶料的颜色为三种颜色组合。

正镶：镶料粘在画芯正面的粘接方式。

反镶：镶料粘在画芯反面的粘接方式。

画芯：字画原件。

锦眉：画芯上下接镶的宽度为1厘米左右的丝织品饰条。

诗堂：接镶在画芯上端用以题字题诗的空白纸张或丝织品。

锔：画芯和镶料之间附加的纸条或绫、绢条，也叫"距条"、"锔条"或"助条"。

边：立轴画芯两侧、手卷画芯上下的镶料。

旗杆边：立轴画芯两侧镶料宽度仅为1厘米左右的边。

天：或称天头，镶在字画前或上边的附料。

惊燕：也叫"绥带"，粘在天头上的两条丝织饰品。

地：或称地脚，镶在字画后或下边的附料。

褙纸：托在一起的两张素纸，也叫"覆褙"。

夹口：裱件天地两端与褙纸之间预留的专门用来包裹天地杆的空间，也有叫"川口"、"穿口"或"窜口"的。

天杆：装在字画天头上端的细木棍。

挂圈：俗称"鸡脚圈"，固定在天杆上用来穿绦子带的金属丝圈。

绦子带：通过挂圈固定在天杆之上用来悬挂裱件的彩色细绳。

扎带：固定在绦子带上用来捆扎卷收好的裱件的彩带。

地杆：装在字画地脚下端的圆木棍。

轴头：装在地杆两端的木质、角质或其他材质的饰物。

浆口：裱件各部分之间互相粘接处，也就是粘接处上浆糊的宽度。

镶口：即浆口。

立轴：天头上端可固定悬挂在墙上，地脚下端装有木轴，装裱为纵长形式的裱件。

横披：左右两端装有细木棍，可固定悬挂在墙上，装裱为横长形式的裱件。

手卷：精心装裱的卷装书籍。

册叶：也称"册页"，即先将小幅书画作品装裱成单张书叶形式再集中成册的裱件，也有将大幅的书法作品或碑帖拓片割成小幅再进行装裱的。裱件成品可左右翻阅的，与书籍蝴蝶装相同。上下翻阅的，称为推蓬式。

对联：即"楹联"，也称"对子"，是两幅装裱形式及规格完全相同的裱件。

海幔：按部位分别装裱组合起来悬挂的巨幅书画作品。

三、装裱字画常用品式

1. 立轴

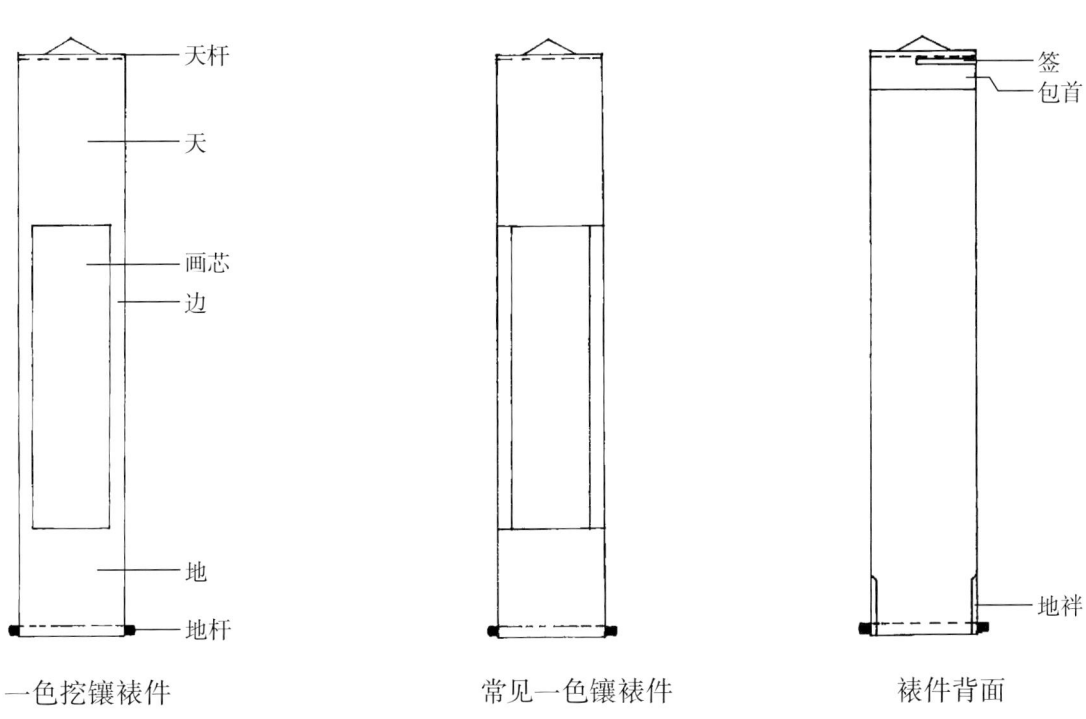

一色挖镶裱件　　　　　　常见一色镶裱件　　　　　　裱件背面

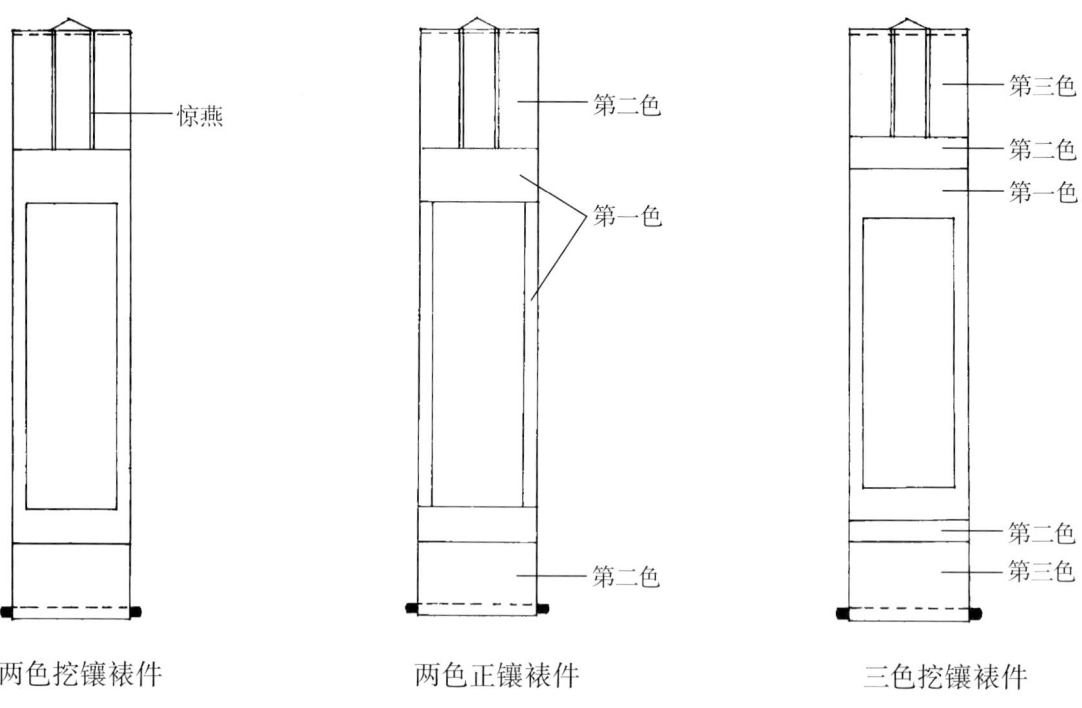

两色挖镶裱件　　　　两色正镶裱件　　　　三色挖镶裱件

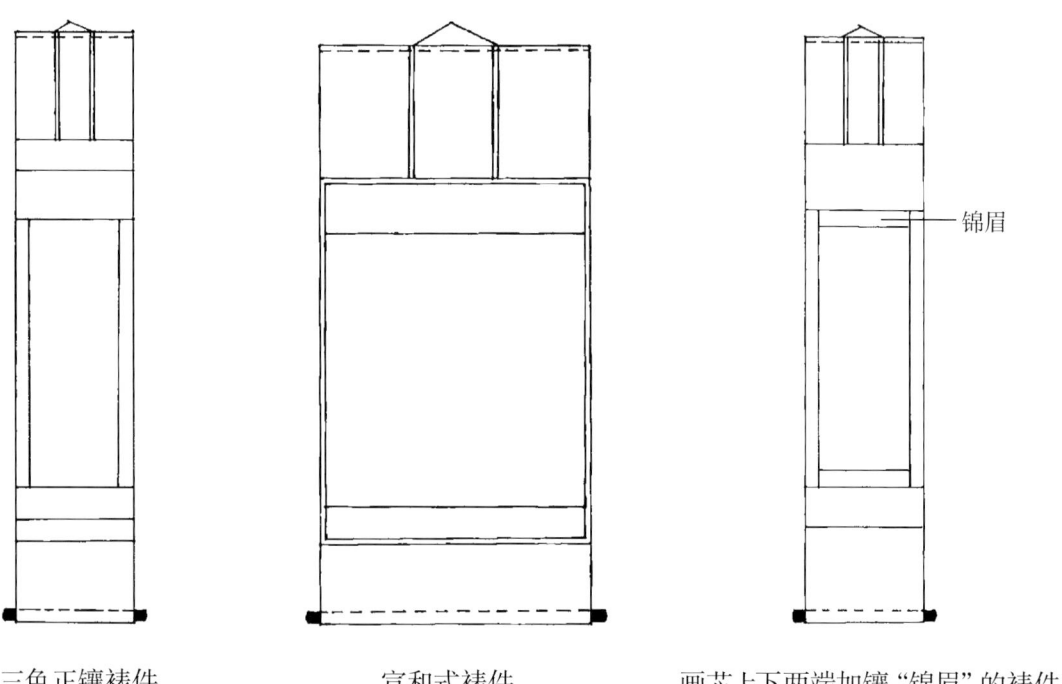

三色正镶裱件　　　　宣和式裱件　　　　画芯上下两端加镶"锦眉"的裱件

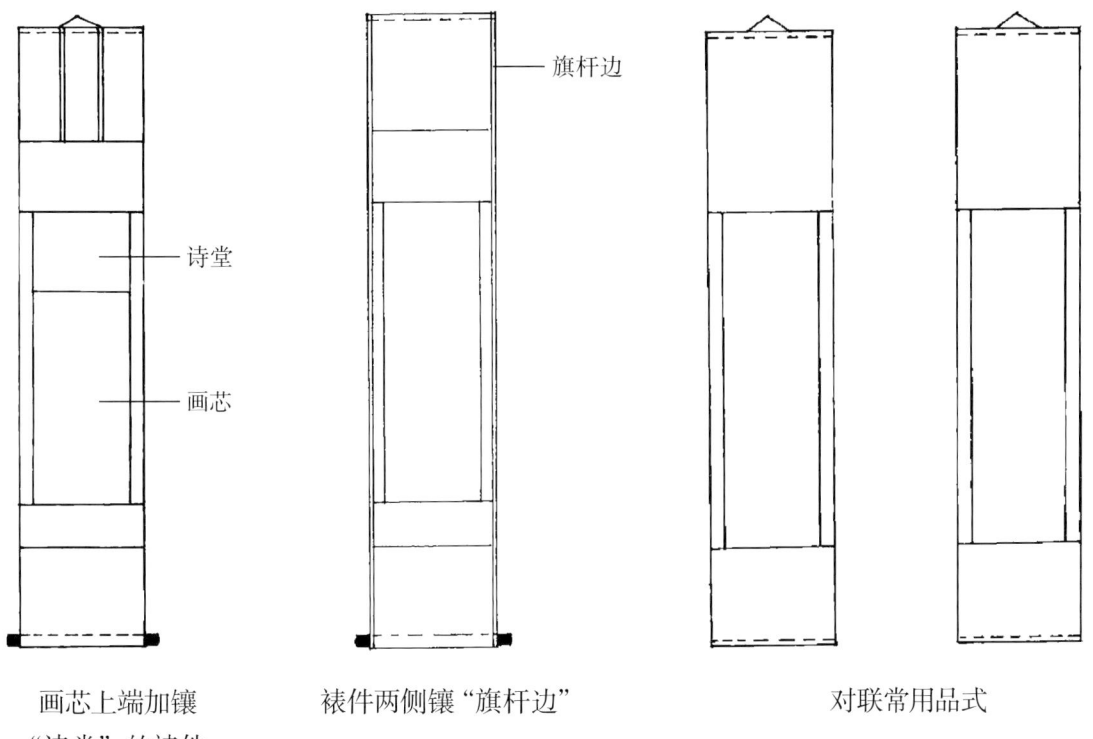

画芯上端加镶
"诗堂"的裱件

裱件两侧镶"旗杆边"

对联常用品式

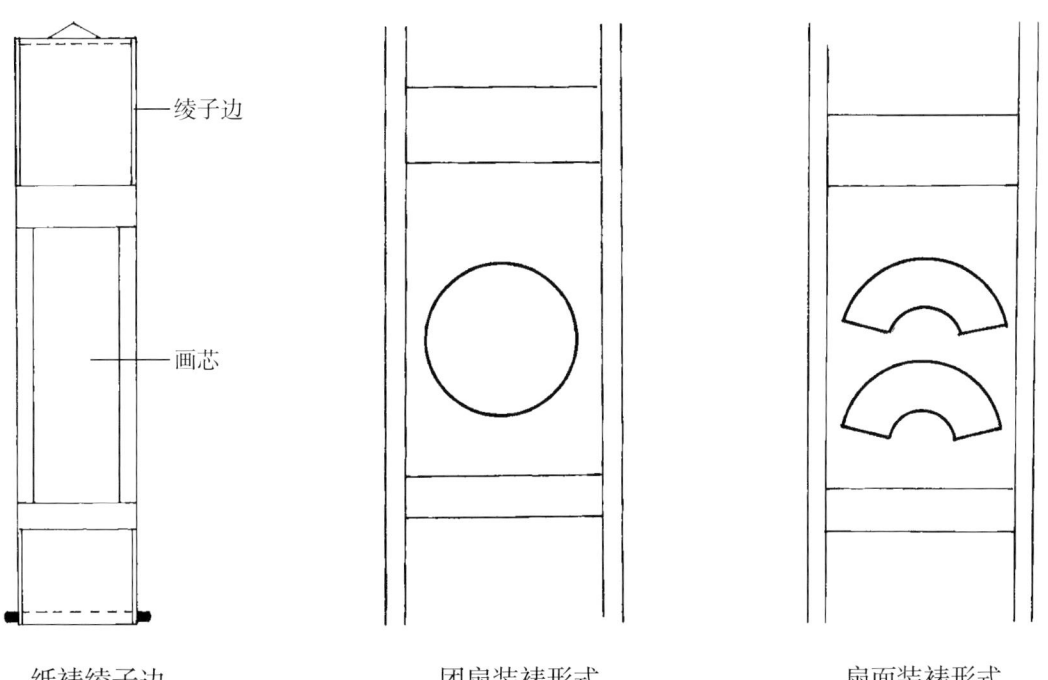

纸裱绫子边

团扇装裱形式

扇面装裱形式

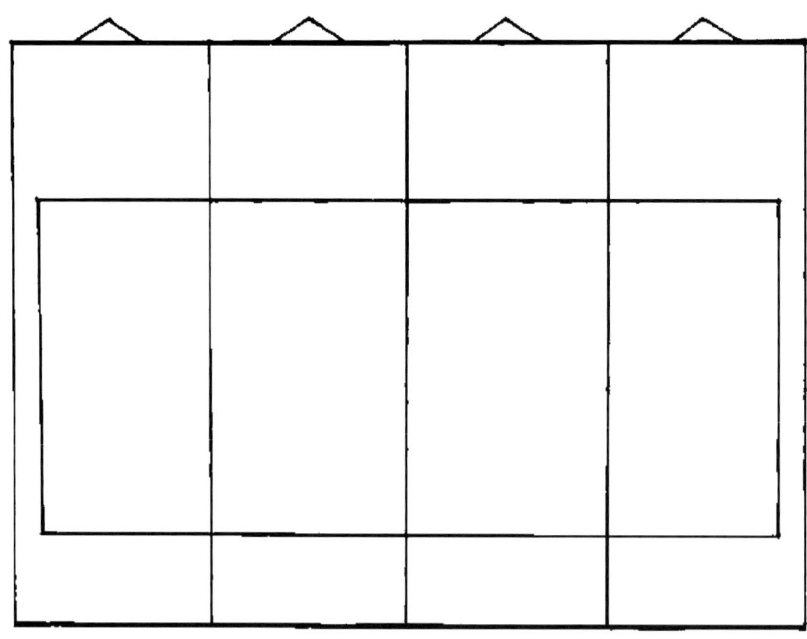

巨幅画的装裱品式

2. 横批

耳子

3. 手卷

大镶手卷

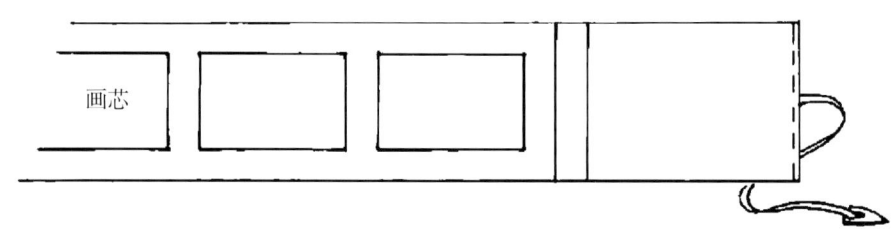

画芯

小镶手卷

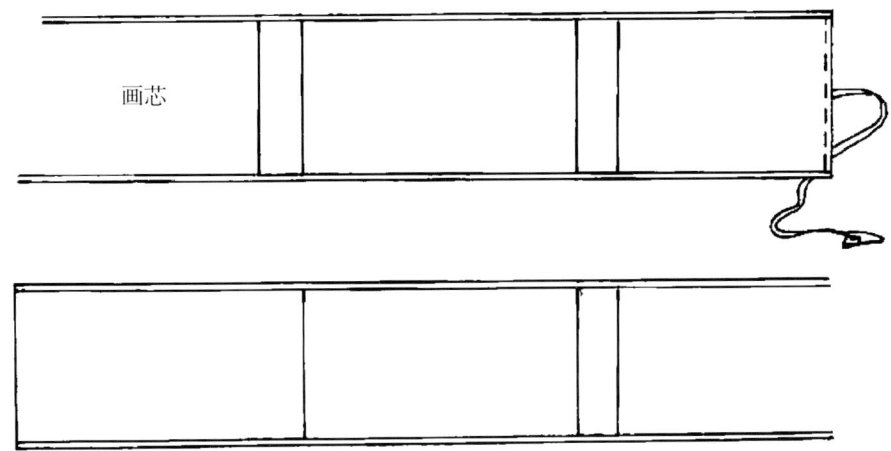

画芯

4. 册叶

蝴蝶装

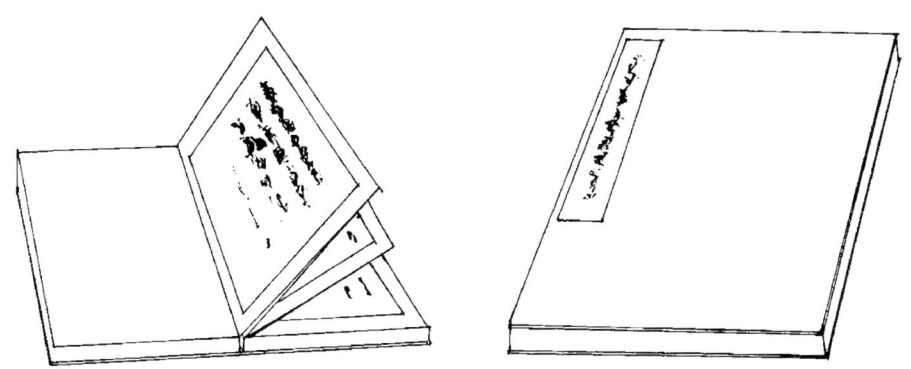

经折装

　"大耳子"经折装

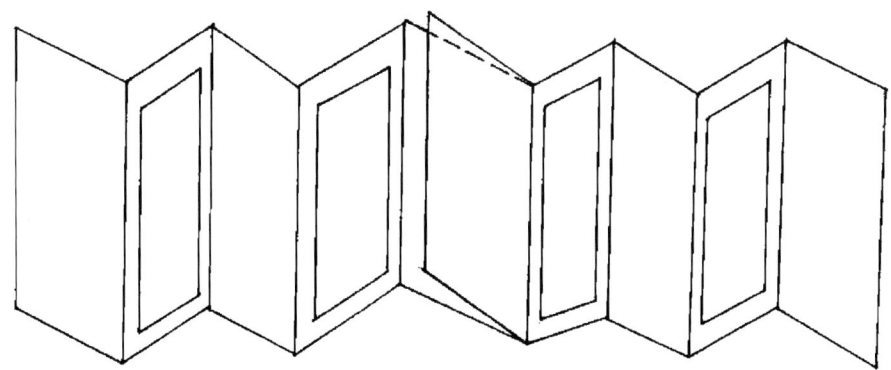

"小耳子" 经折装

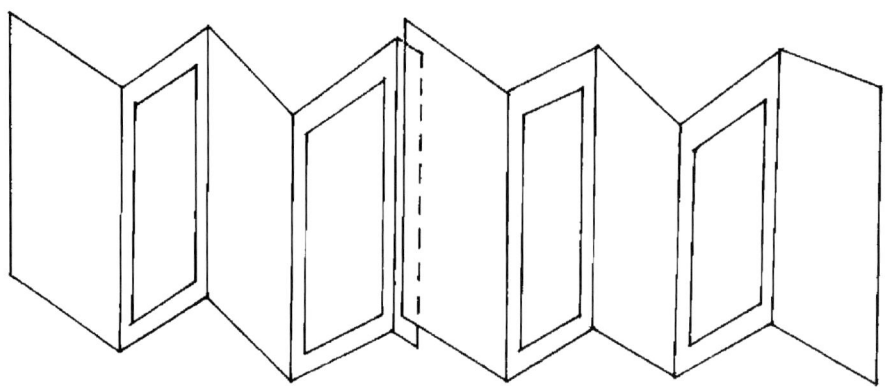

推蓬式

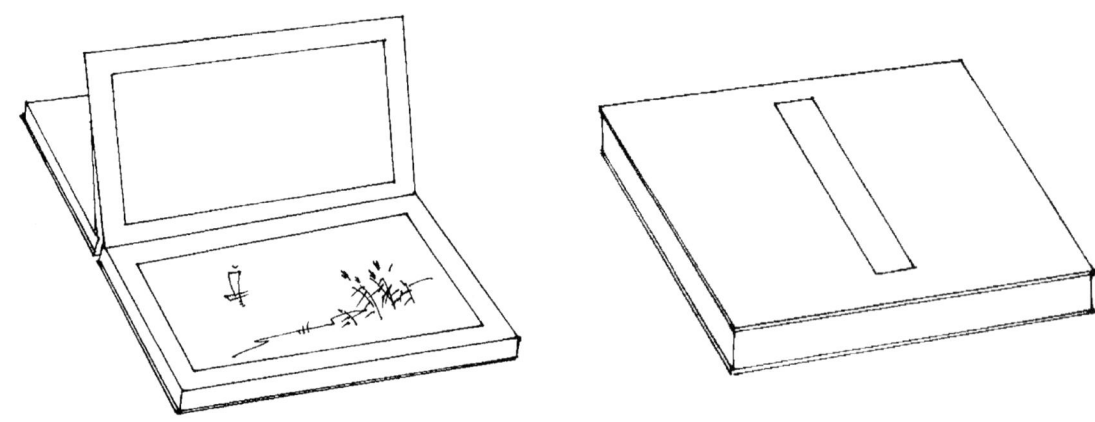

第七章

字画装裱技术分解动作

一般人提起字画装裱，总认为这项工作技术性强，学起来很难，其实不然。装裱字画主要和宣纸、浆糊打交道，只要熟悉了宣纸，掌握了浆糊的性能，就能很快学会装裱字画。装裱工作的基本功是"托"，就是把两张宣纸用浆糊粘接在一起。刚开始学习托纸时，可先选一张结实点儿的宣纸，如"迁安宣"，按下列步骤练习：

取宣纸一张，光面朝下放在桌面上，用排笔蘸水代替浆糊刷平，刷透；

从左向右卷起另一张宣纸，最右边留20厘米不卷，拿在左手；

右手轻握棕刷，两手相互配合把两张纸的纸边对正、对齐；

左手从右向左逐渐打开纸卷，右手用棕刷轻轻把纸刷平，使两张纸贴在一起；

用棕刷把托好的纸排平，以大臂、小臂带动手腕，用力要匀。为防止把纸刷破，托纸上可垫一张高丽纸或报纸。

托纸干透，可揭开重托，反复练习。初学者练习一段时间即可基本掌握动作要领，就可用排笔蘸浆糊直接往宣纸上刷了。

"托"纸的技术掌握了以后，我们就可以往下继续进行了。

一、准备工作

1. 刮锦

锦是一种比绫子厚得多的丝织品，只在背面涂上稠浆糊，不用托纸就可用作装裱材料。

用剪刀剪下一段锦，正面向下放在裱案上展平。

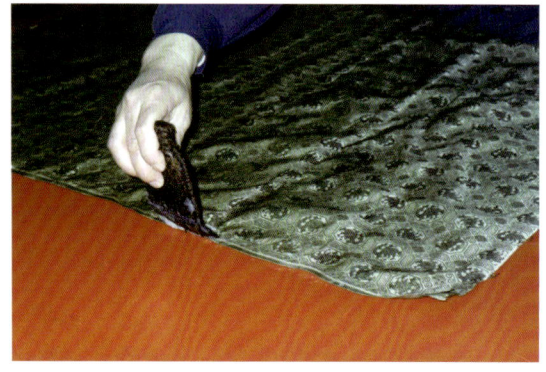

用小棕刷将稠浆糊涂抹在锦上。

注意一定要在锦上将浆糊涂满。

然后用刮板将涂在锦上的浆糊刮平、刮匀，

再将锦的经纬线拉正，

将刮好的锦翻过来，

在正面的四周涂上浆糊，

贴在木墙上绷平、晾干。

2．托绫

在绫子背面涂上浆糊，再粘上一层宣纸，晾干绷平后作为镶料使用。托绫子之前，首先要做的工作就是扫纸。

（1）扫纸

由于宣纸是手工制造的纸，在制造过程中往往有一些小砂粒混进纸浆，残留在纸中。这些砂粒如果不清除掉，字画装裱以后，轧光时小砂粒在轧光石头的压力下会把字画割裂。所以一定要把纸中的砂粒清除干净。把纸中小沙粒清除掉的工序就叫做扫纸。

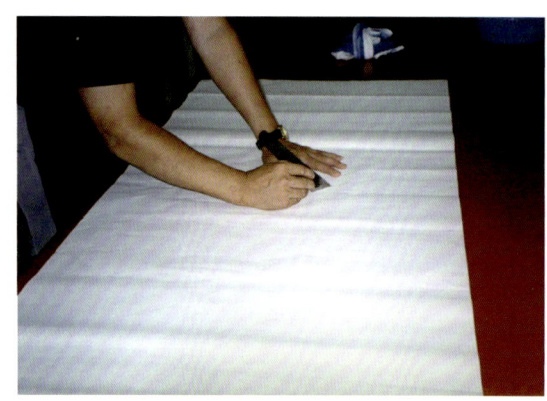

宣纸展开平铺在裱画案上，一手握直刀从上向下或从左到右轻刮。

正面扫完，将纸向左对折，扫背面。待所有的纸右面都扫完，将纸翻过来，继续扫另一面。

扫完纸，将纸的两端裁正、裁齐。

然后，将纸正面向下，卷起待用。

（2）断绫

就是把成匹的绫子按需要剪断成小段。

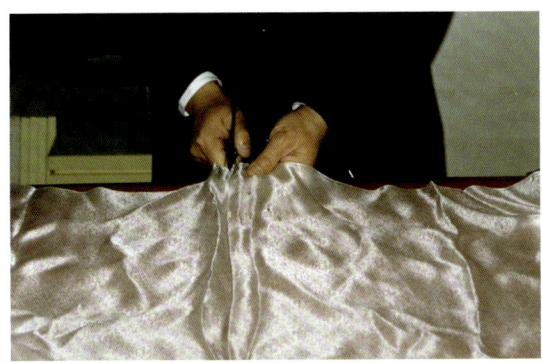

在预定剪断的地方用剪刀剪一个小口。

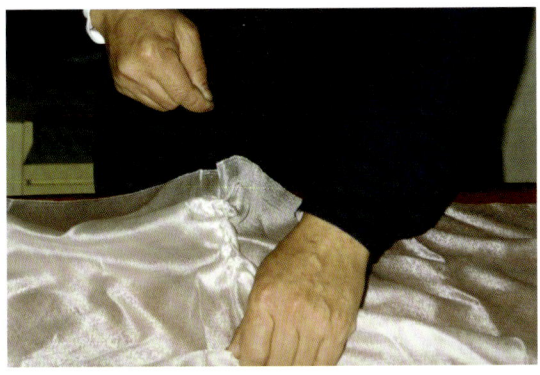

抽出2—3条丝拉断，这时绫子面上就会出现一条细缝，

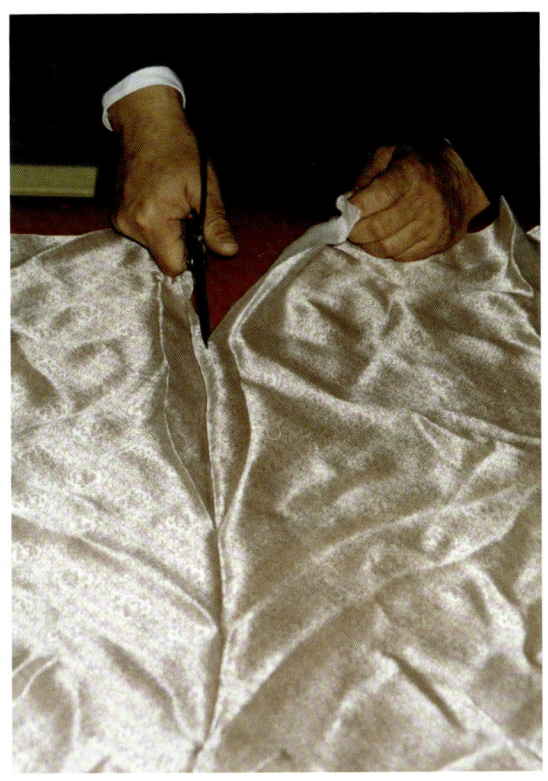

用剪刀沿着细缝将绫子剪断。

（3）抻平

①两端抻平

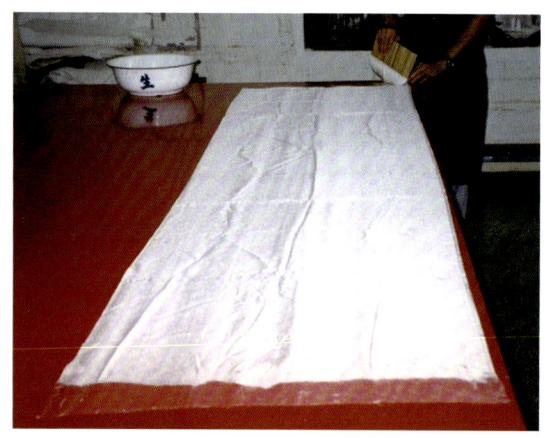

将绫子正面向下展开平铺在案子上，

在绫子两端用排笔刷上清水使绫子浸透，水迹5厘米宽，将绫子固定在案子上。

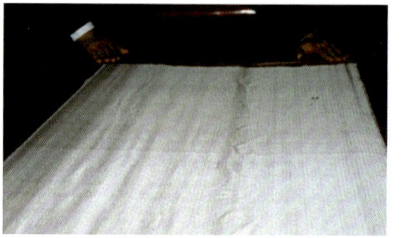

用手从绫子两端轻推或轻拉，将绫子绷平，然后用毛巾吸去两端水分，将绫子固定住。

②固定一端，抻平

先在绫子的一段（30—40厘米左右）刷上清水，

抻平这段绫子的经纬线，

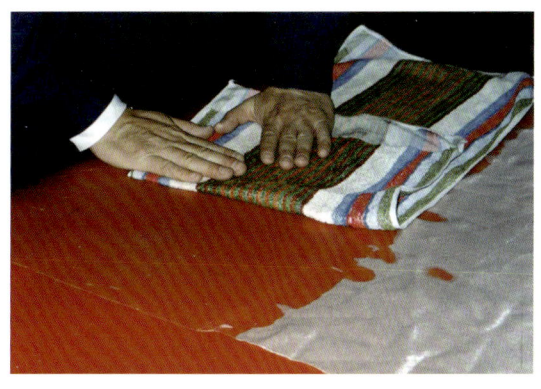

用毛巾吸去水分，使绫子固定，

再将绫子另一端抻平，刷水固定。

用排笔蘸水，将抻平的绫子用水浸透；

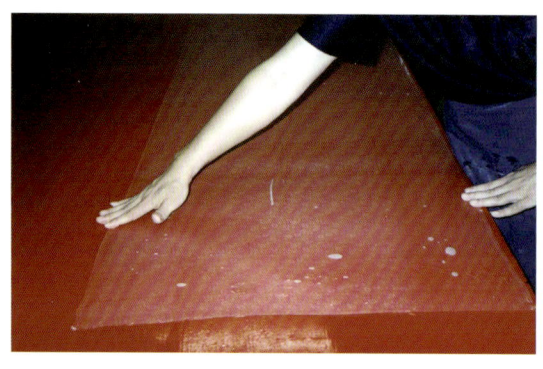

一手在上、一手在下，两手同时轻拉，将绫子经纬线抻平、抻直。

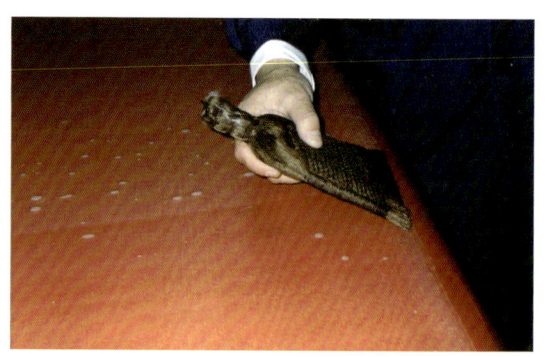

也可以用棕刷沿着绫边轻推，抻平绫子的经纬线。

③刷平

这是在第二种方法的基础上，在用毛巾吸水固定住30厘米左右一段以后，用排笔蘸水直接将绫子浸透、刷平。

（4）吸水

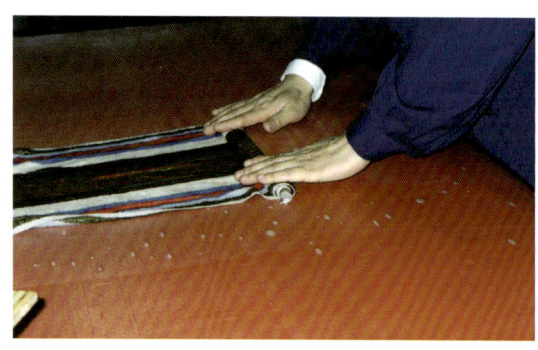

绫子刷平后，用毛巾吸去绫子上的水分，

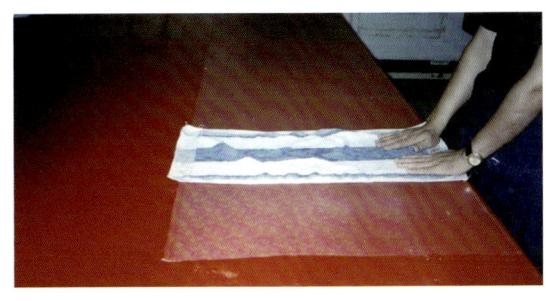

待绫子面稍微有些发白为止。

（5）刷浆糊

 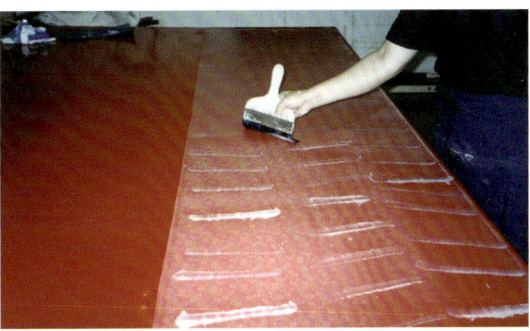

用板刷将浆糊涂到绫子上，从左至右、从上到下刷匀，几个方向反复刷。注意绫子上面刷的浆糊不要多，有薄薄的一层即可。

（6）光浆

排笔蘸水，平放在案子上，用棕刷将排笔的毛刷齐并挤去排笔上的水分。

用排笔在绫子上轻拖，刷平浆糊上的板刷痕迹。

（7）上托纸

托纸左端卷起，用左手拿住，右手握棕刷，拿住另一端，和绫子对齐，

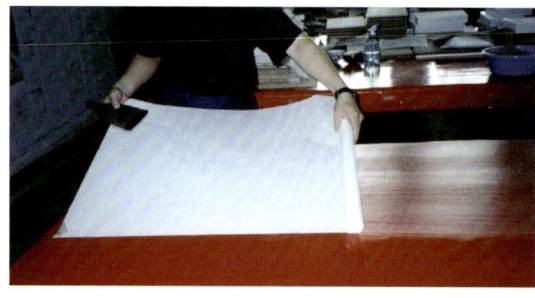

对齐上沿，

将托纸刷平。

把第二张托纸的纸边在案子上的浆糊上粘一下，粘少许浆糊，

和前一张纸相接，搭口（就是两张纸重叠在一起的地方）要控制在2毫米以下，

刷平。

撕去多余的托纸，

用棕刷将全部托纸刷实。

垫上吸水纸再刷一遍。

（8）出浆

将绫掀起一半，

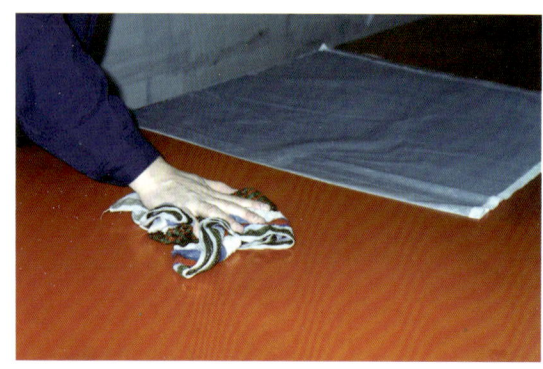

擦净案子上的浆糊，

再用棕刷将绫子刷平，将绫子表面上的
浆糊刷到案子上，如此三遍，提高绫子表面
的光洁度。

（9）上墙

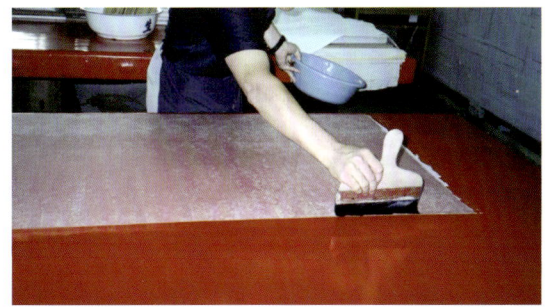

在托纸的四边涂上1厘米宽的浆糊，

将托好的绫子揭起，

离开案面，

将绫子贴在木墙上。

（10）下墙

待绫子干后，用竹启子先从下边轻推，挑开浆口。

再从边上插入托纸和木墙之间，使绫子和木墙分离。

双手捏住绫子，绷紧，把绫子从木墙上揭下。

如果绫子较长，可先从下面将绫子卷起，绷紧，将绫子从木墙上揭下。

3．染绫

（1）清托法

使用于染较浅的颜色，操作同托绫，所不同的是用颜色水取代了清水。

先用颜色水刷绫子的一端，

再刷另一端，

用色水把绫子浸透，

多余的色水用挤干的排笔刷净。

托纸以下略。

（2）混托法

抻平绫子一如托绫，只是在浆糊中添加颜料，这种方法也只能染浅色的绫子。

在浆糊中添加颜色水，

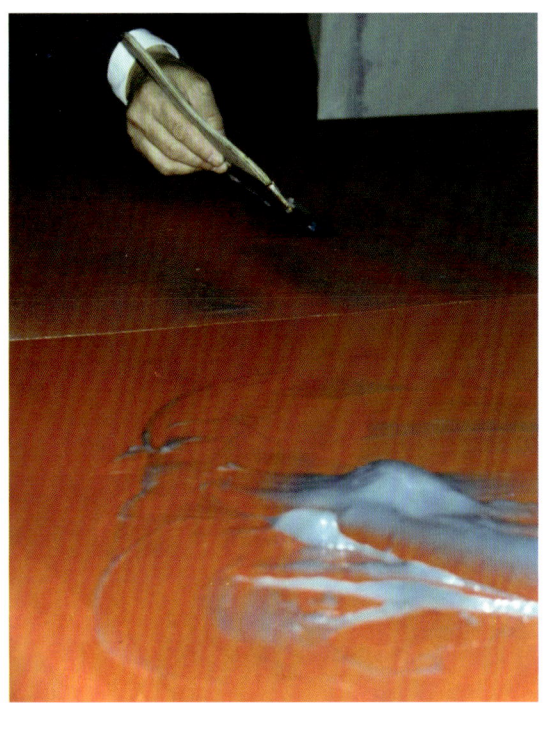

　　用板刷把混有颜色的浆糊涂在已经抻平的绫子上。

托纸等略。

（3）遮染法

这是染绫子最好的方法。是在已经托好纸的白绫子上，用颜色水"遮"，就是刷染。使用这种方法，对排笔的控制要求较高。颜色既要染得匀，绫子又不能太湿。染了一次，如果颜色不符合要求，可以再染第二遍、第三遍，直到符合要求为止。因此，使用此法可以染颜色很深的绫子。

托好的绫子正面向上展平，调好颜色水，用排笔蘸少许，轻刷在绫子面上。每次蘸色水不要多，排笔要干一点，轻刷快刷，逐渐刷匀。

如需用颜色较深时，也可在绫子背面的托纸上刷染。

托纸以下略。

4．托覆褙

（1）卷纸

将已经扫干净的宣纸一张接一张地卷起来，

卷成一卷。

（2）刷浆

另取一张宣纸作为底纸，光面向下展平在裱案上，刷上稀浆糊。

排笔刷浆糊时呈"个"字形用笔法：先在宣纸中部横刷，再上下斜刷。

排笔刷浆糊时呈"米"字形用笔法：先在宣纸中部横竖各刷一下呈"十"字交叉，再由中间分别向上下左右四个方向斜刷。

（3）覆纸

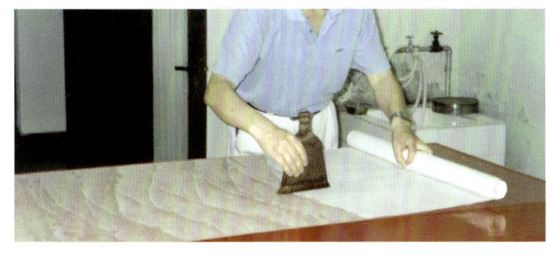

底纸上刷好浆糊后，上面覆纸用棕刷刷实。

纸面上运用棕刷的"人"字形用刷痕迹。

（4）撒水

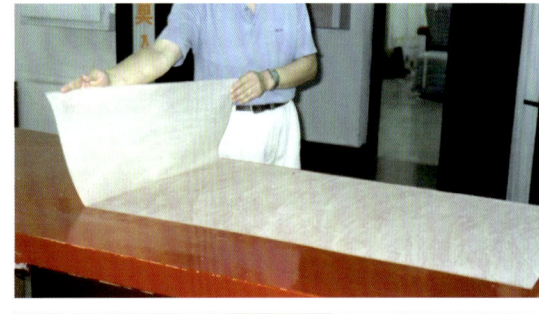

提起覆褙的一端，

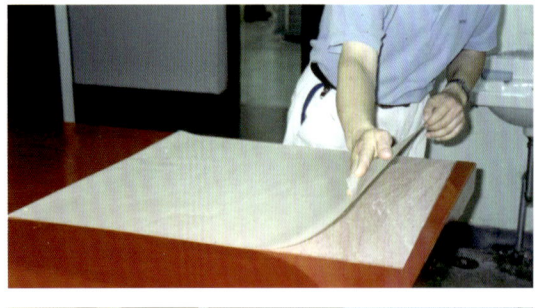

对折，

盖上一张宣纸，纸边与托好的覆褙对齐。

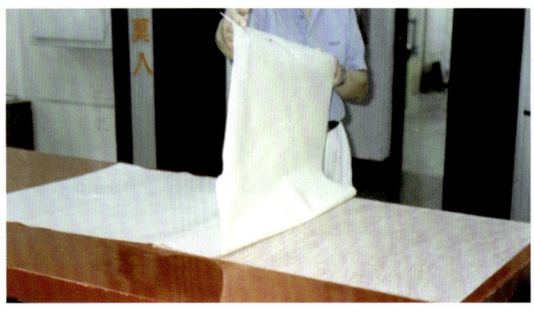

　　提起托好的覆褙和宣纸，将宣纸垫到覆褙下边，

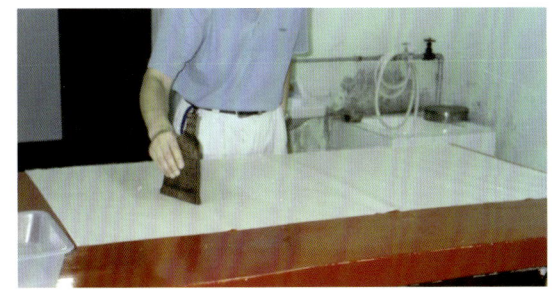

　　用棕刷将覆褙再排一遍，用宣纸吸掉覆褙上的一些水分。

（5）搭晾

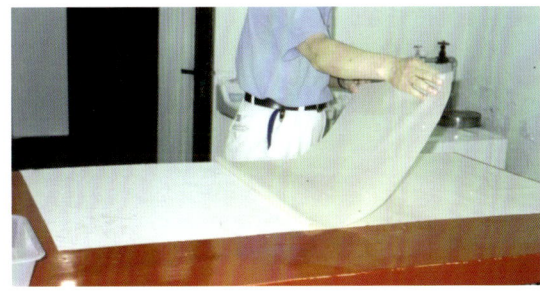

将覆褙再次对折，

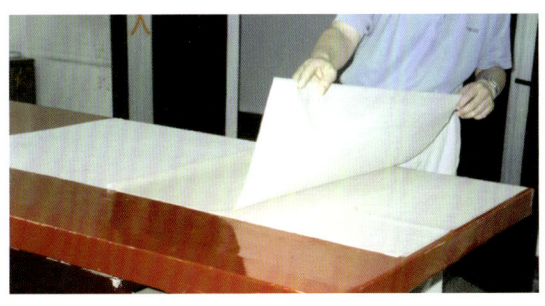

　　在覆褙的两端将要对齐时，手提的一端不要放下，

回折，

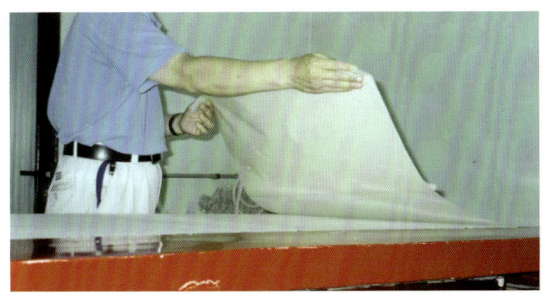

然后提起覆褙，

放在裱案的边上。

继续托覆褙的动作，几张覆褙可叠放在一起。

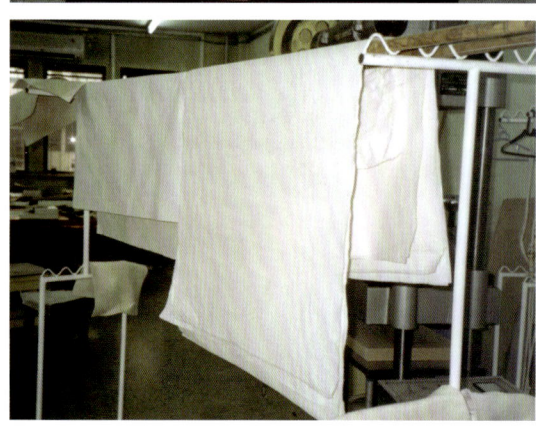

待一批覆褙托完，将覆褙纸搭在竹杆上，放在架子上晾干。

二、画芯处理

1. 托画芯

（1）湿托法

就是直接在画芯背面刷浆糊，然后覆纸将两张纸粘在一起。这种方法适用于墨和颜色遇水不会出现洇染的画芯。使用这种方法托的画芯效果最好。

将画芯正面向下铺在案子上，用排笔蘸浆糊刷在画芯背面，

将托纸覆在画芯背面刷平，

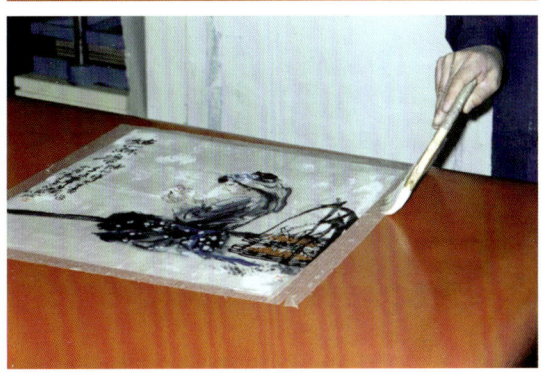

四周刷浆糊上墙。

（2）搭托法

有些画芯上的颜色如红色、黄色等遇水可能会洇出，这时就需要采用搭托法托画芯，以使画芯在托的过程中少吸收一些水分，防止颜色洇染。

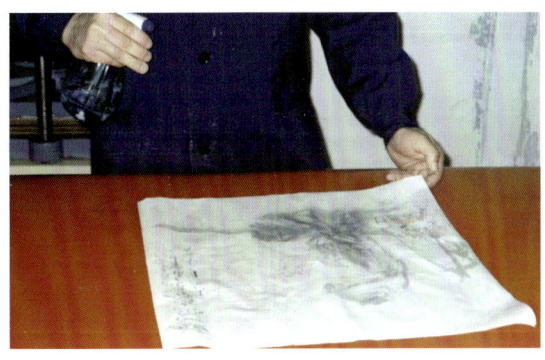

先在画芯背面喷少许水，

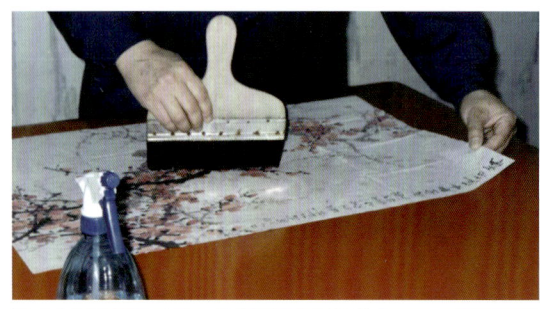

画芯正面向下，天头向左，用板刷展平；

在托纸正面刷浆糊，

提起托纸一端，将卷好的宣纸作为吸水纸垫在下面，

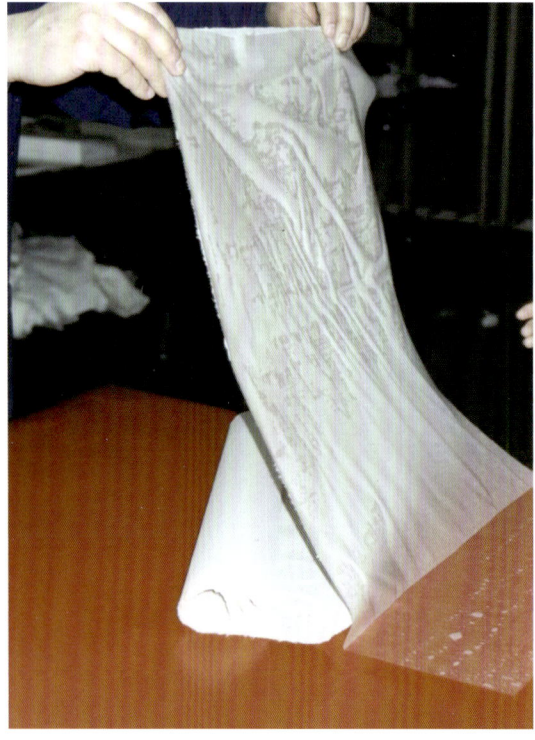

两张纸同时提起，

放在画芯背面，纸上有浆糊的一面向下，

揭起吸水纸，

将托纸平铺在画芯上，

用板刷轻轻刷平，

用棕刷刷实，使两张纸粘在一起。

（3）飞托法

与搭托法一样，也是一种使画芯在托纸的过程中少吸收一些水分的方法。

先在托纸正面刷浆糊将纸刷平，

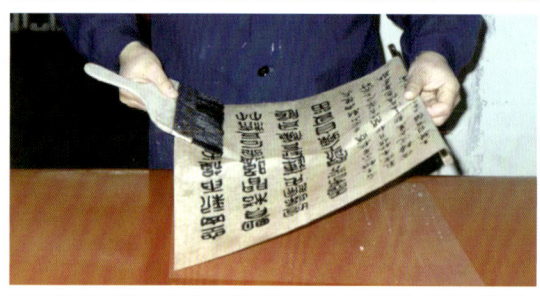

用左手提起画芯，正面向上，

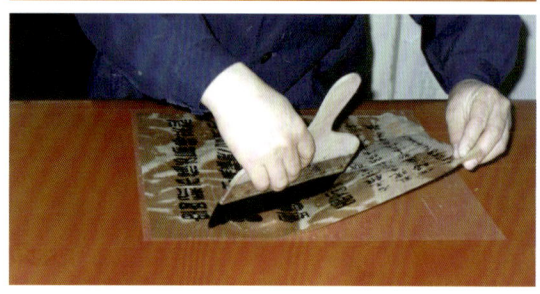

用板刷刷平，如果画芯上的颜色有掉色情况，画芯上须垫上一张宣纸，再用板刷刷平。

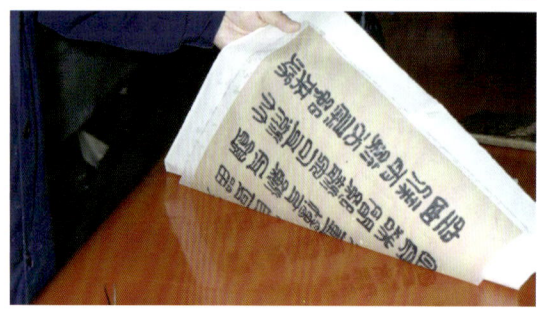

画芯上盖上一张宣纸，然后翻过来，

用棕刷刷平。由于画芯下面有纸，在排刷的过程中，画芯上的水分被吸走一部分，墨和颜色就不会因为吸水过多而洇染。

上墙、下墙同托绫。

2. 画芯镶锔条（软锔）

（1）刷浆

　　将画芯裁方，四角均为90°的直角，正面向下展平在裱案上，背面刷上稀浆糊，

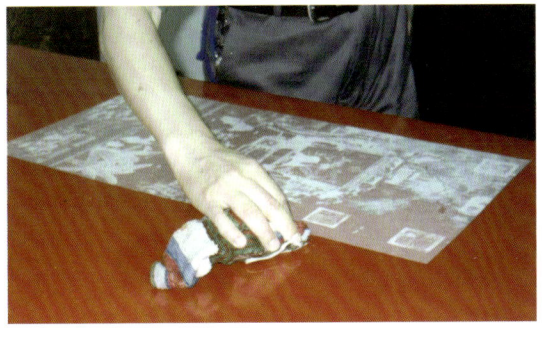

用湿毛巾擦净画芯四周的浆糊。

（2）镶锔条

先在画芯上下两边各镶上5厘米宽的宣纸条，纸条与画芯搭口应控制在2毫米以内。

　　用启子对齐画芯边缘，按住纸条，撕去多余部分。

用排笔蘸上浆糊涂在刚镶好的纸条上。

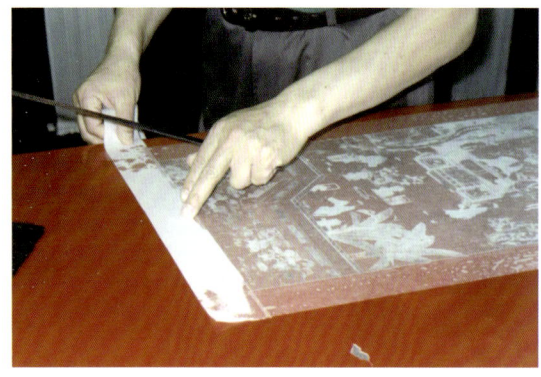

在画芯的左右两边镶上宣纸条，

撕去多余的部分。

（3）匀浆

在纸条上涂匀浆糊。

（4）上托纸

用一张宣纸作褙纸，

粘在画芯背面，

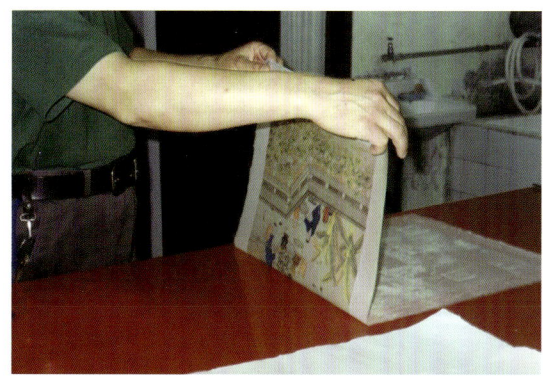

揭起镶好的画芯，

　　翻过来，检查画芯是否托好，如果没有问题，在画芯的正面或背面四周涂上宽1厘米左右的浆糊，

3. 上墙

将画芯贴在木墙上。

4. 下墙

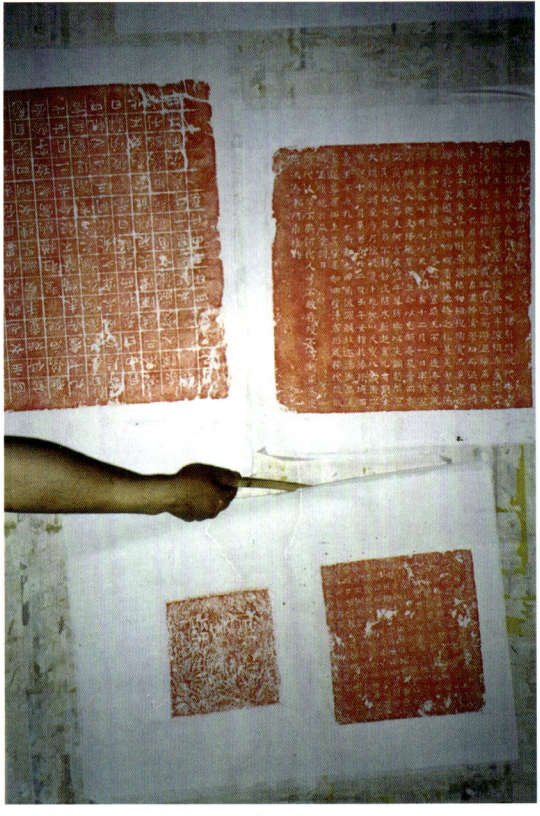

用启子插进画芯和木墙之间的空隙, 挑开画芯下边与木墙的粘口,

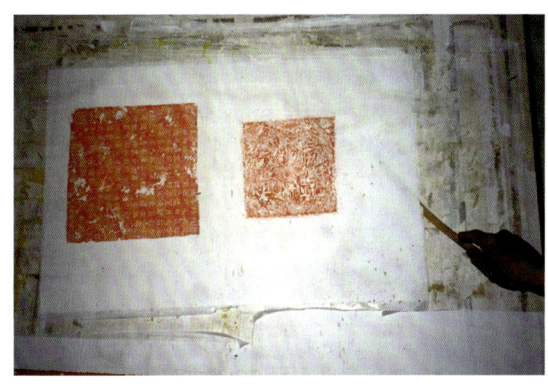

然后再挑开画芯右侧的粘口，

两张画芯贴在一起时，先挑开中间的粘口，以免将邻近的画芯撕坏。

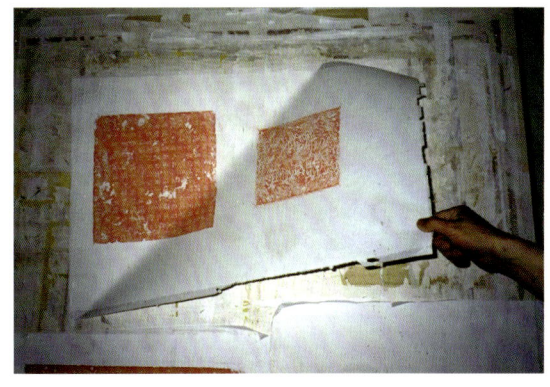

用一只手或两手捏住画芯，将画芯从木墙上揭下。

5. 裁画芯

先裁齐画芯的一侧，

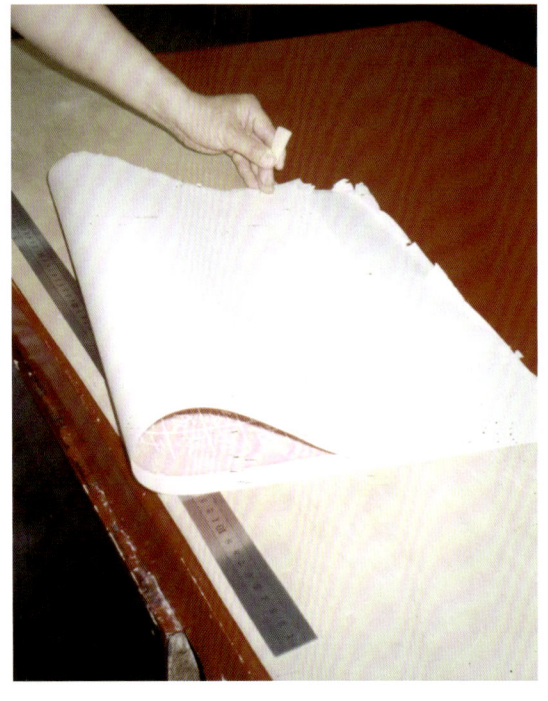

画芯对折，裁齐的一侧对齐，在另一侧适当位置用针锥扎眼，

按照锥眼的位置裁齐另一侧。

画芯对折，在靠近折口部位用尺子压住，使两个已经裁齐的边对正、对齐。

用针锥在画芯天地适当的位置扎眼，

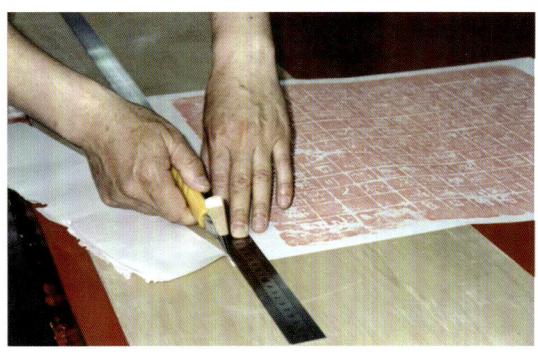

根据眼位将画芯天地裁齐。

6. 揭旧画芯

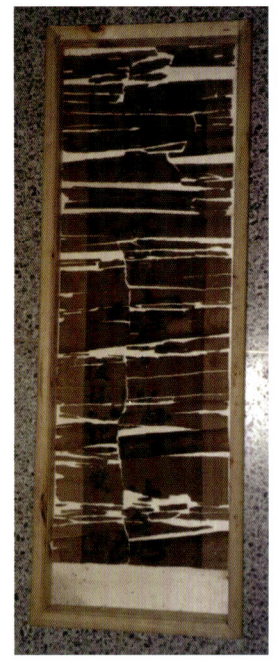

破损的字画。

（1）铺纸

选一张质地较好的手工纸,刷平,涂上稠浆糊。

（2）拼画芯

将画芯碎片按顺序粘在纸上,碎片连接处要注意挤紧。

（3）连画芯

用宣纸条垫在画芯下面，将破损处连接在一起。

粘好纸条的画芯。

（4）揭托纸

画芯正面向下在裱案上展平，画芯下面要垫上塑料布或平滑的纸，画芯用清水润湿，待画芯上的水分蒸发到一定程度时，将画芯背面上的褙纸和托芯纸揭掉。

如果一时揭不完，可在画芯上撒一些白宣纸团，

上盖塑料布保湿，画芯完全揭净以后，操作动作同托画芯。

7. 揭地图

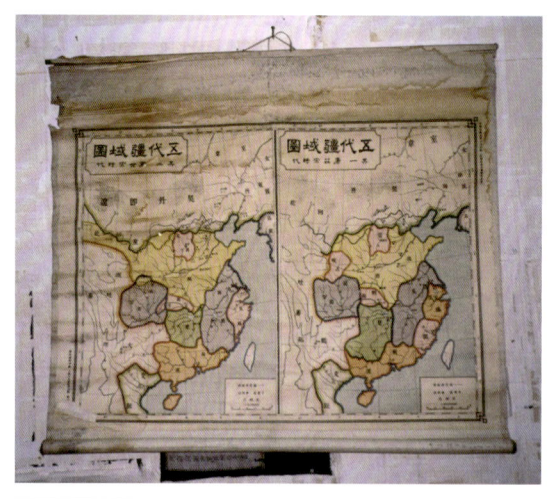

准备修复的地图。

裁掉镶料，

正面朝下展平在裱案上，喷水浸透。

揭褙纸。

褙纸揭净后，即可刷上浆糊，托纸，动作同"托芯"。

8. 挖题换款

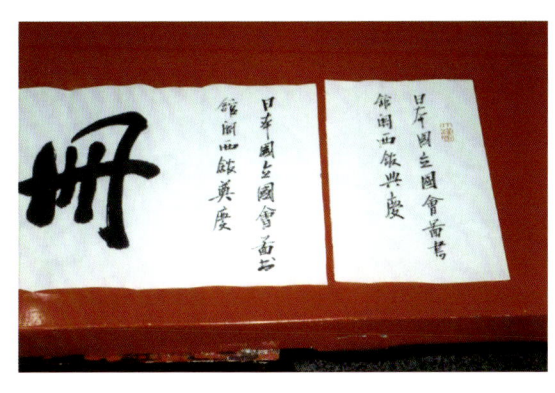

书法或字画的题词中写有错字的现象是经常出现的，修改过的题词用纸最好与原来用纸完全相同。

（1）裁旧款

裁掉有错字的题款，将改后的题词放在适当的位置，作出记号。

（2）做接口

　　将题词正面向下，换款的部位用水浸湿，用手指将纸边轻搓，

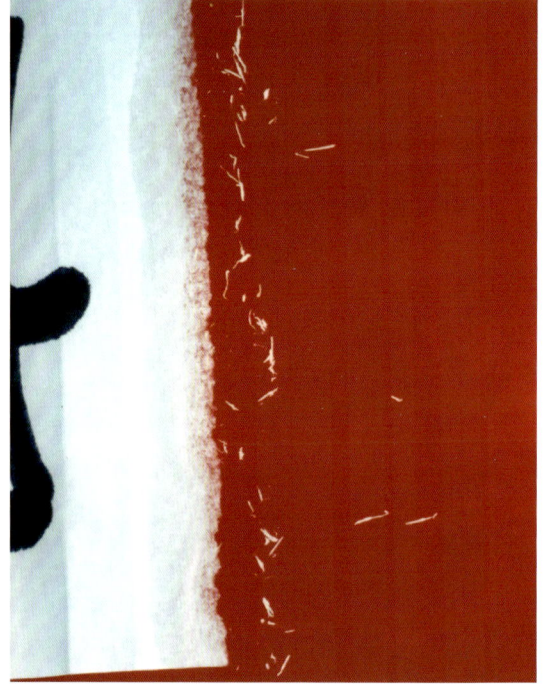

将纸边搓薄。

（3）涂浆糊

涂上稀浆糊，

（4）粘新款

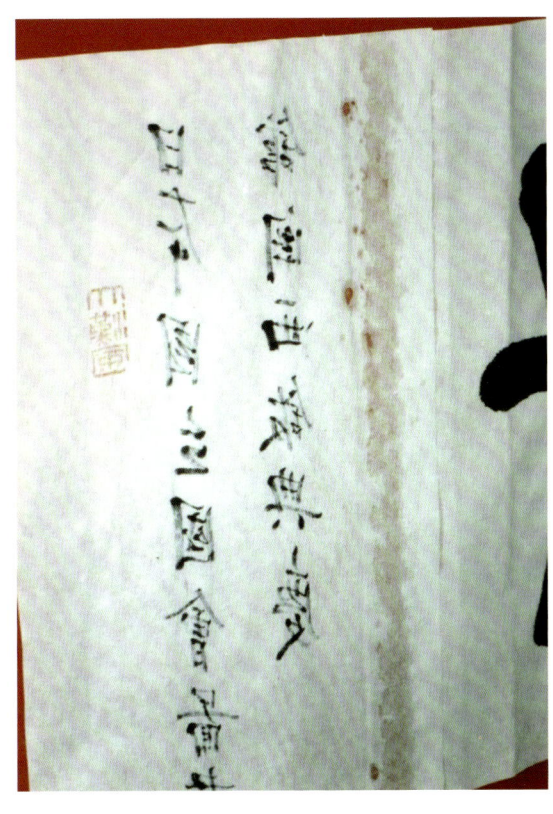

按记号把改过字的题款粘上。

（5）搓平

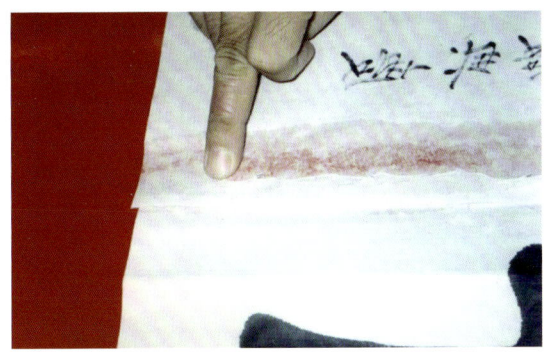

再将刚粘上的题款纸边搓薄，

搓的劲要轻、匀。

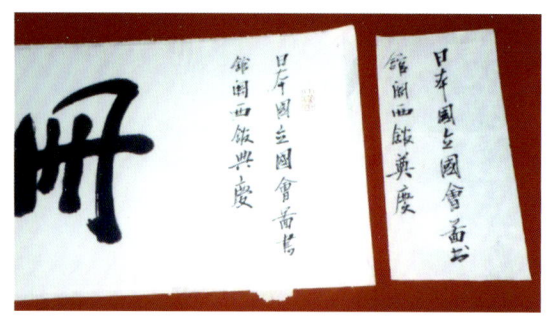

换好的题款。

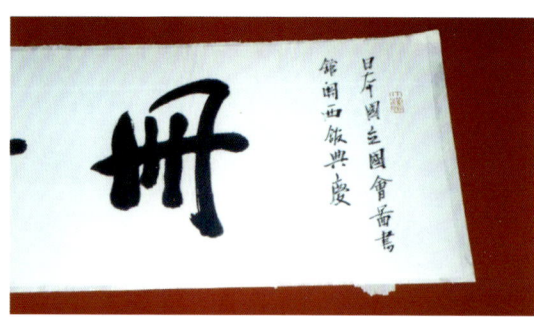

　　经过托纸、上墙，题款更换完毕。用同样的方法，也可以用来修补字画。

三、装裱镜芯

1. 裁画芯

将画芯四边裁齐，裁齐方法见托画芯。

2. 配镶料

按照画芯的规格先在绫子背面扎眼，

用尺板压住针眼的边缘裁切。

裁好的镶料。

3. 装饰

（1）镶锦条（硬锦）

锦条用两层纸粘在一起或用托好的绫子制作，长不限，宽7毫米左右，其中2毫米粘贴在画芯上，2毫米和绫子等镶料粘接，余下的3毫米保留在画芯和镶料之间，这就是"锦条"。

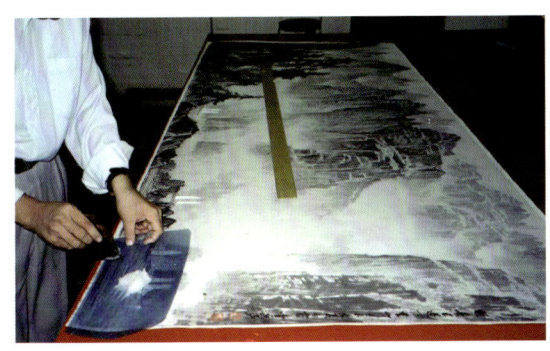

在画芯背面的一个长边打上3—5毫米左右的浆糊（即浆口），画芯面积如果在1平方米以内，浆口宽度应在2毫米左右。

（2）镶边

两手分别握住绫条，压在画芯上，

用手掌将搭口压实。

在画心的另一长边打浆糊,

镶上绫子,

　　用尺子齐着画芯边缘,用刀将多余的绫边裁去,

涂上浆糊,

镶上绫子,

再镶另一侧,

最后裁齐四角。

4. 上覆褙——搭覆

在覆褙上刷浆糊。

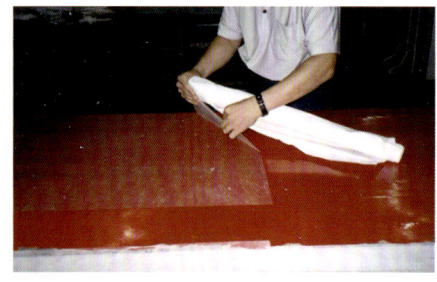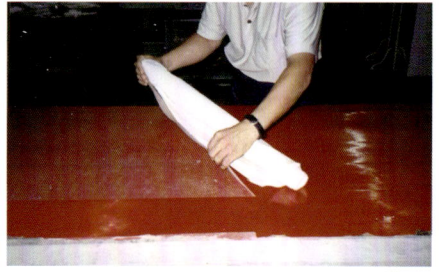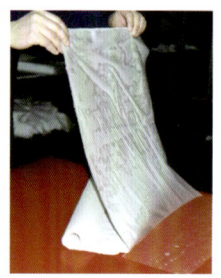

在覆褙下衬一张宣纸撤水，注意动作要快，否则，覆褙容易撕裂损毁。

将覆褙搭在画芯上；

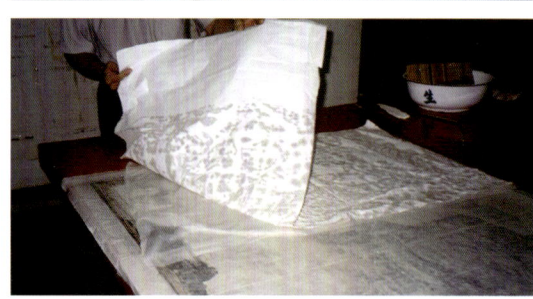

轻轻拿掉吸水纸。

也可以直接从吸水纸上揭起覆褙，覆在画芯上；

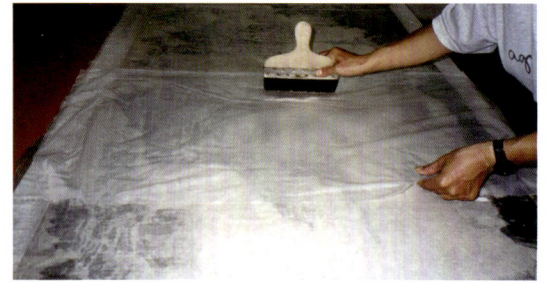

用板刷将覆褙纸掸平，

用棕刷排实。

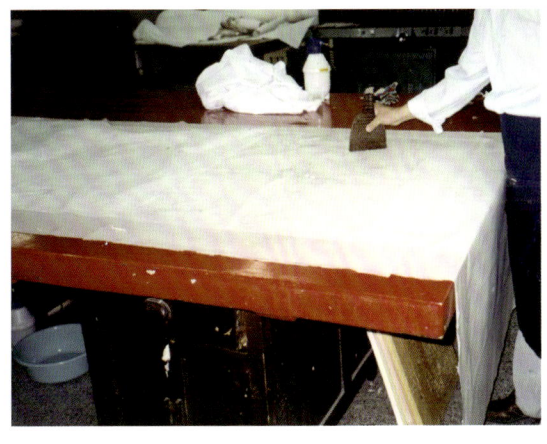

　镜芯面积较大,可以再加粘一层白布或高丽纸。

5．上墙

四边打上浆糊,

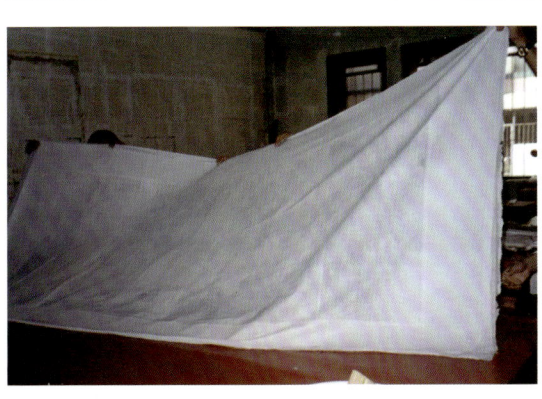

数人合作掀起镜芯,

将裱好的镜芯画面朝外贴在木墙上，抻平，先用棕刷固定住上边，

再将四边排实。

6. 全色全画

所谓全色就是用颜色把画芯破损处的补纸染成同画芯一样或近似的颜色；全画是将画芯上的残缺的画意补齐。这道工序和古籍修复中的划栏补字相仿。笔者主张，全色时画芯上坚决不能刷胶矾水，补纸颜色与画芯要有所区别，要稍微浅一点，使人能一眼看出字画原来的面貌。全画则尽可能不做或少做，以确保字画的文物价值和资料价值不受损失。

7. 下墙

镜芯干后，用启子先挑开下边，

再挑开镜芯右侧,

两手握住纸边,轻轻用力,使镜芯脱离木墙;

将镜芯的右边卷起,

将全部镜芯揭离木墙。

8. 裁齐

镜芯展平放在案子上，先裁地脚。

将镜芯卷起，

齐边向下，在案子上撴齐，

在天头适当的位置用针锥扎眼。

按眼位裁齐天头,

再裁齐左右两边,镜芯装裱完毕。

四、装裱立轴

1. 裁画芯(软锔)

在画芯左右两侧留4—5毫米白边,裁齐。

在画芯上下两边留4—5毫米白边，

裁齐。

裁好的画芯。

裁切画芯前后。

2. 硬镶铜条

把色绫裁成1厘米左右的细条作为铜条, 先镶在字画的两个长边, 镶缝2—3毫米。
剪齐余出的部分, 再镶另外两个短边, 然后再镶绫子, 方法同镶镜片。

在画芯背面涂上浆糊, 镶上4—5毫米的
彩色铜条,

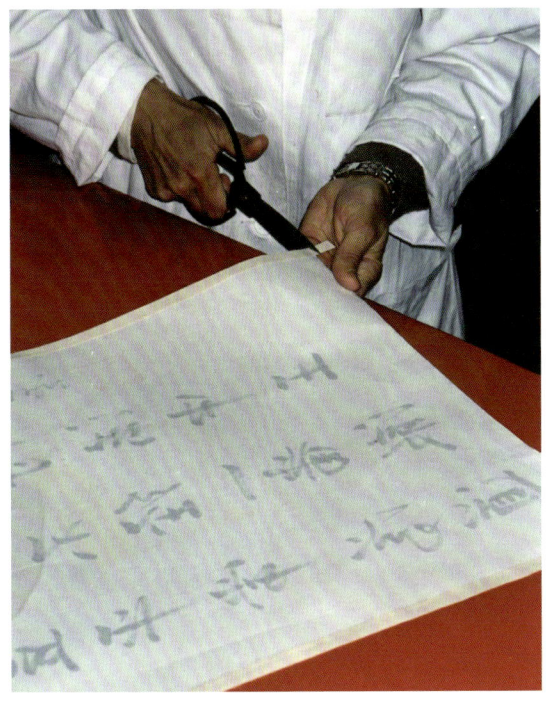

剪齐。

3．装饰

（1）下料

将绫子分别裁成天、地和左右两边。

（2）镶画芯

在画芯的一边涂上2—3毫米宽的浆糊，

粘上一侧的绫条。

粘绫条的时候，注意要用尺子将画芯压住，避免画芯在镶绫子的时候移动。

以画芯的边为准，将绫子条裁齐，

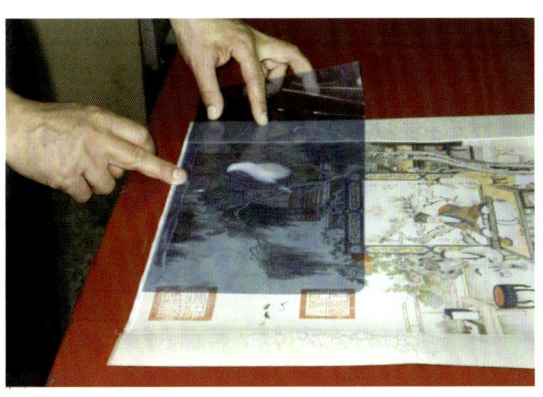

再在画芯的上下涂浆糊；

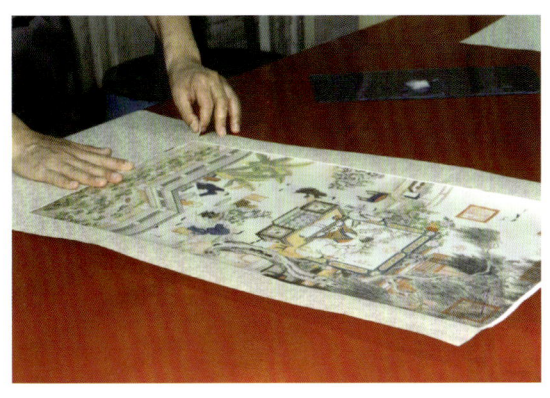

粘上天地，

压实镶口。

镶好的裱件。

（3）四裁

即把裱件四周裁齐。

先在裱件的一侧用尺子对齐天地镶口，将天地裁齐。

（4）饰边

①转边

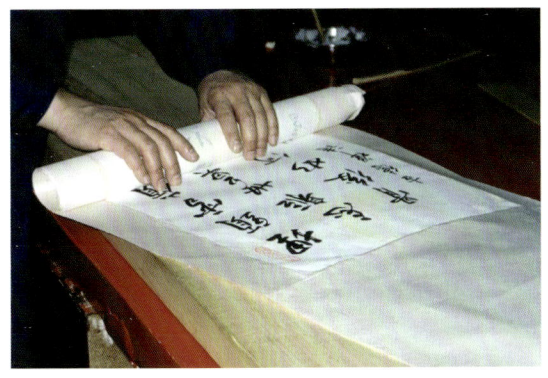

以裁齐的一边为准，从地脚向上将字画卷起。

卷至天头镶口附近，将天头上端折回，在镶缝处依镶料的边缘用针锥扎个眼作出记号。

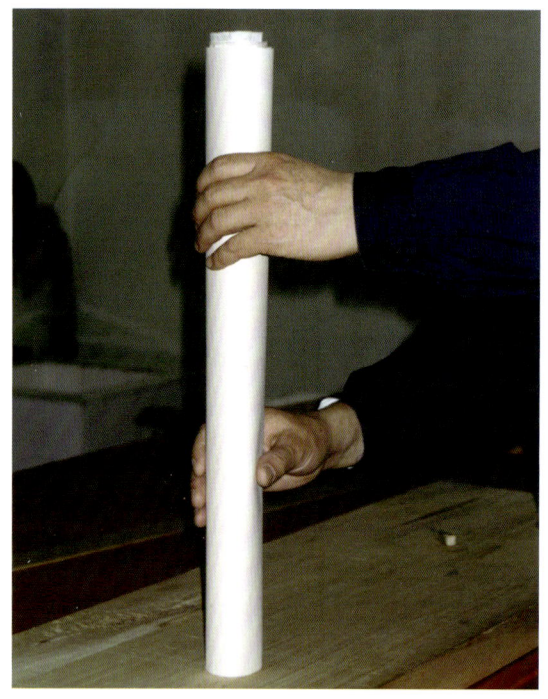

将裱件卷紧，裁齐的一边在下撴齐。

在未裁齐的一边依照记号，用针锥扎眼标记。

　　打开裱件放平，用50厘米左右的短尺依照针眼裁齐裱件的四边。

　　裁齐后，卷起撴齐，两边在距绫边2毫米处用针锥扎眼标记。

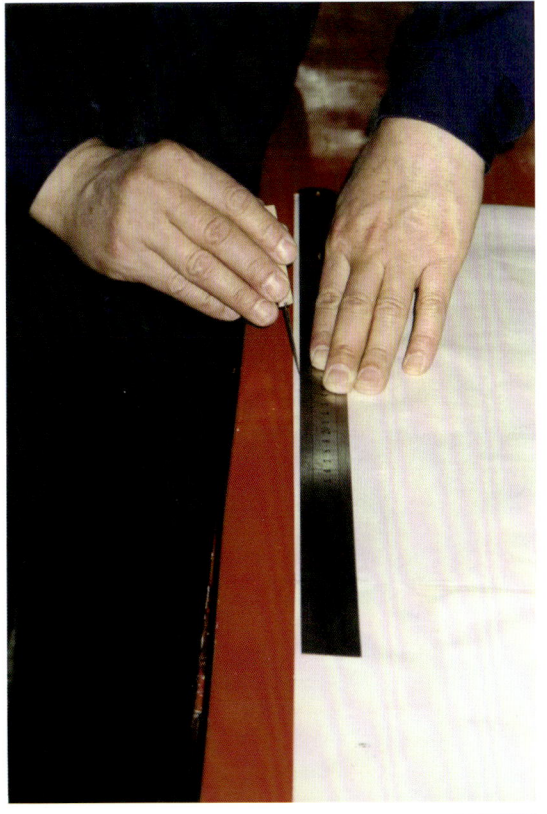

　　将裱件打开，正面向下，用30—50厘米的钢尺对准绫子上的眼位，用针锥轻轻划出一道痕迹。

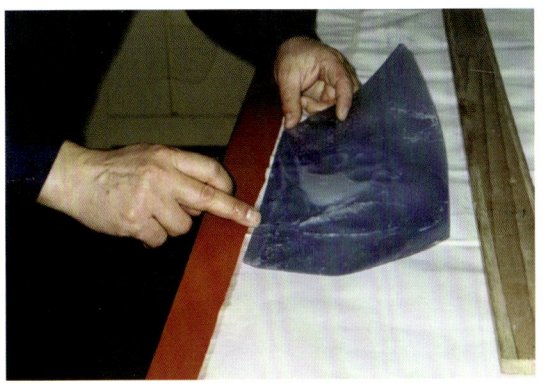

　　以用针划出的痕迹为准，折起绫子边，并涂上浆糊，

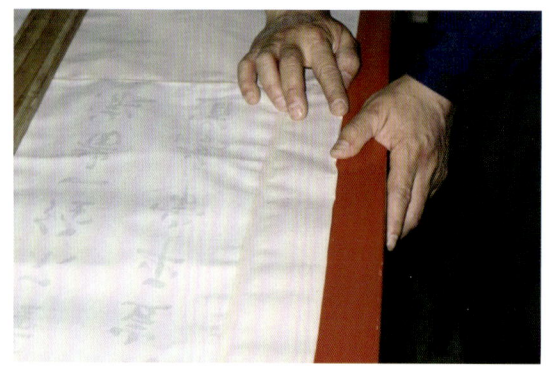

用手指依照针划的痕迹将绫子边折向背面。

也可以用小浆刷轻刷绫子边，把绫子边折转过去。

②套边

适用于镶料较厚的裱件，使用套边的方法有不易改变镶料形状的优点，在手卷的装裱中经常使用。

在裱件的正面边缘涂2—3毫米左右的浆糊，

将5毫米左右宽的套边纸粘在裱件上，

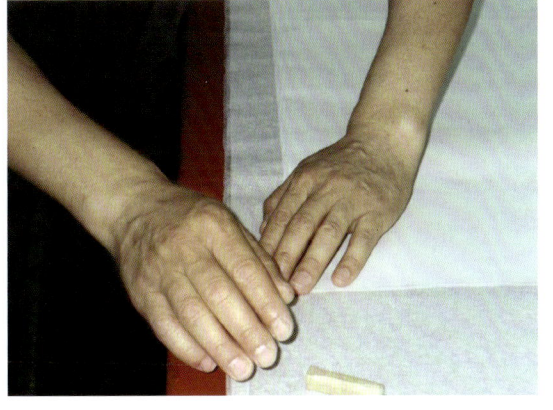

翻转裱件正面向下，再涂上浆糊，将套边纸翻过去粘住。

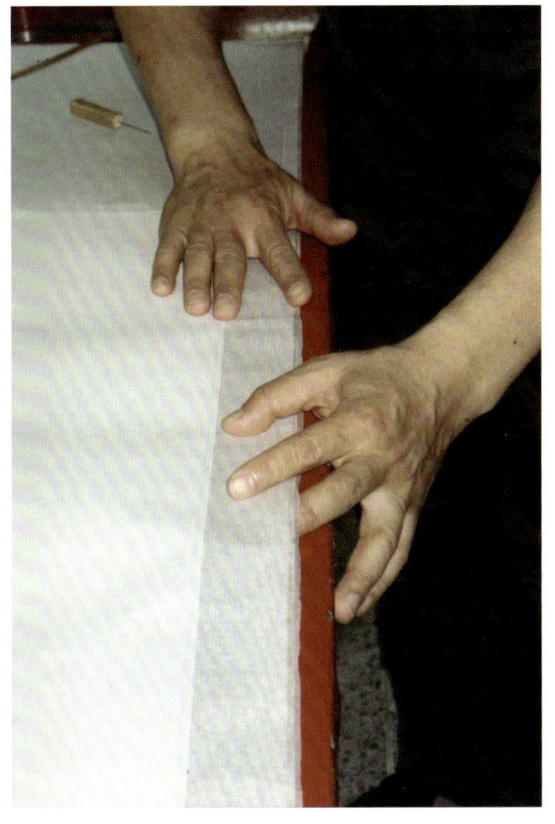

选用的套边纸越薄越好，但用的纸越薄，工作的难度就越大。

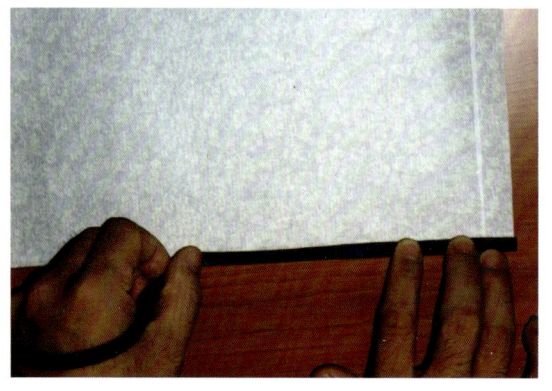

也可以将套边纸先粘在裱件的背面，

再从正面检查套边纸是否和裱件的边缘平行，多余的部分用刀裁掉。

再在裱件正面边缘涂上浆糊，将套边纸转到正面粘住。

最后检查套边是否匀、直，不直的地方趁浆糊未干时，用手指轻轻推直。

套边纸很薄的用手指不太好操作，可用纸在下边托住，协助翻转套边纸。

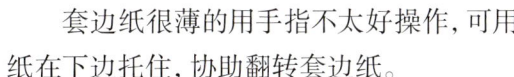

将托纸折向裱件，折边与裱件边缘对齐，

用手指压实。

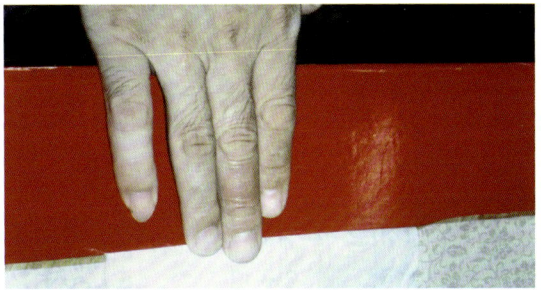

镶好的立轴。

（5）镶横披

镶好的横披。

4. 做夹口

（1）折夹口
①横披夹口

横披夹口纸的宽度等于天杆的周长，作出记号。

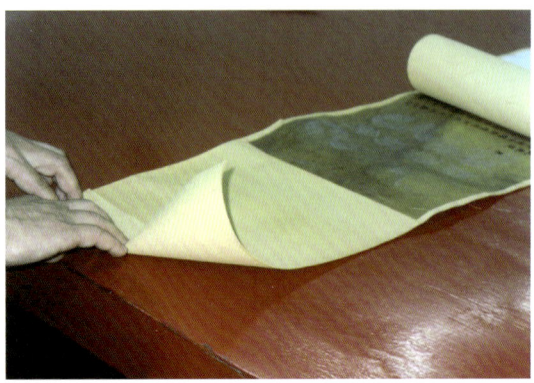

画芯面朝上，绫子面对绫子面，按照记号折夹口。

画芯面翻转向下，在夹口靠近画芯一边涂上浆糊。

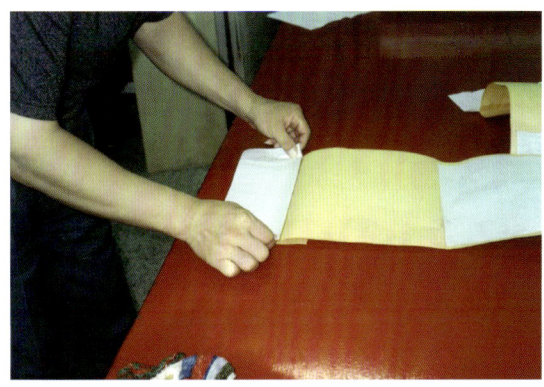

　　粘上夹口纸，夹口纸长为裱件宽度＋2厘米，宽为5厘米左右。

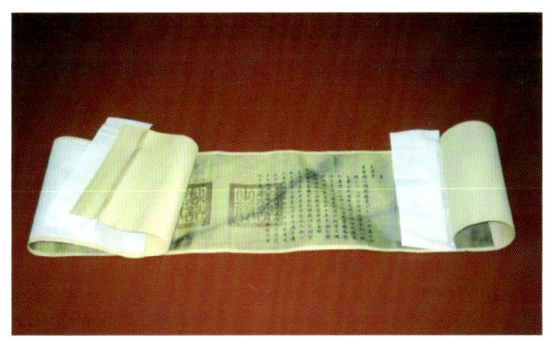

　　粘好夹口纸的横披。

②立轴夹口

　　天杆夹口宽等于天杆的周长。

　　天头夹口一般宽2—2.5厘米，用锥子扎眼，作出记号。

折天杆夹口。

地杆夹口的宽度是地杆周长的二分之一。

地脚夹口一般宽6—7厘米，用针扎眼做出记号。

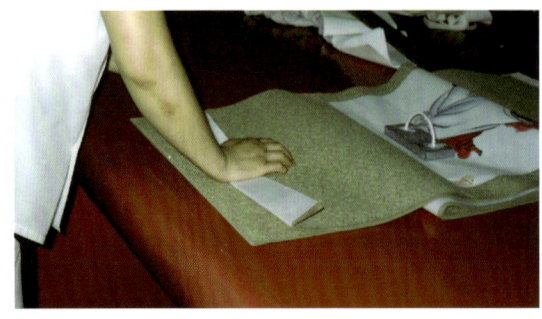

依照天头、地脚处的记号将绫子正面相对折回。

折实地杆夹口。

（2）粘夹口纸

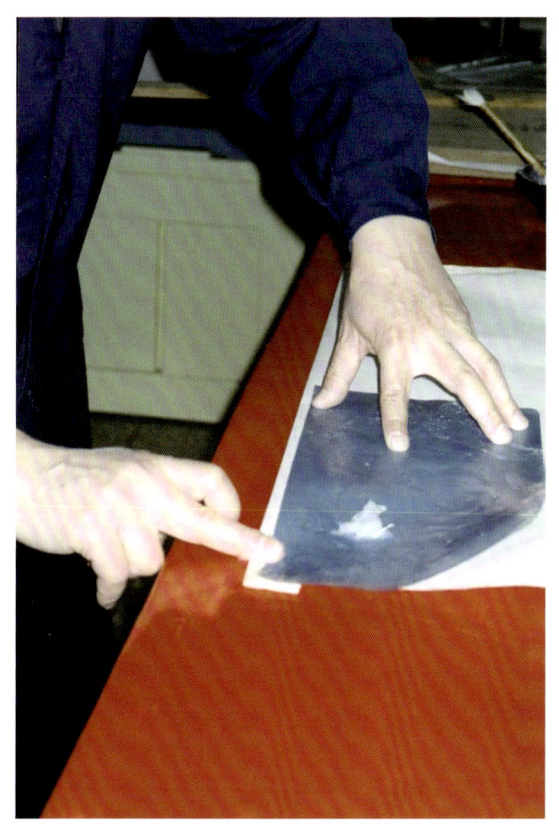

　　画芯朝下，夹口背面靠近画芯的一端涂上浆糊。

　　贴上夹口纸，夹口纸的长是裱件的宽加上4厘米，天头夹口纸宽7厘米，地脚夹口纸宽18—20厘米。也可通过计算确定夹口纸的宽度：天头夹口纸的宽为天杆周长加1厘米，地脚夹口纸的宽为地杆周长的1.5倍。

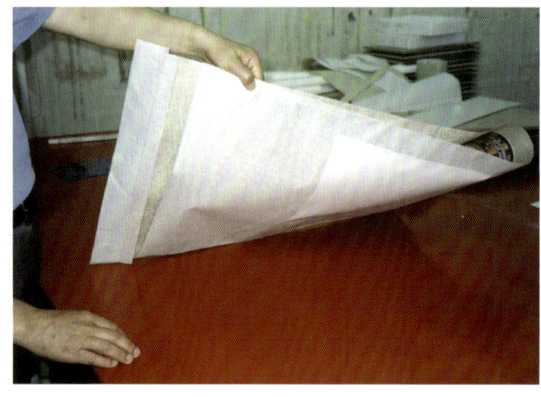

粘好的天杆夹口纸。

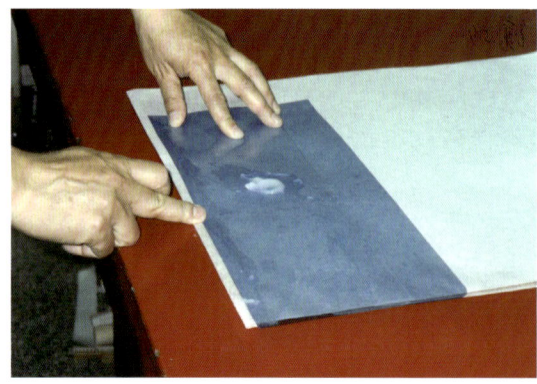

在地杆折口处涂上1厘米宽的浆糊,

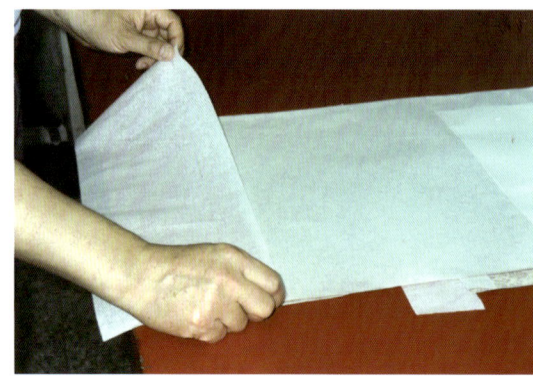

粘上地杆夹口纸。

（3）贴天袢

天袢宽1.5厘米左右,长4—5厘米,用绫子边脚料制,用剪子剪成刀形,

贴在天头背面夹口纸上，在绫子面上涂浆糊，长边向外与画芯镶料边对齐。

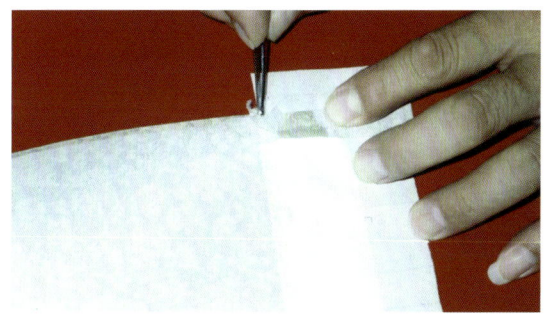

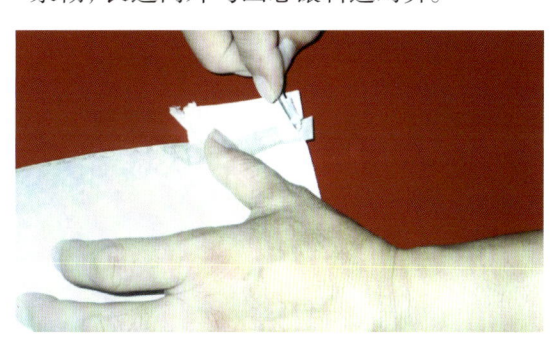

天袢贴好后，将袢上的托纸揭掉。

揭掉托纸的天袢。

裱件背面贴好的天袢。

5．上覆褙——座覆

上覆褙有两种方法：搭覆和座覆。搭覆见"镜芯"部分内容。

（1）座覆

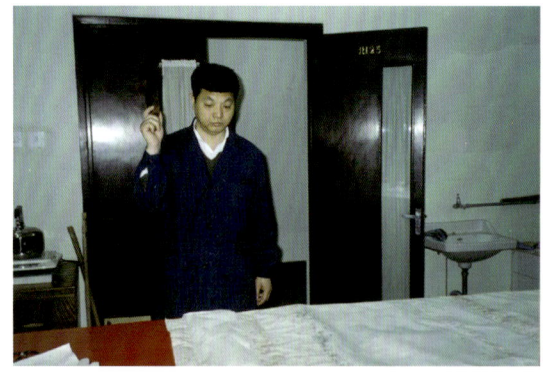

在镶好的画芯上洒水或喷水润湿，

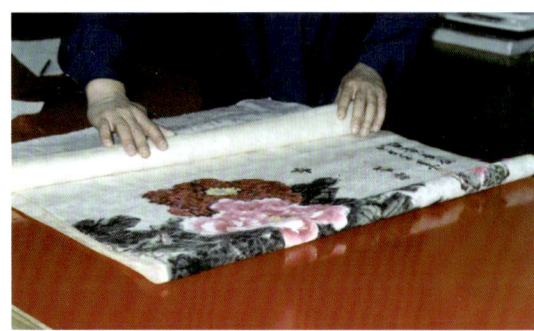

画芯向上，卷起。

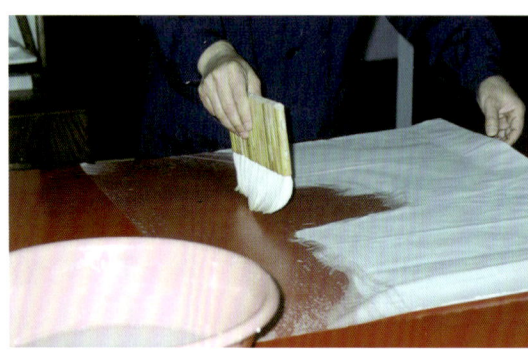

在覆褙纸上刷浆糊，

接刷覆褙，

上纸。

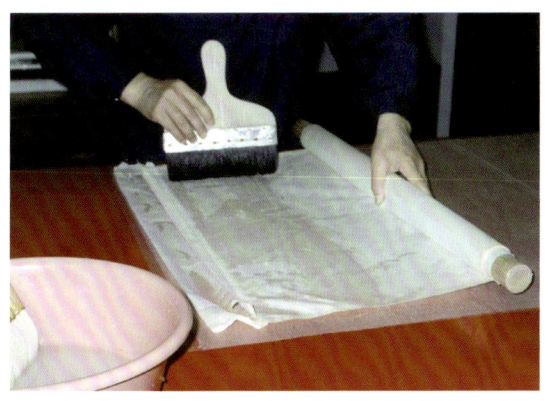

托好的覆褙上再刷一层浆糊，将裱好的画芯用板刷轻轻刷平在覆褙上。

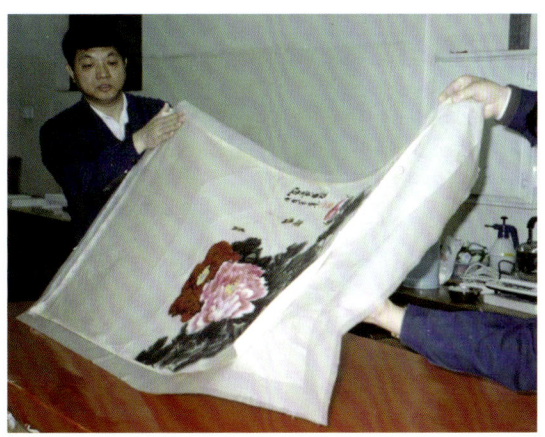

将画连覆褙翻过来，

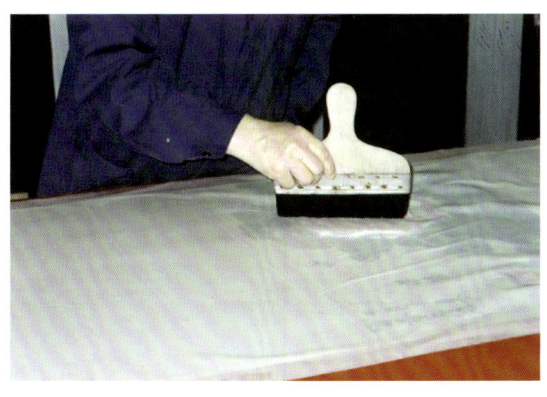

用板刷将画芯和覆褙掸平，覆褙上如果有皱褶，可将覆褙揭开，先将画芯刷平，再掸平覆褙。

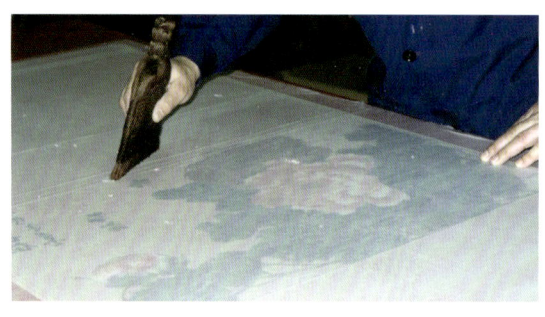

用棕刷将覆褙纸排实。

（2）封夹口

封夹口比较重要。裱件上墙前如果不封夹口，干燥以后夹口处的绫子就会干缩，直接影响上杆的质量。

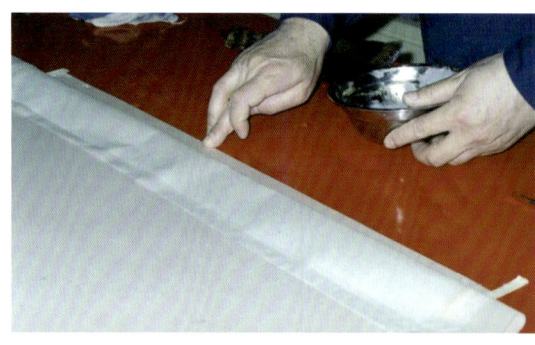

掀起覆褙，在天杆夹口处轻点几点浆糊，

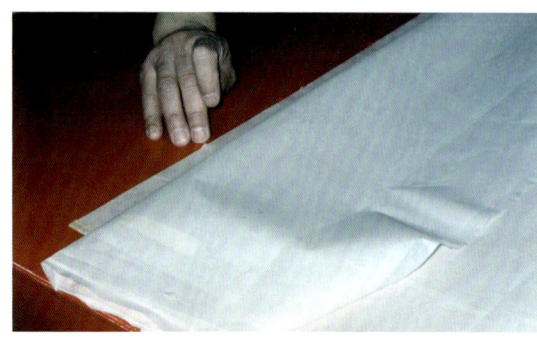

在地杆夹口处轻点几点浆糊，

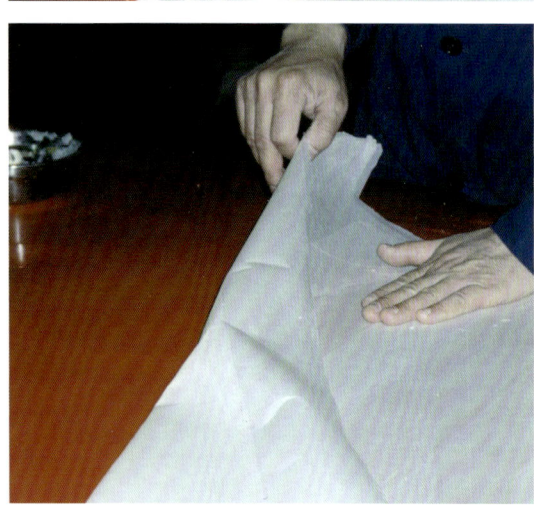

将覆褙放平，轻按夹口处，将夹口粘实。

（3）贴地袢

地袢的作用是加固地杆夹口外侧的覆褙纸。

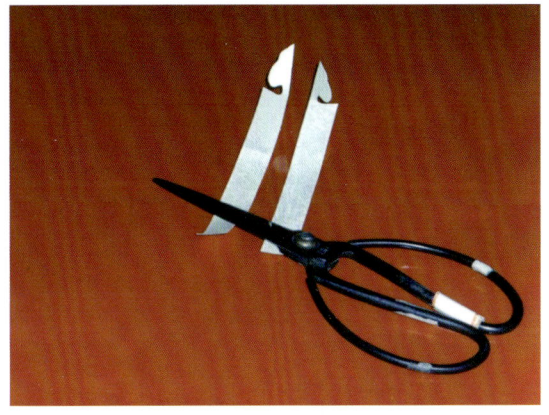

地袢长16—20厘米，用和镶料同色的绫子裁制，上端可剪成云头式样。

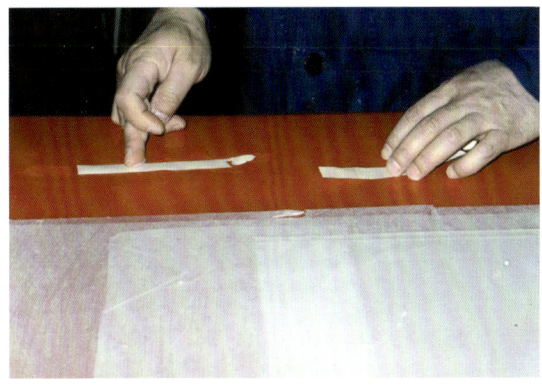

在地袢有纸的一面涂稠浆糊。

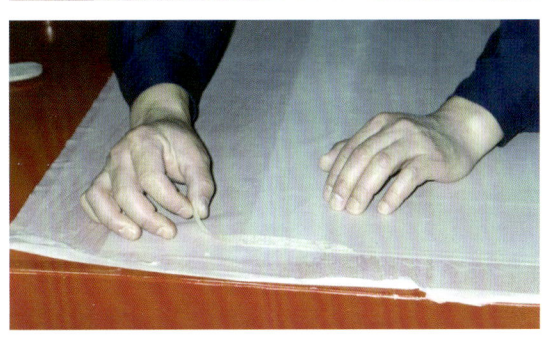

地袢的一边与镶料转边处比齐，上端2厘米左右（不算云头）压住夹口以上。

贴地袢的位置。

（4）贴签

签条一般用毛边纸或绫条裁成，签条长度为裱件宽度的三分之二，签条宽度一般为2—3厘米。刷上稀浆糊。

用吸水纸撤水后，贴在裱件的右上方。签条上端距镶料转边处2—3毫米，距天杆夹口3—5毫米。

（5）贴惊燕

惊燕用绫子条制，根据裱件的宽窄决定惊燕的宽度，一般为2—3厘米宽，长为整个天头的三分之二。由于贴惊燕的裱件卷起以后天头卷不紧，所以现在一般不用。

在裱件天头宽度的三分之一处将惊燕条贴正，贴直。

6. 上墙

在画芯四边的覆褙余边上涂上浆糊，提起画芯，画芯正面对着木墙，摆正。

将画芯四边用棕刷刷实。

下墙（略）。

7. 砑光

（1）扫覆褙

裱件正面向下平铺在案子上，裱件和案子之间，垫一层白报纸，然后用小刀将裱件的背面轻刮一遍，剔除褙纸中间的小沙粒。这道工序一定要做好，确实把褙纸中的小沙粒清除干净，否则，在轧光时，砑石会将小沙粒推出在褙纸上滚动，将裱件割裂。

（2）打蜡

在褙纸上打蜡。打蜡的动作要轻，不要用力，褙纸上有蜡即可。

（3）砑褙纸

先用一手握住砑石，在裱件褙纸上轻轧一遍，砑碎褙纸上未剔净的沙粒等杂质。

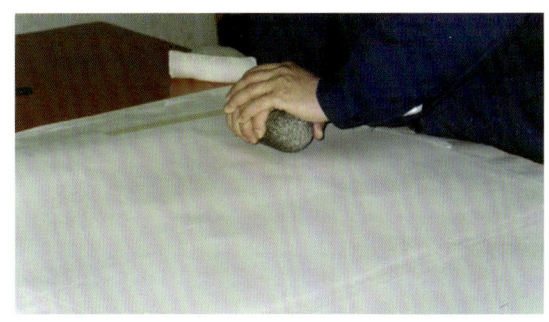

用双手握住砑石，在靠近操作者身体一侧的裱件褙纸上用力推砑。

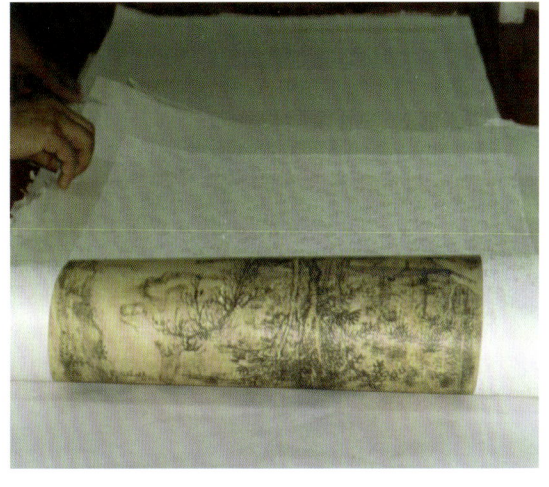

拿起裱件右侧翻向左侧，

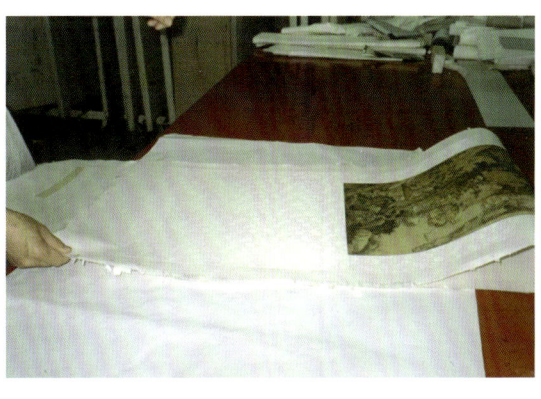

旋转裱件，使裱件未轧光的一侧转向靠近操作者身体一侧。

将裱件展平，轧光裱件的另一侧。最后，用轧石将裱件上所有的镶缝统统砑光、砑实。

8．去边

（1）剔边

用两手手指捏住裱件两边多余的褙纸，向上折起，

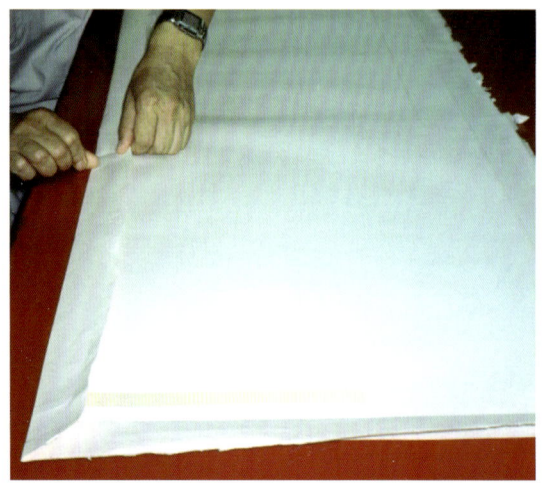

左手大指和食指拉住褙纸纸边，使裱件的绫子边露出0.1毫米左右，同时用右手大指指甲压实折印。

折好褙纸余边的裱件。

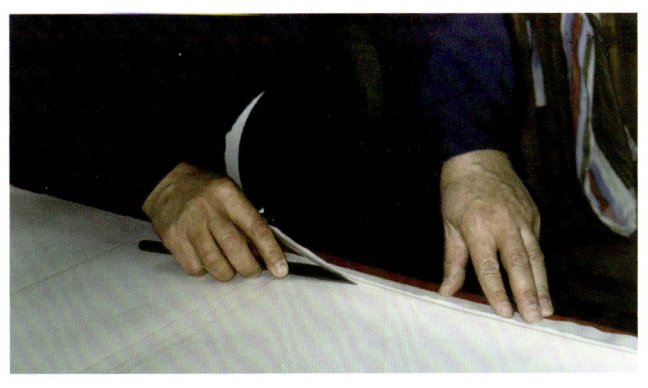
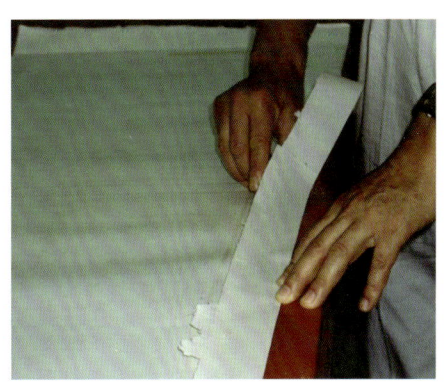

用直刀沿折印将多余的褙纸剃掉,一边纸边剃完,重复平转裱件的动作,再剃净另一侧多余的褙纸。

（2）剪边

也可以将画芯翻转正面向上,用剪刀向前推,冲剪去纸边,一边剪边一边将画卷起,剪完一侧再剪另一侧。

9. 劈夹口

画芯正面向上,挑开地杆夹口,

将裱件正面的地杆夹口纸向上折起,并将折印折齐、压实。

翻转裱件, 将裱件背面地杆夹口纸向天头方向折, 折口与正面夹口折印对齐。

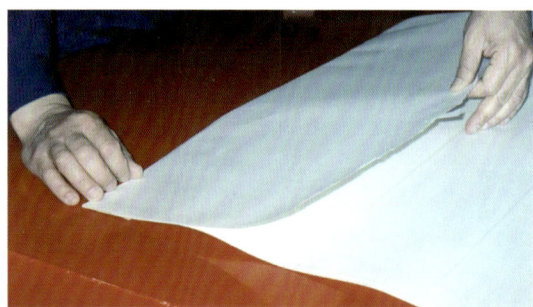

压实折口。

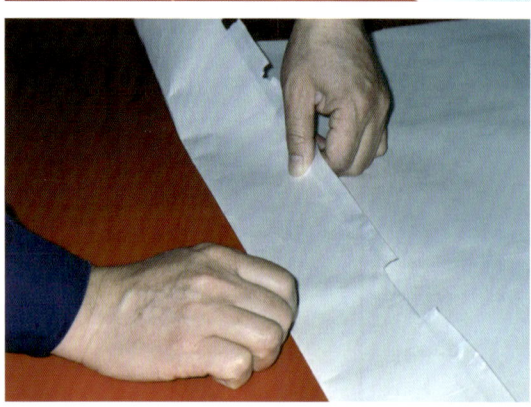

平转裱件, 重复上述动作, 整理好天杆夹口。

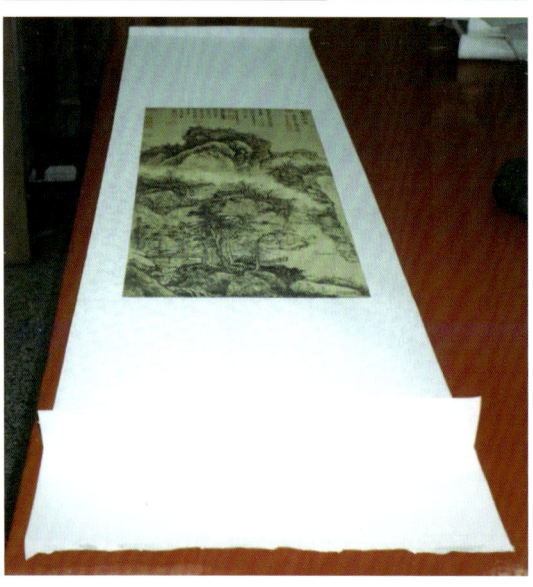

整理好夹口的裱件。

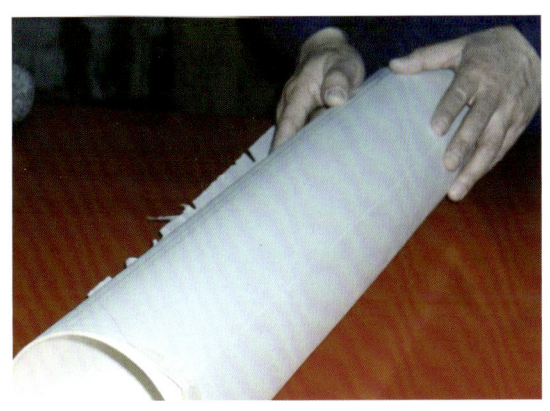

卷起裱件，准备装天地杆。

10. 装天地杆

天杆的长度与裱件的宽度相同，地杆的长度要比裱件的宽度长出3厘米左右，以便于安装轴头。

（1）上天杆

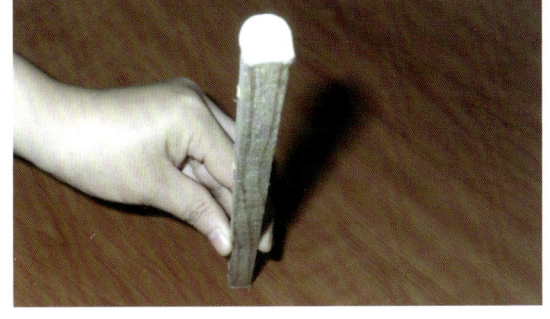

天杆端面为拱形，底部两个角为90°，上部两个角用木锉锉成半圆形。在裱件宽度为70厘米左右时，天杆端面的底长通常为2厘米左右，高约1.5厘米，其他可根据裱件的宽度适当增减。

①确定天杆的长度

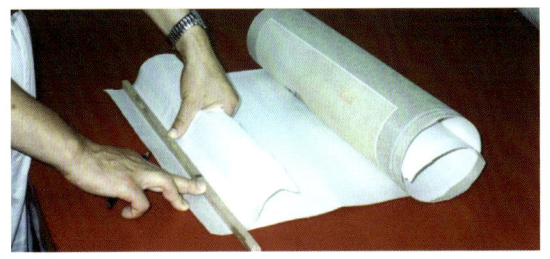

掀起天杆夹口，将天杆左侧和裱件左侧对齐。

用夹口纸裹住天杆，沿夹口纸边缘用铅笔画线，

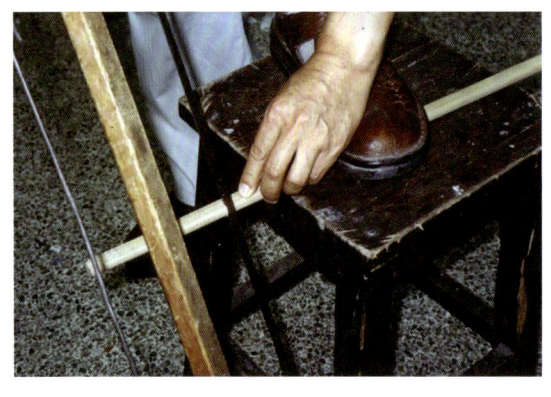

将多余的部分锯掉。

②确定挂圈的位置

　　天杆上要先打眼，以便安装铜丝或铁丝圈（俗称"鸡脚圈"），用作穿线绳悬挂裱件之用。天杆的长度在30厘米以下的，一般打2个眼。天杆的长度在30厘米以上的，一般要打4个眼。天杆上打2个眼的，先将整个天杆分为3等份并做上记号，这两个记号就是要打眼的位置。天杆上要打4个眼的，自这两个眼分别向天杆两头再划分3等份（即整个天杆长度的九分之一）并做出记号，在靠近天杆尽头处分别再打1个眼。

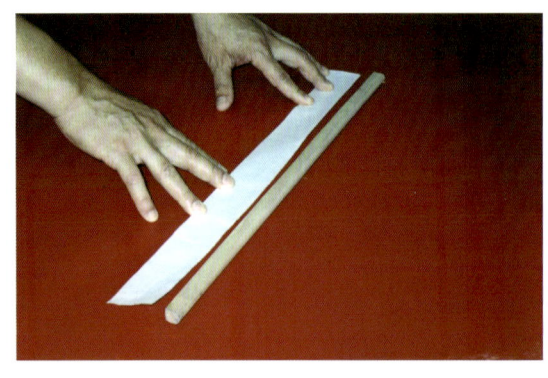

取一张纸条，剪成和天杆同等的长度。

将纸条平均折成3等份，

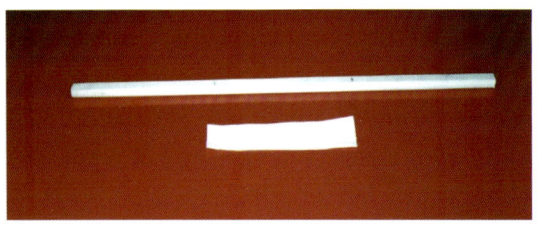

剪去三分之二，留下三分之一，

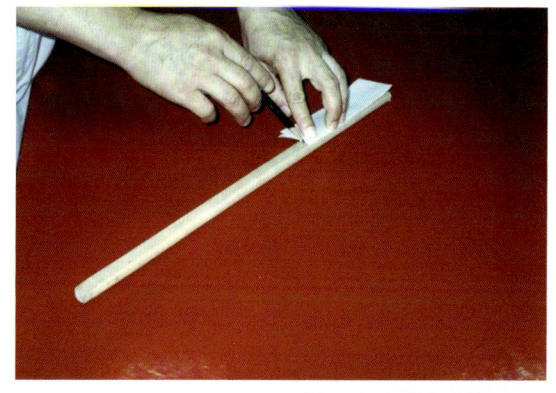

纸条的一端和天杆的一头对齐, 天杆上部呈拱形的一面向前, 底部向后, 用铅笔在天杆的侧面按照纸条的长度划线。一端划完, 再划另一端, 确定天杆中间的2个眼位。

将纸条再次折成3等份,

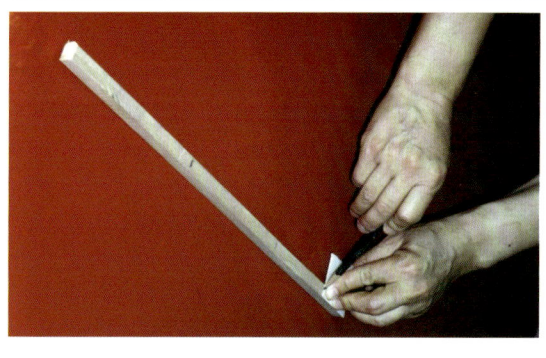

再在天杆的两头划线, 确定天杆两头的2个眼位。

③钻眼

打眼工具一般用电钻或锥子, 眼的直径不要太大, 一般为1—2毫米左右 (即制作挂圈的铜丝或铁丝直径的2倍) 即可。

④装挂圈

选直径为1—1.5毫米的铜丝（或铁丝）截成6—7厘米长，制成挂圈。先将铜丝对折，对折的部位弯成圆圈，圆圈的直径4毫米左右（是选用的绦子带直径的2倍）。

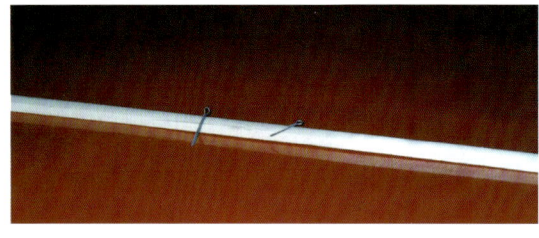

挂圈。

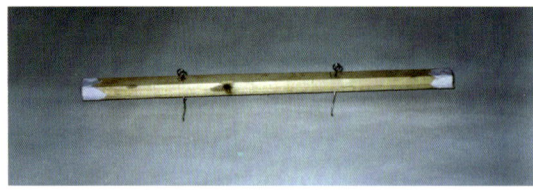

装有2个挂圈的天杆。

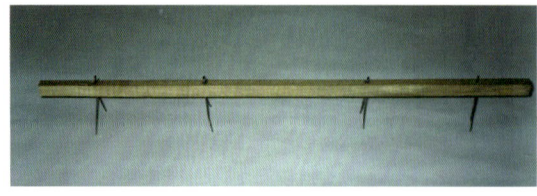

装有4个挂圈的天杆。

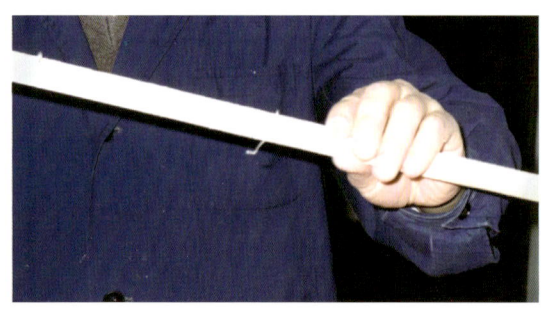

将挂丝圈的两只脚穿进天杆上的挂圈眼位，在挂圈的尽端用钳子夹住1厘米左右，折90°，

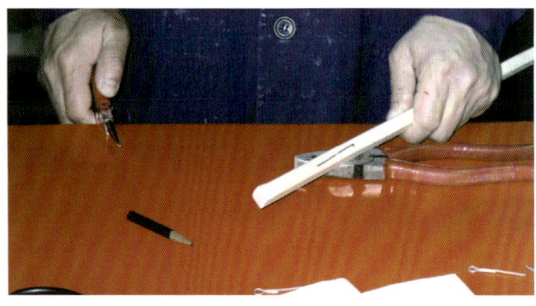

将挂圈的两脚分别再折90°，把两个头扎进天杆，砸平。

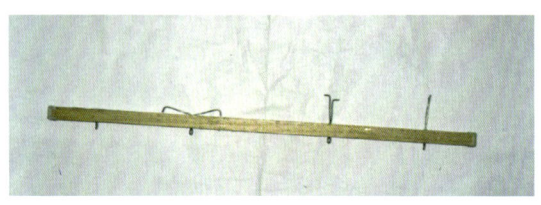

挂圈安装时不同状态。

⑤杆头装饰

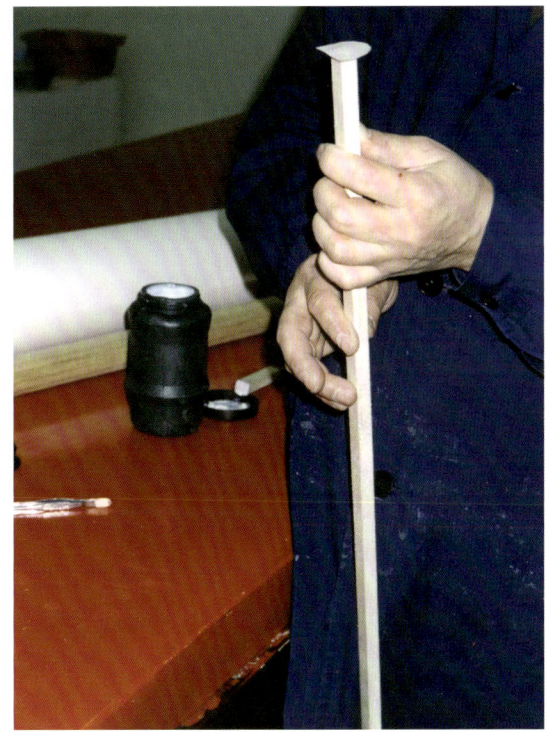

　　剪一块绫子，颜色要和裱件两边镶料颜色相同，在托纸的一面涂上浆糊，包在天杆两头的端面上。

⑥装杆

　　裱件的正面向下，天杆夹口纸折向上，把天杆装有挂圈的一面向上，天杆靠近身体一面和夹口折口处对齐，注意要留出1毫米的放缝。

用夹口纸包裹天杆，

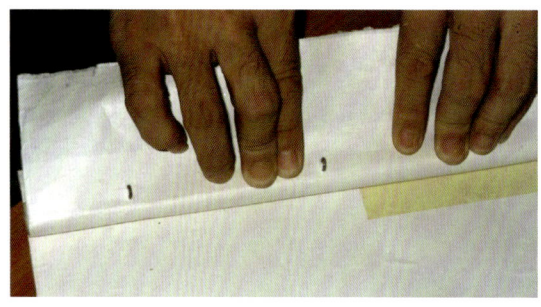

两手轻压挂圈两侧，用挂圈把夹口纸咯破，

夹口纸包裹天杆一周，

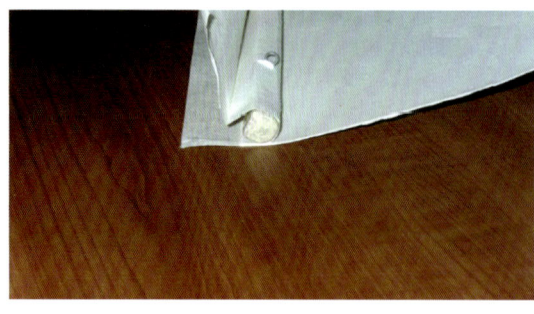

将夹口纸超出天杆周长的部分向上折，

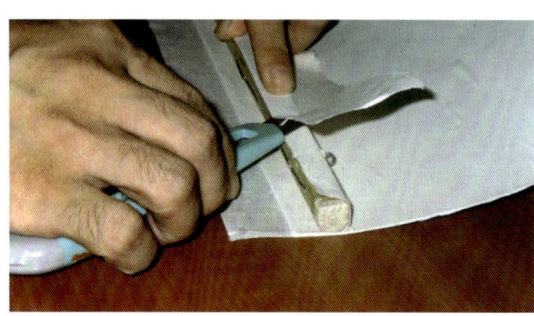

用小刀裁去多余部分。

也可用剪刀将多余部分剪去。

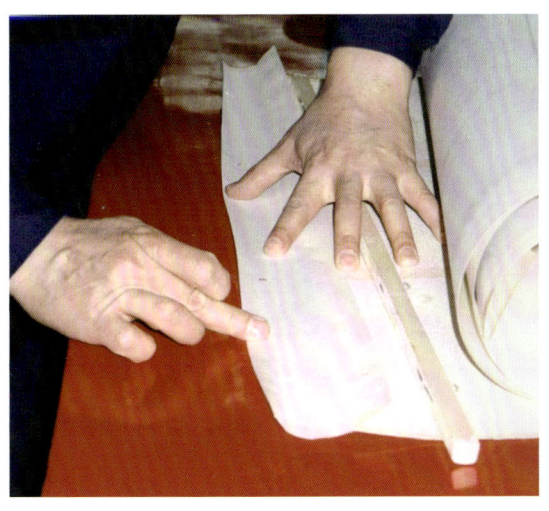

　　将裱件翻过来，正面向上，在夹口纸上端涂浆糊，涂浆糊的地方宽度不要超过天杆底部的宽度。

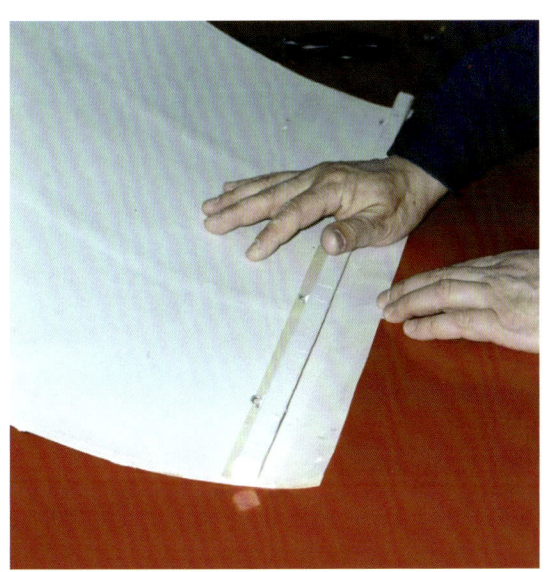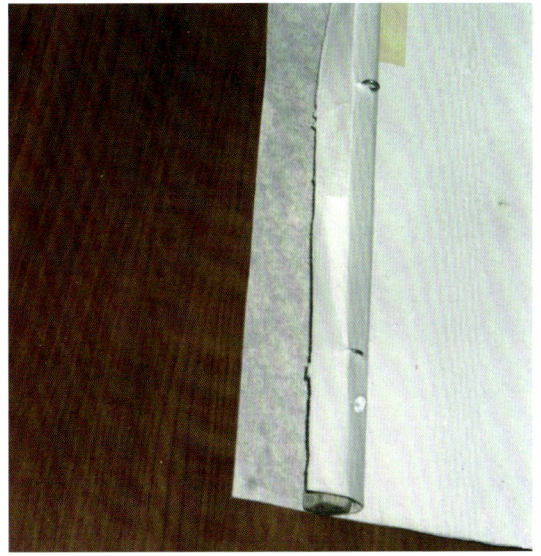

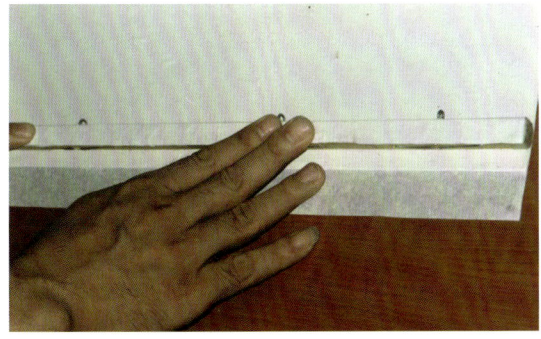

　　将裱件正面翻向下，重复用夹口纸包裹天杆的动作，将夹口纸固定在天杆上。

将天杆在夹口另一面(有绫子的一面)上压紧,在余出部分上面用针锥贴紧天杆划线,

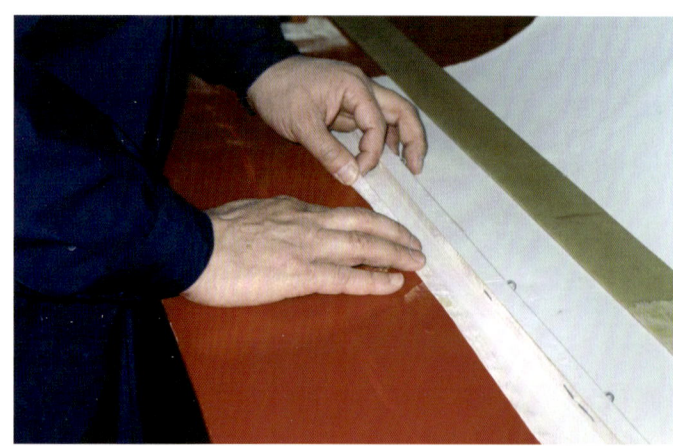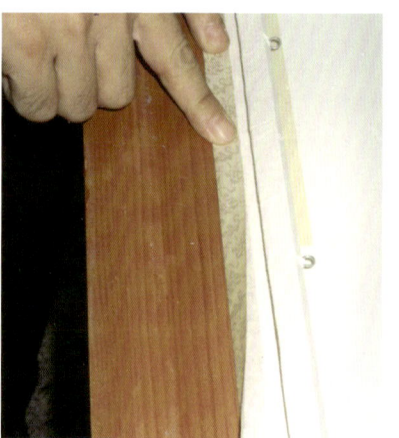

将划线以外的部分折向夹口连接处,

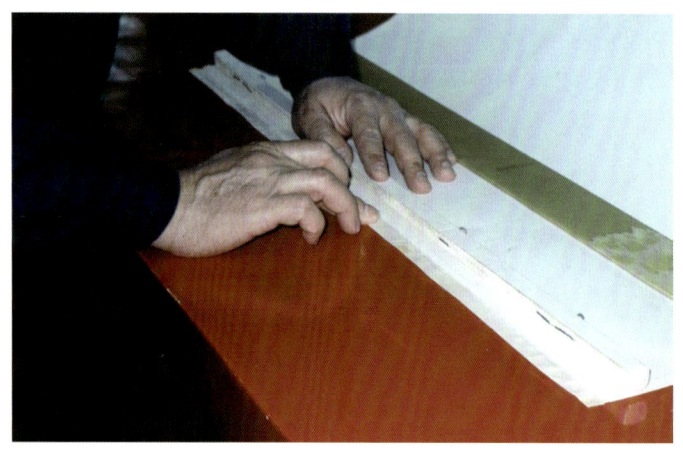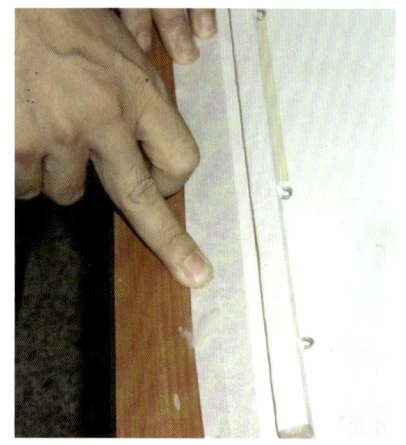

再将折回部分打开,涂上浆糊,折回划线以外的部分,涂上浆糊,

将划线以外部分折回粘牢。

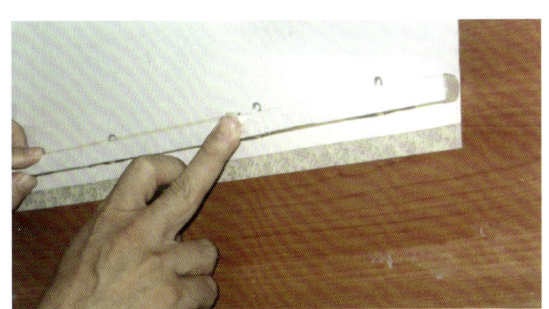

在天杆底部涂上浆糊,

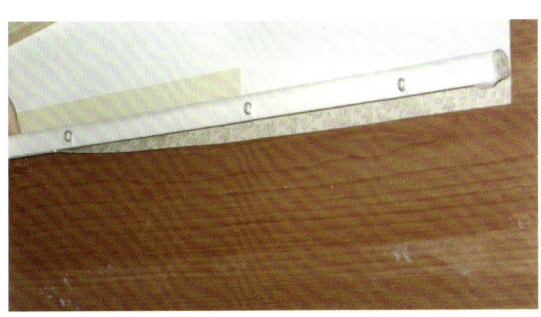

与夹口有绫子的一面粘牢,

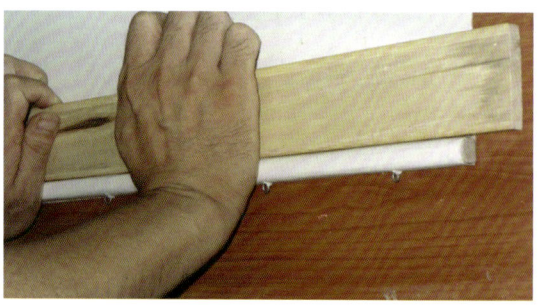

将天杆粘在夹口纸上,裱件正面的夹口纸要平整,裱件背面用尺板贴紧天杆,以保证天杆与裱件表面呈90°。

天杆装好以后,将裱件从天杆开始卷起,准备装地杆。

（2）装地杆

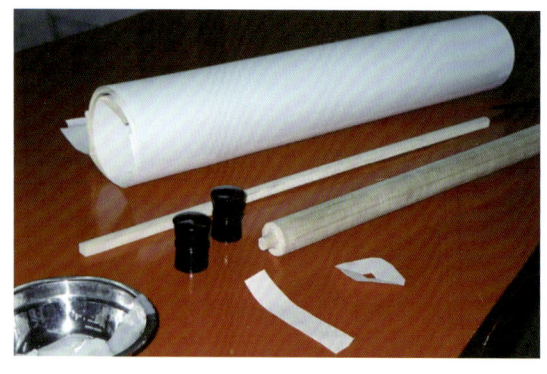

地杆要在两端各锯出一个榫,榫的直径根据轴头底部榫眼的直径而定。

①确定地杆的长度

将地杆左端（榫头的长度不计）与裱件
左边对齐，用地杆夹口纸将地杆裹住，

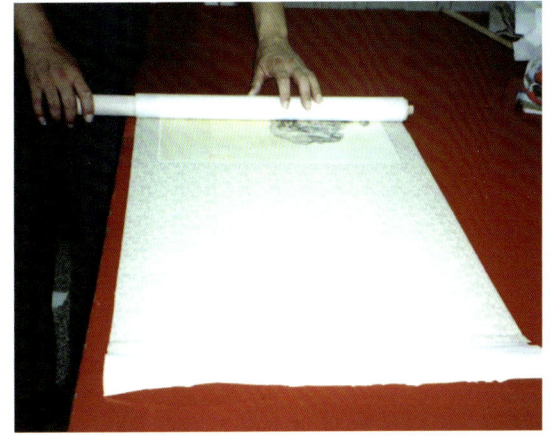

将裱件卷起，

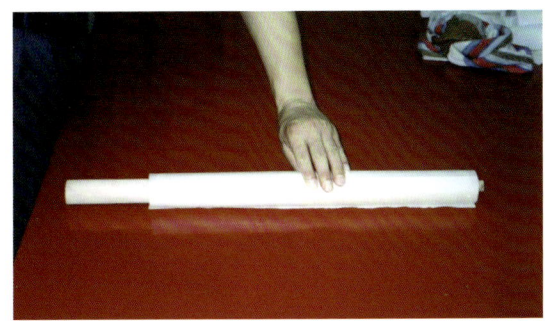

以地杆为轴，将裱件卷紧。

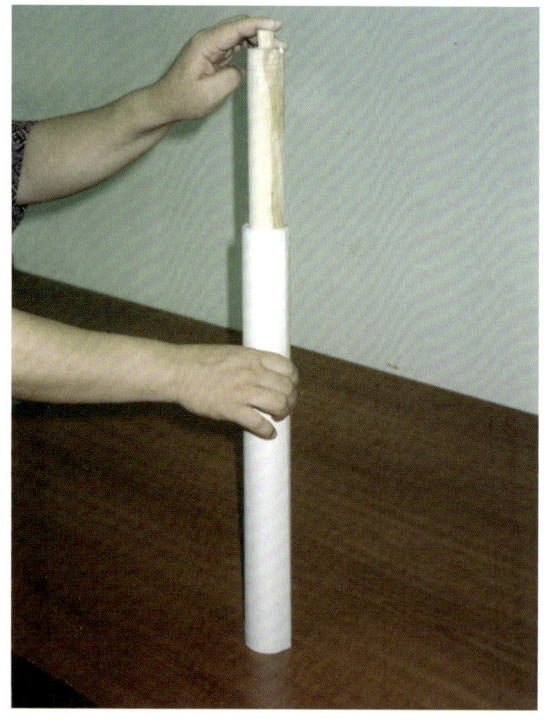

将裱件两边撤齐。

在裱件的右边用铅笔作一个记号，

裁一张纸条，按照记号将纸条绕地杆一周，纸条靠近记号的一边要对齐。

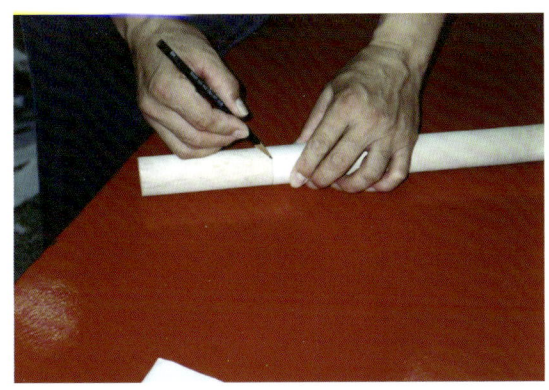

用铅笔沿纸边划线，

按照记号，放出1.5厘米作为榫头，将多余的部分锯掉。

沿记号线锯地杆，锯口深约为地杆直径的三分之一，不要锯断。

用刀将榫头外形劈出，

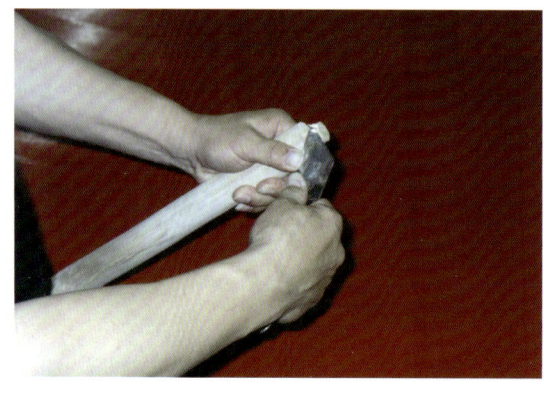

用小刀削出榫头。

②杆端装饰

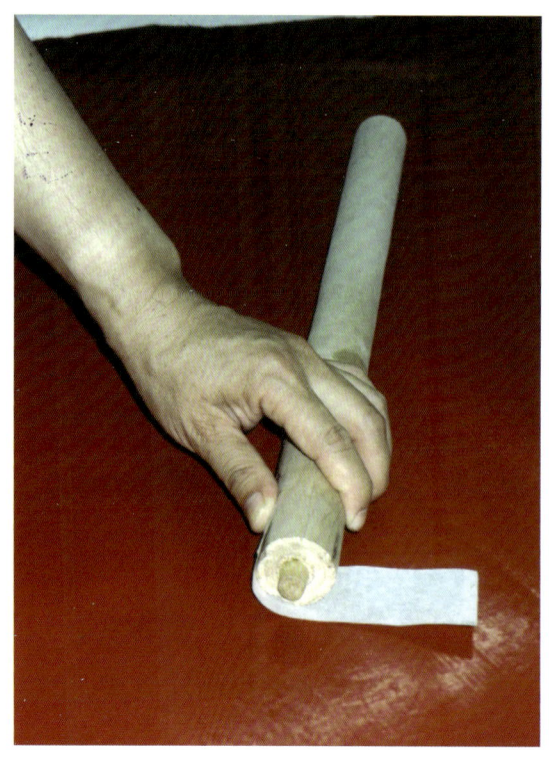

剪一块绫子条,颜色与裱件两边的颜色相同,托纸一面涂上浆糊,包在地杆两端。

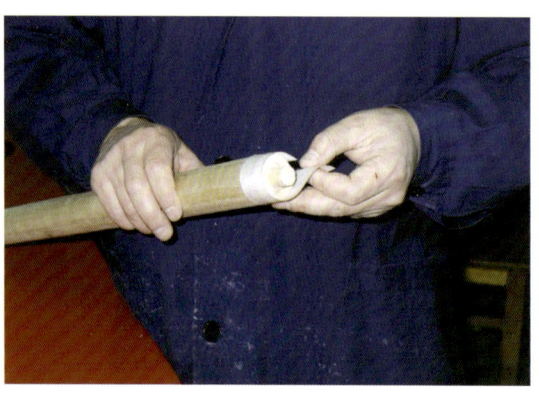

绫子条要留出1厘米左右,

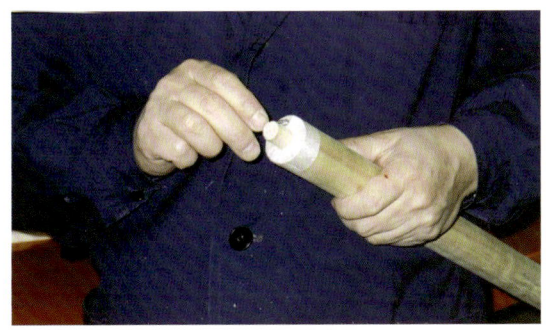 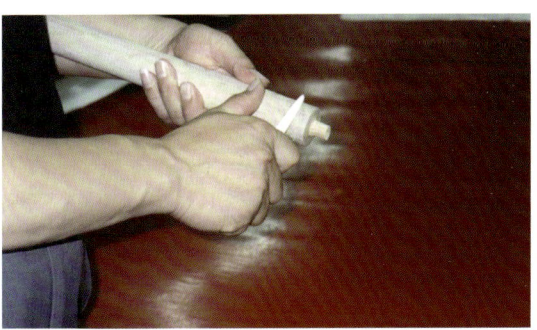

把余出部分的绫子折向槺轴,并刮平起皱褶。

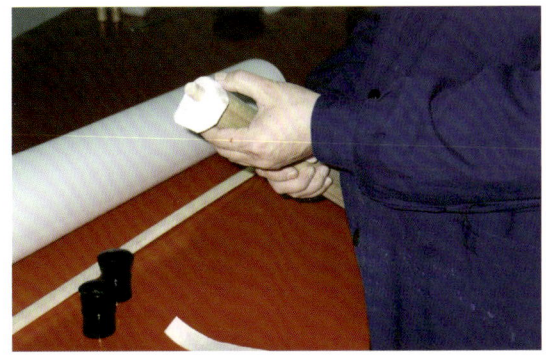

也可以用一块绫子中间剪个洞,托纸的一面涂上浆糊套在槺轴上,

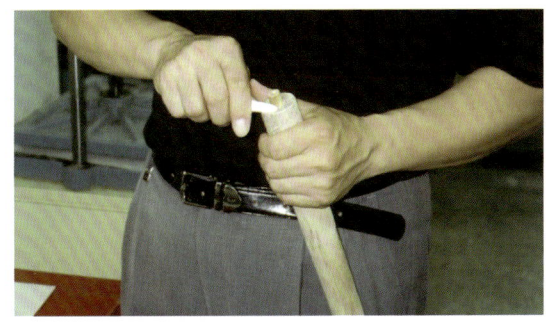

余边折向地杆,并推平皱褶。

③装轴头

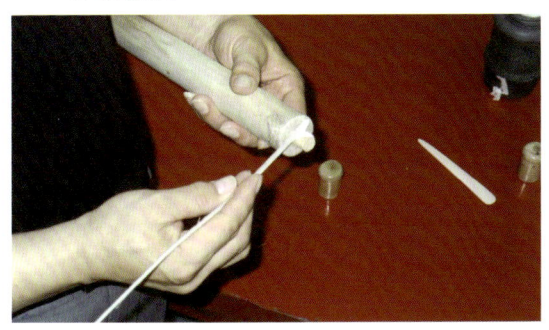 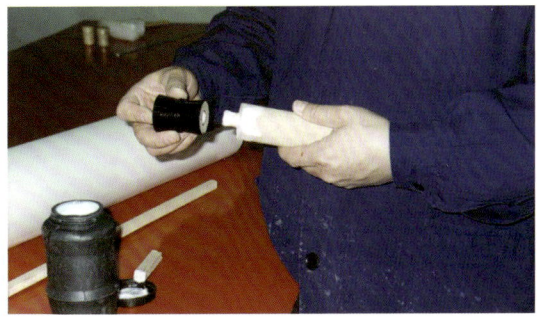

槺头上涂上胶,装上轴头。注意不要将轴头装歪、装偏。

④装杆

用夹口夹住地杆，检查地杆的长度是否合适。

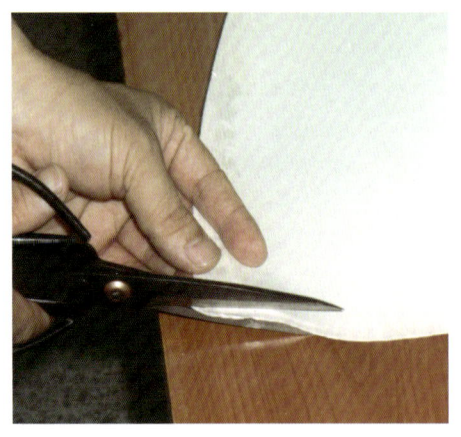

将褙纸上的夹口纸两侧用剪刀剪去少许，

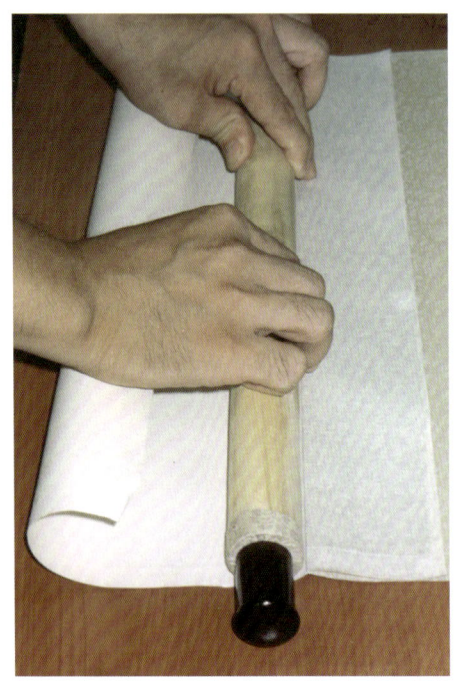

地杆和夹口连接处对齐，然后把地杆慢慢向下转，

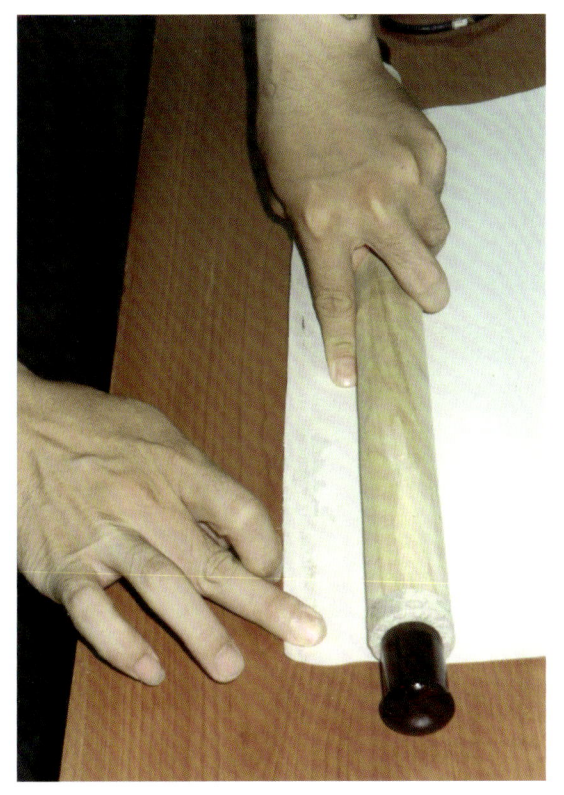

在夹口纸末端涂少许稠浆糊，

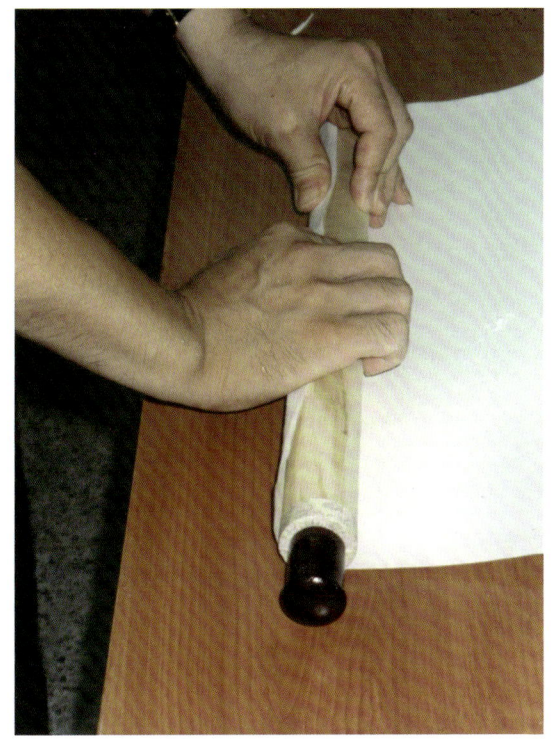

用夹口纸将地杆用包住，

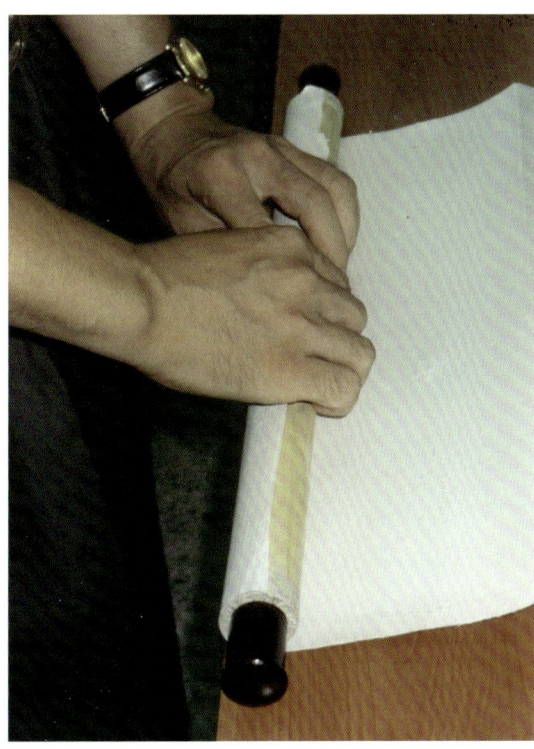

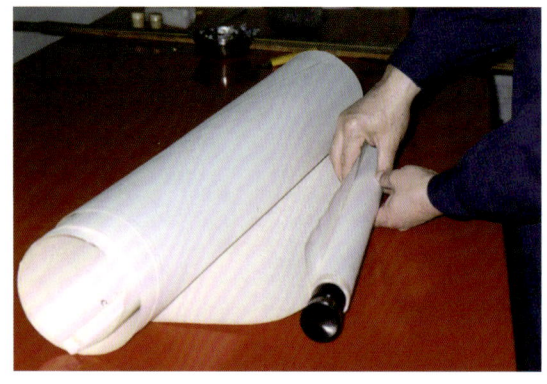

两手握住裱件,将裱件正面翻转向下,

左手压住裱件正面的夹口,右手握住地杆,将背面夹口纸拉直。

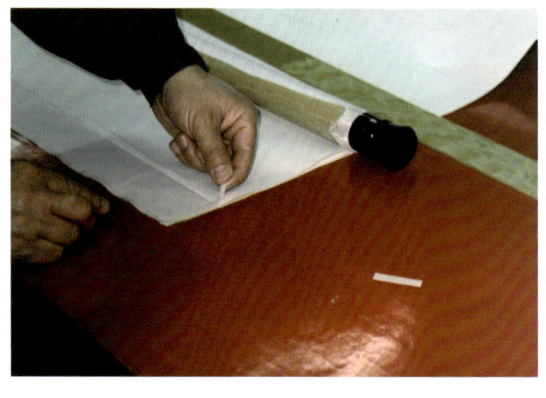

剪两小条绫子(俗称"吊死鬼"),在绫子面涂上浆糊,粘在夹口纸分界处。

将地杆慢慢向下转,将夹口纸和地杆卷紧。

将裱件正面翻向下，在裱件正面夹口边涂稠浆糊，

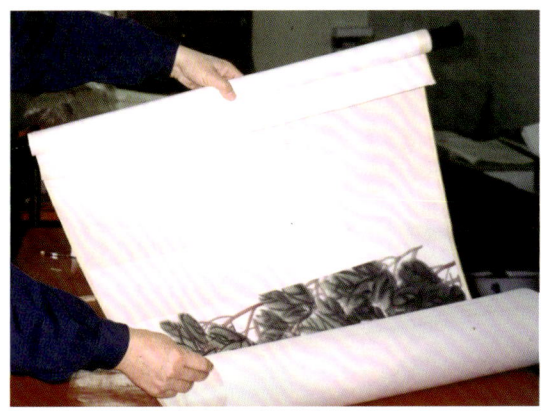

翻转裱件，

用夹口纸将地杆裹紧。

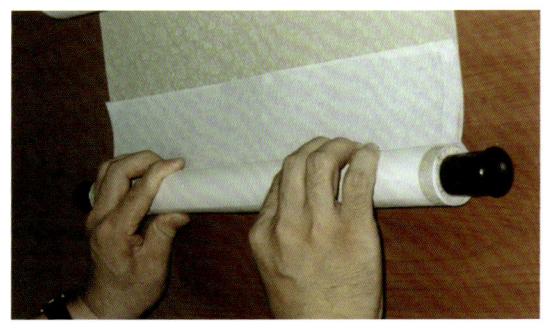

也可以在用夹口纸粘在地杆上以后，不翻动裱件，而是两手交替把地杆慢慢向上卷，卷到画芯与地脚接缝处停止。

将裱件正面的夹口向上折,夹口底下垫上塑料布,

在裱件正面的夹口边缘涂上稠浆糊,

用夹口裹紧地杆,

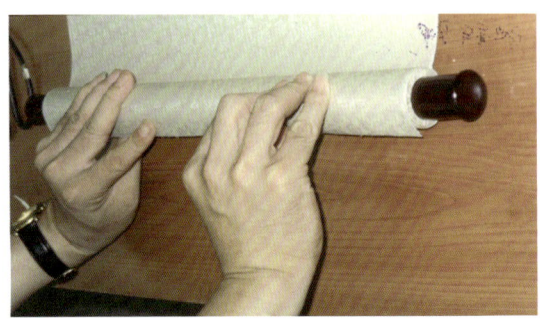

将夹口纸和地杆紧紧粘在一起。

（3）穿绳扎带

绦子绳和扎带。

①穿绦子带

用尺板、铅砣压在天杆下边，使天杆有挂圈的一边向上，

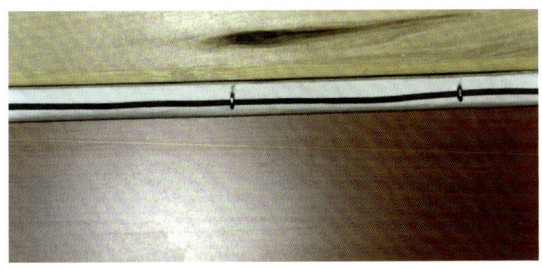

将绦子绳从挂圈中穿过，

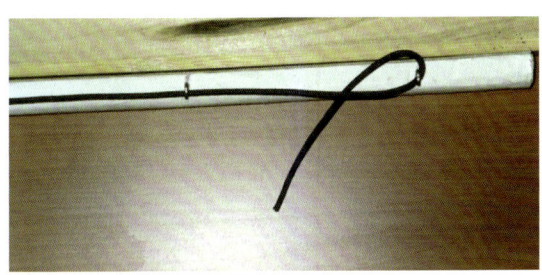

绳头折回从绦子绳下面穿过，

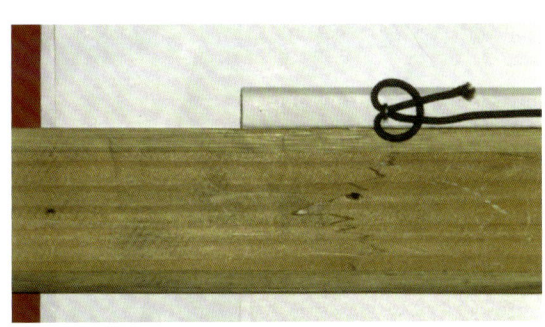

绦子绳绕挂圈一周后再折回穿过挂圈，注意绦子绳头不要留在裱件正面一侧，

将绦子绳拉紧。

②封箍

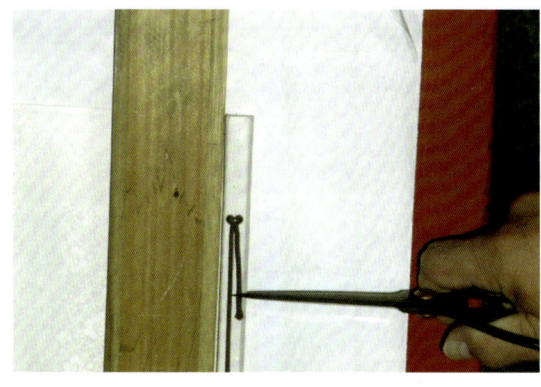

以两个挂圈之间的距离三分之一长度为准，剪去多余的绦子绳。

把绫子剪成细条并涂上稠浆糊，粘在绦子带头上，

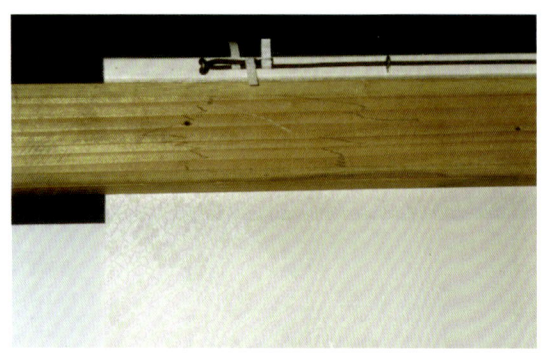

绦子带上一般要粘3个箍。绦子带头上一个箍，绦子带头和挂圈中间一个箍，两个箍中间一个箍。

封箍的绫子条要拉紧。

③穿扎带

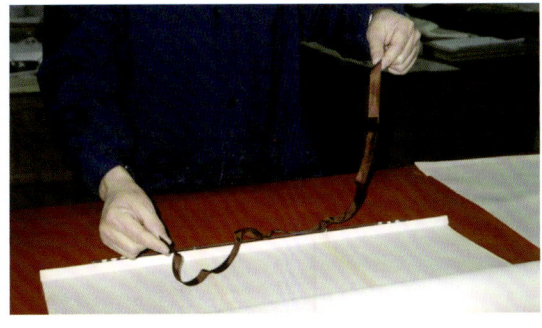

扎带一般长85厘米左右，穿进绦子带下。

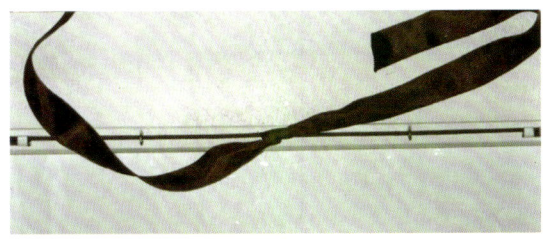

折回两头呈"8"字状，

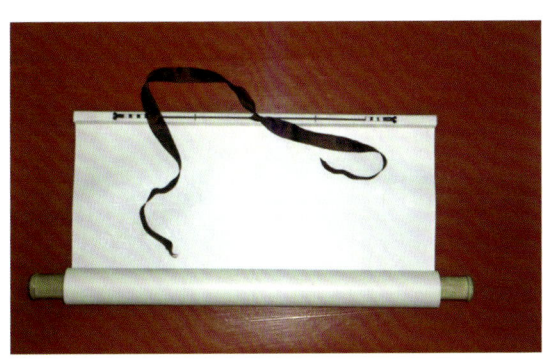

拉紧。

结好的扎带。

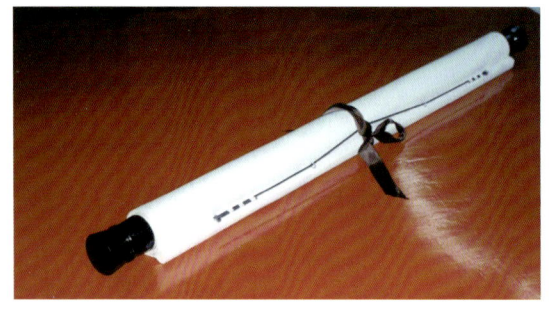

将裱件卷紧,用扎带绕紧,在天杆旁边打结,装裱过程结束。

④横披两边撑杆的装法

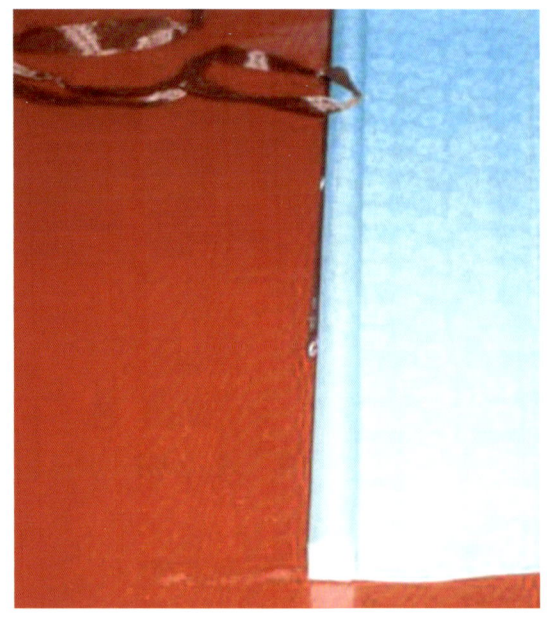

横披两边撑杆的装法和立轴的天杆装法相同,只是方向相反。

横披的地袢贴法。

装好的横披。

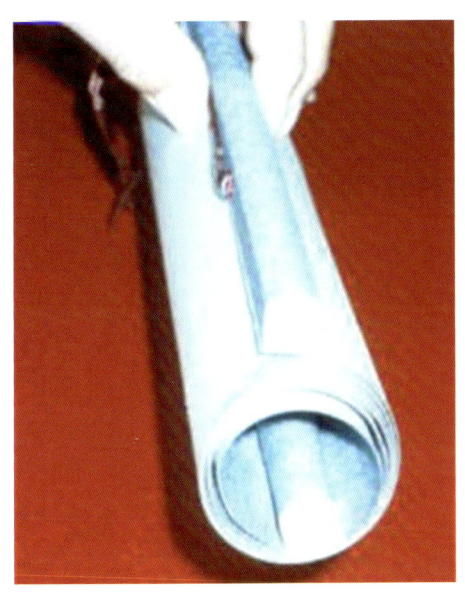

横披卷好后的端面。

五、装裱手卷

立置状态的手卷。

手卷带和玉石别子。

手卷的端面。

1. 镶

画芯加镶料的方法同裱轴。但是和装裱立轴不一样的地方，就是做工要精细。比如镶立轴时镶缝可以控制在3毫米左右，而镶手卷就要求镶缝都要在1.5毫米左右。再有，装裱手卷要尽量避免镶缝从上到下一气贯通，尽量避开上下两边的镶缝垂直相对。镶料不够长时，要"对花"，即两块镶料的花纹要对上；"碰缝"，即两块镶料的边缘要紧密连在一起。

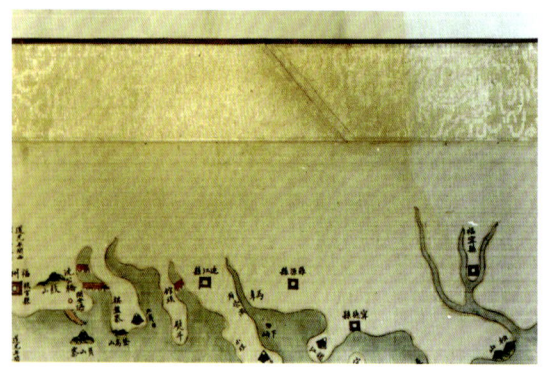

两块镶料的接缝处理。

（1）"小镶"

所谓"小镶"就是镶料比较窄小，一般镶料仅为1厘米左右。

（2）"大镶"

所谓"大镶"就是镶料比较宽，一般镶料在1厘米以上的都可以称为"大镶"。"大镶"的色彩富于变化，形式多变，可以演化出许多形式。

天杆、天头、分割天头和"迎首"的"隔水"。

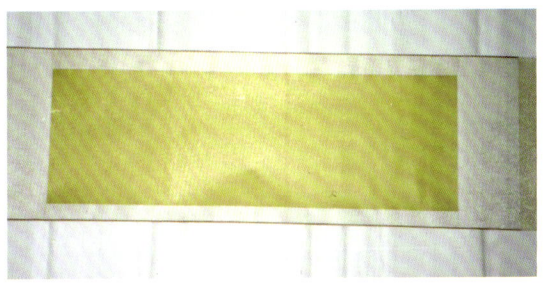

"迎首"和"隔水"，因位于画芯的前面而得名。

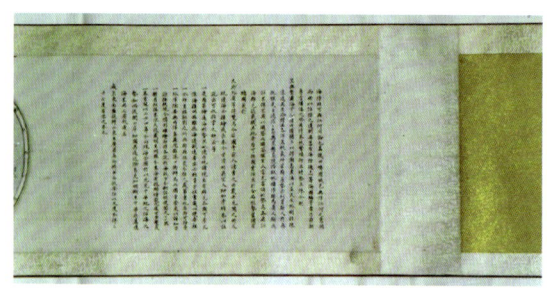

画芯前部和"隔水"。

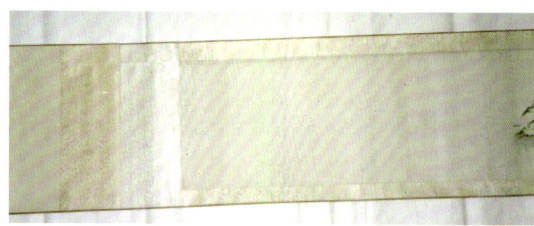

画芯尾部和"隔水"。

地杆。

2. 削手卷

一个手卷从齐画芯到镶上镶料以后，一般要削四次：在画芯四面裁方以后，先由尾向前卷起来，削一次。再从头至尾卷一次，用刀削齐。待镶好镶料以后，先裁齐一边，再按预定的尺寸扎眼作出标记，然后依标记裁齐整个手卷。同削齐画芯一样，镶好的裱件也要削两次。

传统的做法，画芯和镶料在托好以后要施用骨胶明矾溶液，这样在削平时画芯和镶料就会硬脆一点，容易操作，而且可以控制纸张遇水后的伸胀和干燥以后的收缩。但明矾对纸张纤维有很强的破坏作用，这点已经被科学试验所证明。因此在装裱字画时，特别是在装裱古旧书画时，千万不要使用明矾，以免对书画造成不可弥补的损坏。

3．撞边

除了"套边"和"转边"手法以外，撞边也是装裱手卷常用的手法。"撞边"的要点是先镶出天地，再将镶料折向画芯，镶料的边和画芯的边碰上"撞"在一起，技术要求比较高。由于"撞边"的镶料要折回，因此镶料的托纸要薄，而托画芯的纸要稍厚一点，以避免出现裱件卷起后天地两端又厚又硬的现象。

在裱件背面涂浆糊，将宽度为1.5厘米的绫子条正面向上粘在裱件的背面。

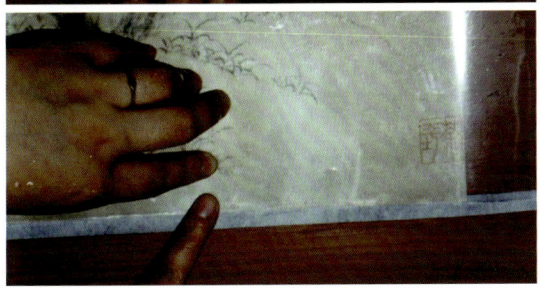

翻转裱件正面向上，在绫子条的背面涂上浆糊。

将绫子条正面向上翻，绫子边与画芯对齐，压实即可。

4．装包首

（1）配包首

包首一般长25厘米左右，根据裱件卷起后的外径周长可以适当加长或减短。高与裱件同。下脚一侧事先转好边。

包首背面涂上浆糊，天头部分留出3厘米左右保持干燥。

把包首和裱件的天头对齐粘在一起，

用针在包首超出裱件高度的部分作出记号。

（2）转边

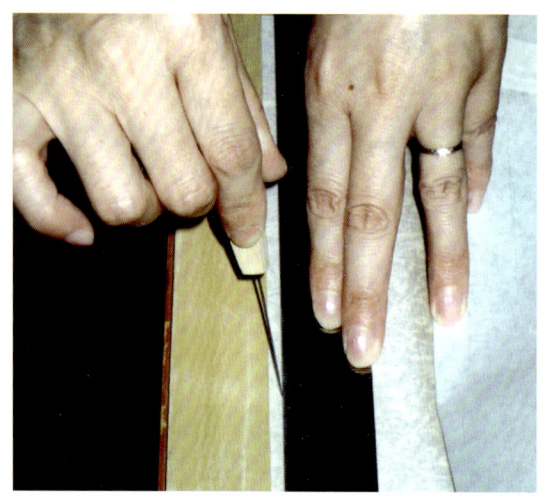

用针沿记号划线，将余边折回。

涂上浆糊。

（3）贴"过条"

即紧贴在包首后边贴一个2厘米宽的纸条，作为包首和覆褙的过渡。

按平，包首尾部加贴一张纸条。

（4）贴"废肩"

　用一条废绫子条贴在包首天地两边，上墙时固定包首专用。

上覆褙（略）。

5．装天地杆

（1）装天杆

①简裱手卷

在天头纸边粘一根细棍，

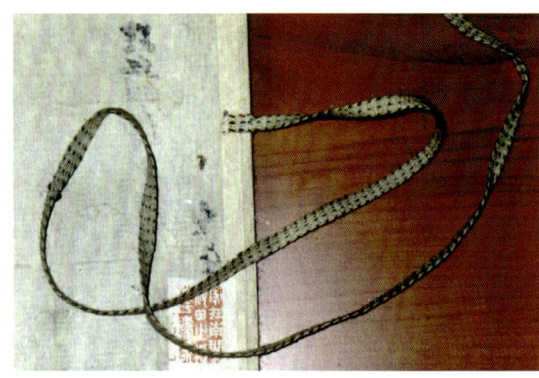

细棍的中部穿一根带，

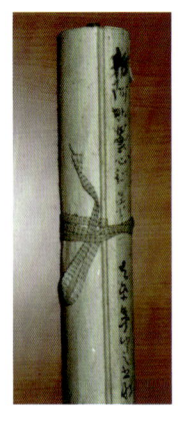

　　用带将手卷缠绕，手卷带的前端塞进带中拉紧即可。

②精裱手卷

　　如同裱轴上天杆的方法一样，在手卷的天头边上装上天杆。

事先在天杆上装一个铁丝或铜丝圈，

把手卷带的一头穿进圈内，用线缝牢。

（2）装地杆

①简裱手卷

将卷尾粘在地杆上即可。

注意地杆要与卷尾成90°角，否则手卷不容易卷紧、卷齐。

②精裱手卷

将磨圆磨光的轴片粘在纸卷上或细木棍上,

用手卷的卷尾包住、卷紧即可。

装好的手卷地杆。

六、挖 镶

挖镶就是先将画芯和镶料按照同样的厚度托好,上墙绷平,在镶料的适当位置按照画芯的形状和面积挖下一块,再把画芯嵌在镶料上的一种装裱方法。

1. 立轴挖镶

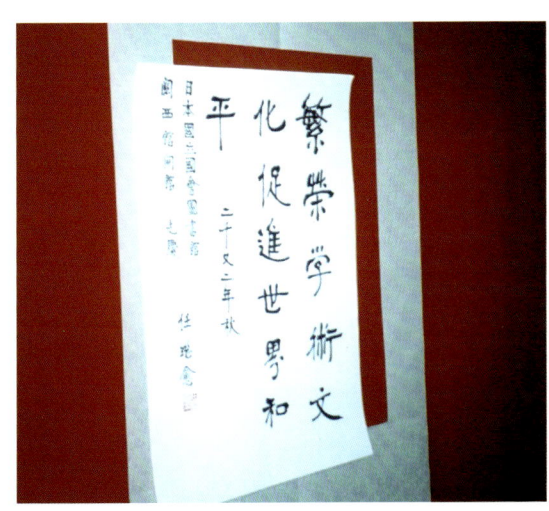

在一整块绫子上比照画芯长、宽各减去2—3毫米挖一个框,

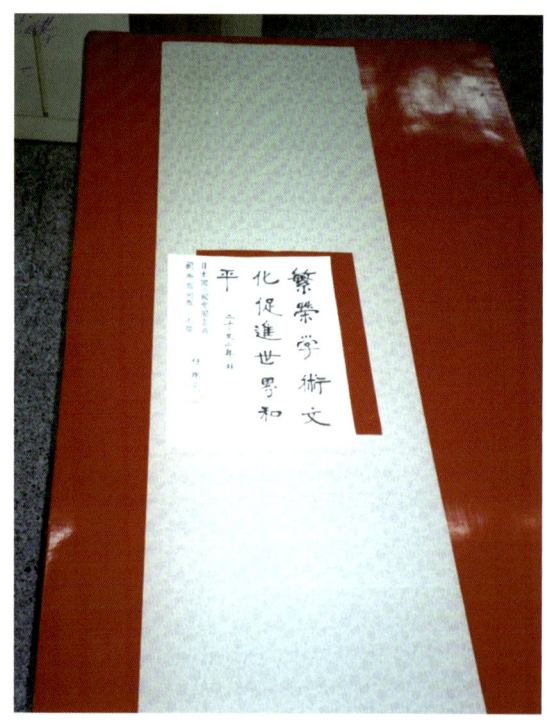

天、地的比例同立轴，

将画芯四边涂上浆糊，粘在绫子上。

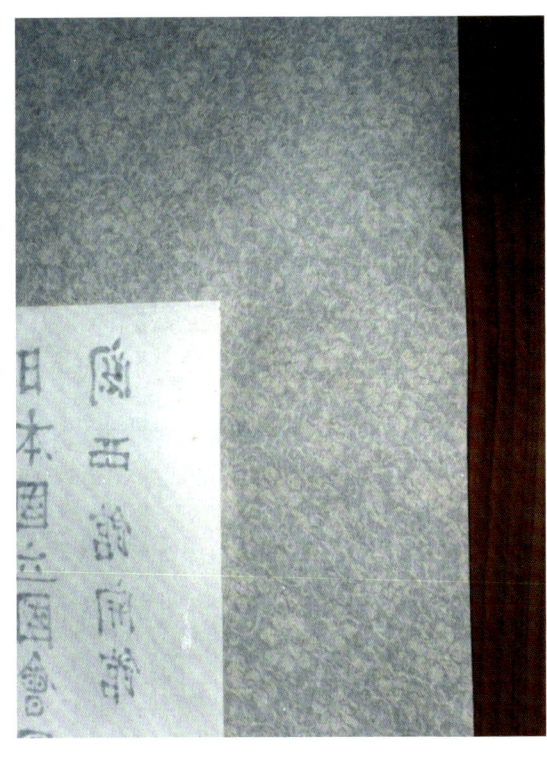

这种做法的优点是没有镶缝，裱件平整。

2．册叶挖镶

（1）托面纸

将两张染好的宣纸托在一起，

四边涂浆糊，

提离案面，

贴在木墙上。

（2）托墩子

在宣纸上刷上比较稠的浆糊，

覆上宣纸,

再刷浆糊,

至厚度符合要求为止。

将托好的墩子纸依次由下向上贴活动木墙上,

倾斜木墙，将墩子纸晾干。

（3）托芯

在画芯背面托纸上墙。

（4）挖面纸

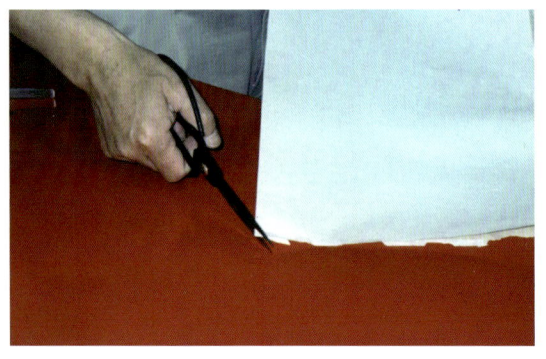

将面纸对折，在折印两端用剪子剪两个小三角，

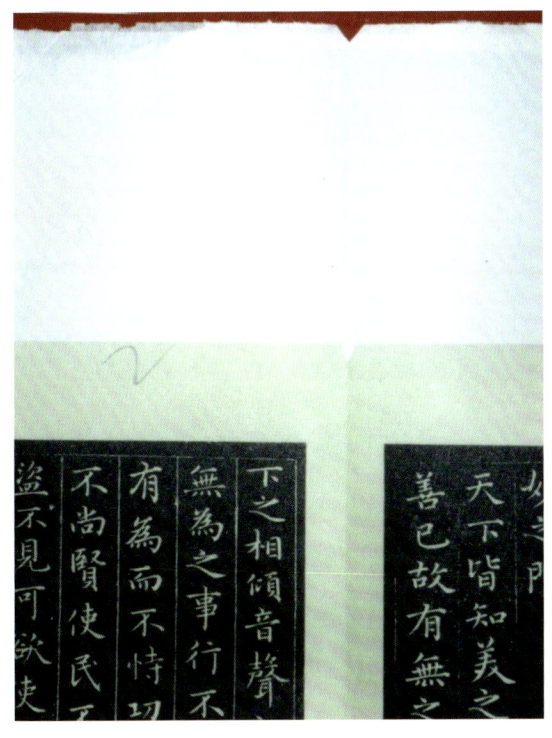

画芯对折，折缝线与面纸上的三角对齐，

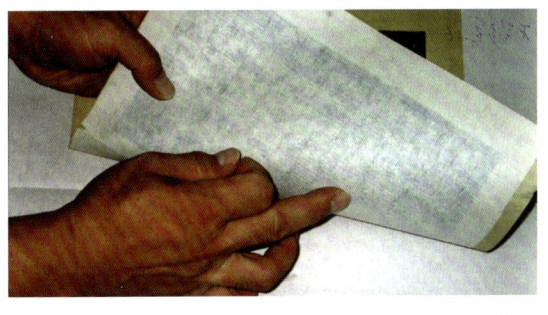

在画芯背面点上少许浆糊，越少越好。

待画芯背面浆糊干透，用尺子压住画芯，在画芯外沿下刀。

注意：千万不要将尺子压在画芯外面，在画芯上下刀。

将裁好的画芯与面纸框分离，

揭掉画芯背面的纸。

（5）镶嵌

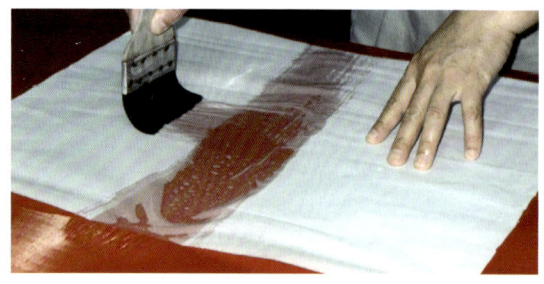

在墩子上刷上浆糊，浆糊要比上覆褙的浆糊浓一些。

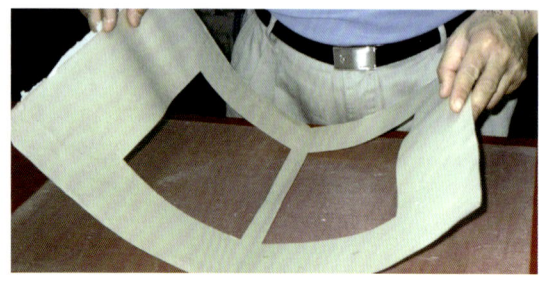

将面纸框对准墩子纸的中线，

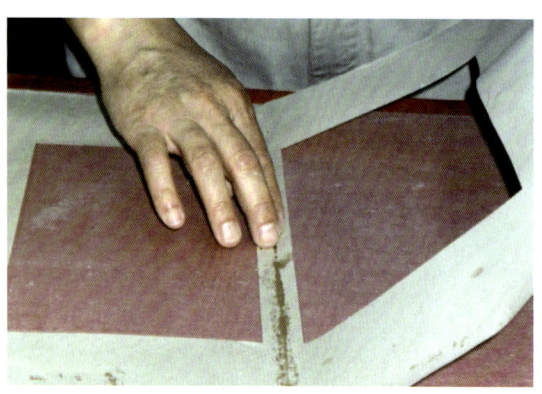

将纸框中间的"分身"轻轻压实，固定在墩子上，

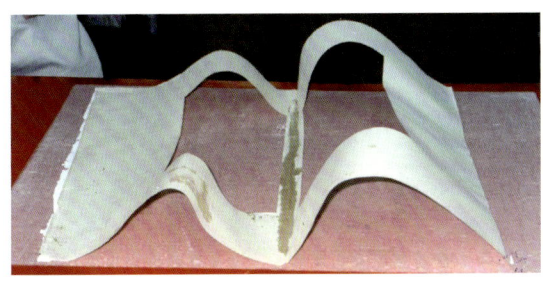

纸框两边翘起，

将画芯内侧靠紧分身纸，

用手抚平，

再将画芯周围的面纸框拉平；

再粘贴另一侧的画芯，

将面纸框全部拉平。

垫纸用棕刷刷平，吸去水分，

揭去吸水纸，

提起镶好的裱件，擦净浆糊，

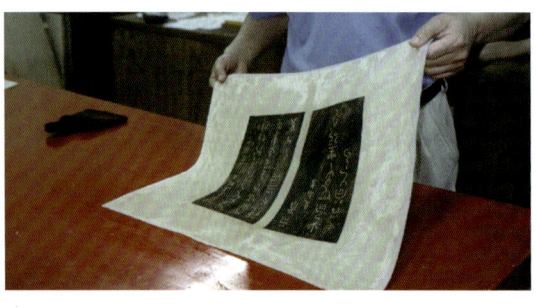

将裱件翻转，

用棕刷刷平,

四周涂上浆糊。

上墙绷干、下墙折叶、齐下脚等同"五镶蝴蝶装"。

3. 扇面挖镶

（1）折扇扇面挖镶

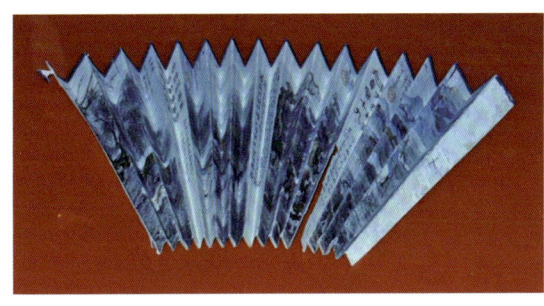

刚刚从扇子上拆下来的扇面。

扇面的正面。

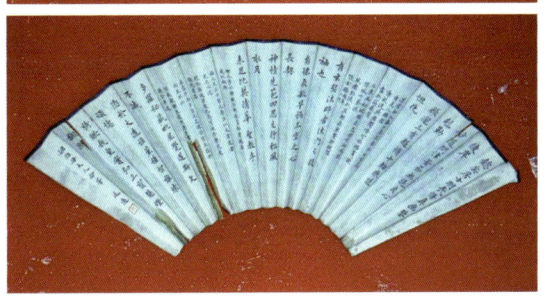

扇面的背面。

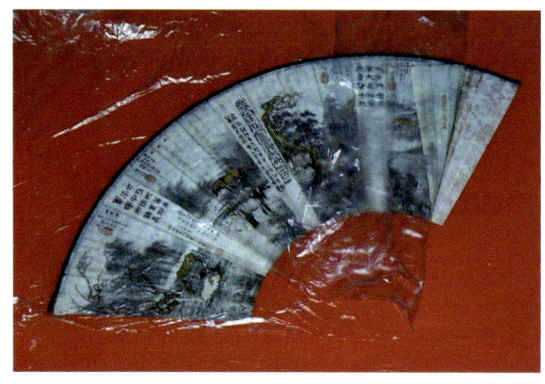

扇面下垫上塑料布,用水浸泡。

将扇面的正反面分离。

将扇面的正面补好。

将扇面的背面补好。

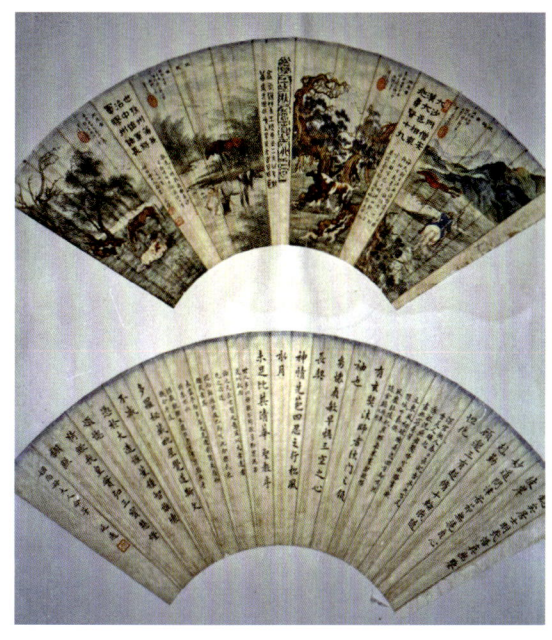

将扇面正反两面边缘剪齐，

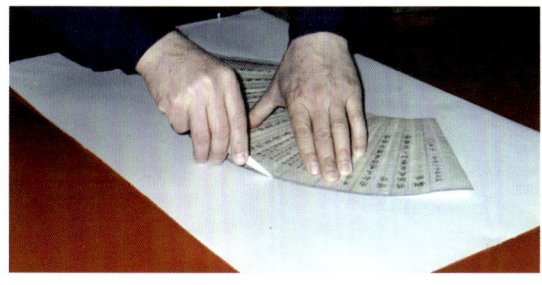

在面纸上用轧子画线，

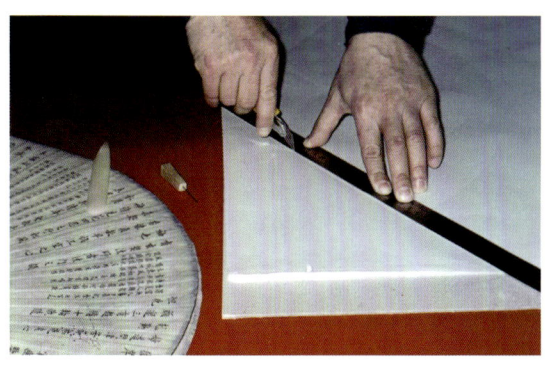

切齐两边，

剪出扇面上边的弧线，

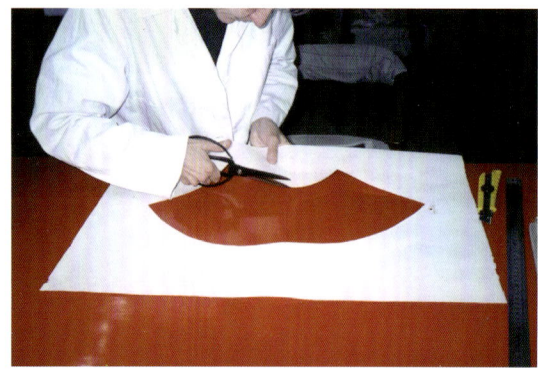

剪出扇面下边的弧线，

检查面纸框和扇面四边是否严丝合缝。

将面纸框和扇面粘在墩子上，上墙、下墙及以后动作见"五镶蝴蝶装"。

（2）团扇扇面挖镶

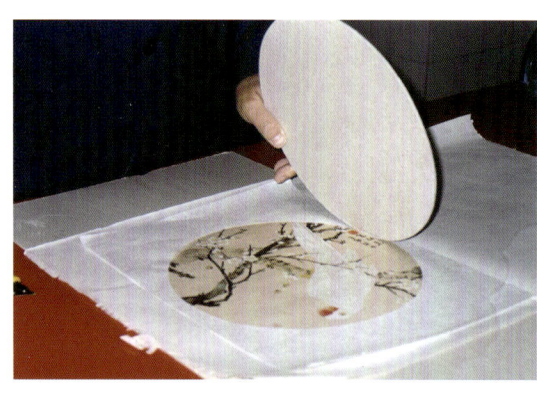

挖镶圆光要先准备一个和圆光面积相同的硬纸板，

按硬纸板的边缘在面纸上画线，注意在画芯上下做出比较明显的记号。

　　将画芯镶在墩子上，动作同"五镶蝴蝶装"，注意画芯一定要对齐划线时做出的记号放正。

　　折叶时先对折，再以圆光的最低点为准，扎眼。

　　裁齐下脚。

　　其他动作见"五镶蝴蝶装"。

七、五　镶

　　因两幅画芯裱在一起时用五个绫子条或纸条接镶在一起，所以称作五镶。因采用书籍蝴蝶装的形式，所以叫五镶蝴蝶装。

1. 五镶蝴蝶装

（1）托芯

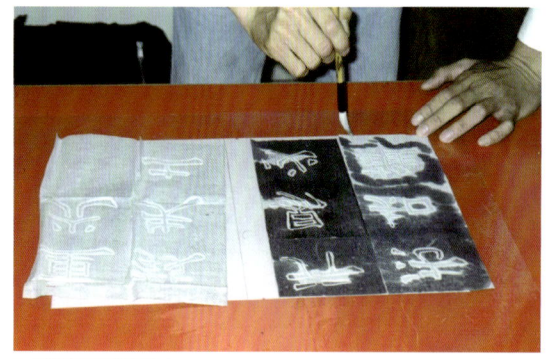

拓片下垫上一张塑料布，塑料布下放一张画好框子的纸，框子的规格以单幅拓片面积最大的为准。单幅拓片面积比框子小的，取中放正，四周用裁切拓片剩下的余边或者墨纸补齐。然后在拓片上涂浆糊，同托整张拓片一样，注意要先从无字的地方涂浆糊，将拓片固定以后再在有字的地方轻点浆糊，直至拓片上涂满涂匀浆糊。

补墨纸条。

 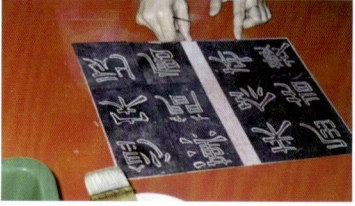 

镶中间分身纸条，搭口控制在1毫米左右。

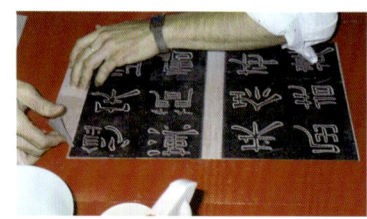  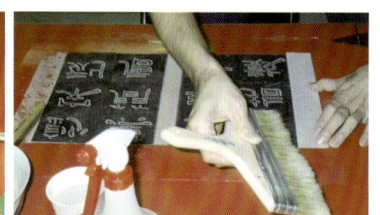

镶两边。

镶天地。然后在镶好的所有纸条上涂上浆糊。

（2）上褙纸

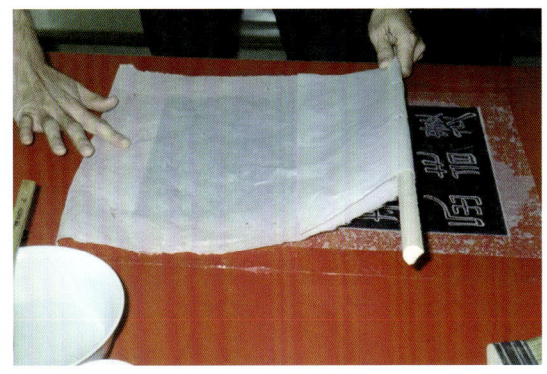 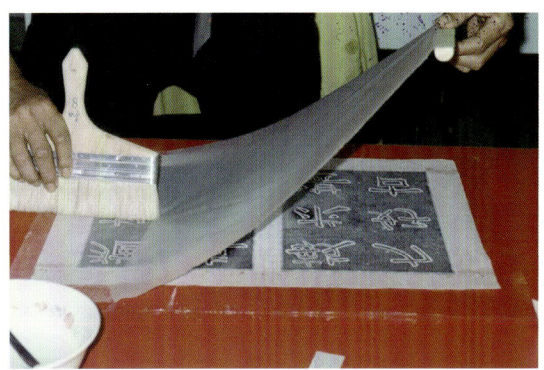

用棕刷将刷好浆糊的褙纸粘贴在镶好五张纸条的拓片上。

用干纸吸去一些水分。

揭起拓片下的塑料布，将拓片翻转。

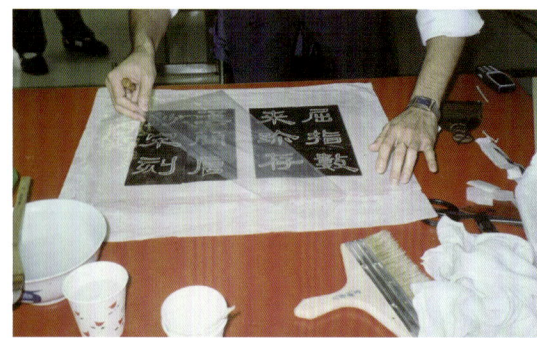

揭去塑料布。

（3）拍浆

将拓片正面向下在裱案上展平，

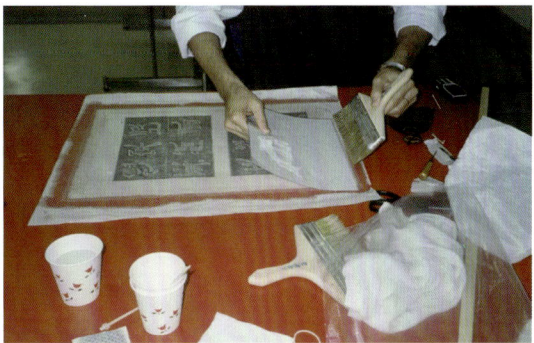

在四边刷上浆糊。

（4）上墙

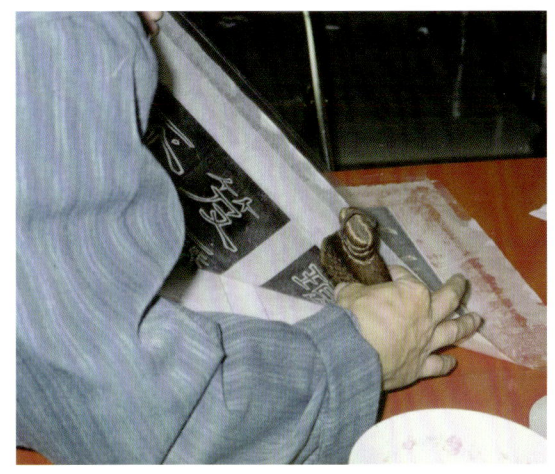

将托好的拓片贴在木墙上。

也可以连塑料布一起上墙，待拓片贴实后，再揭下塑料布。

下墙（略）。

（5）折叶

①裁齐下脚

先将裱好的拓片下脚裁齐,用骨制轧子在中间画线。

按住尺子,慢慢将拓片的一侧掀起,

将拓片对折,轧平折口。

②对折

先将拓片折对好,然后再用丁字尺靠齐折口,用针锥扎眼,确定下脚的位置。

裁齐下脚。

（6）粘叶

①借助工具

将折口和下脚在框板上靠齐，在拓片的另一侧涂少许浆糊。

将一册拓片粘接在一起。

②手工操作

将拓片的折口和下脚撅齐，

将拓片折口部分用重物压住，掀起两层，露出单张拓片的背面。

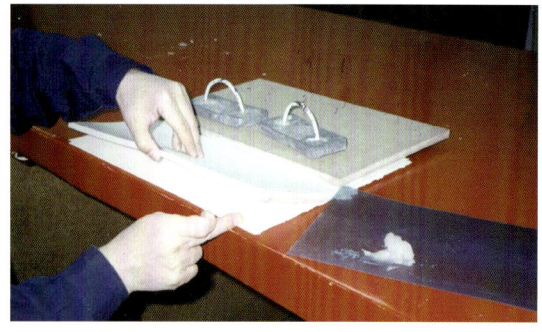

在与拓片折口相对的一侧涂少许浆糊，将所有的拓片粘连在一起。

裁切（略）。

2．推蓬式册叶

装裱方法同上，只是画芯的排列方法为上下排列。

打开时的情形。

推蓬式册叶侧视效果。

推蓬式册页外观。

3. 五镶经折装

是将几幅画芯裱在一起，由于两幅画芯裱接在一起时用五个绫子条或纸条接镶在一起，所以称作五镶。因采用书籍经折装的形式，所以叫五镶经折装。五镶经折装和五镶蝴蝶装的区别，就在于在装裱五镶蝴蝶装书籍时，每次以两幅画芯裱在一起成为一开（一叶），而在装裱五镶经折装书籍时，每次要把两幅以上的画芯装裱在一起成为一个长条行状，一般为二至三开半，经过左右均匀折叠，再将数条书叶粘联在一起。如果将书叶全部打开，经折装的书叶是可以全部展开放平的，而五镶蝴蝶装是做不到这一点的。

（1）开条

拓片原件。

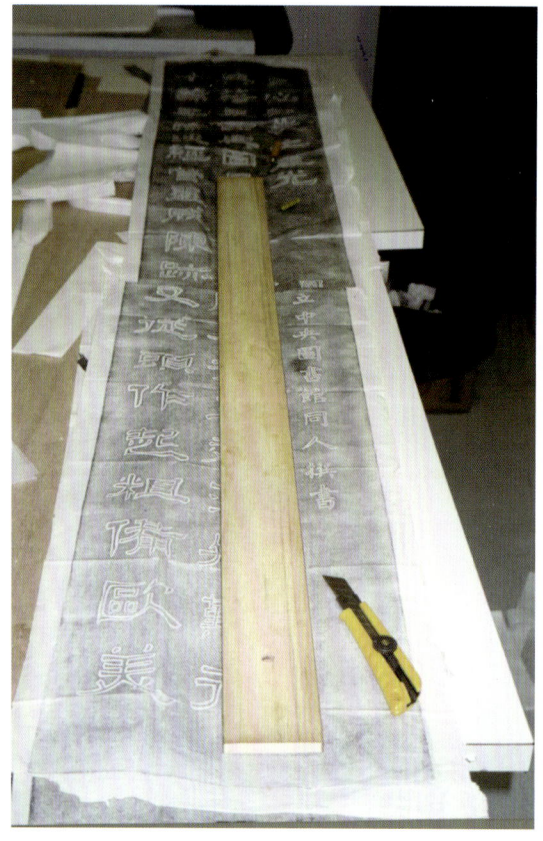

确定裁切位置。

裁切。

　　将整张拓片按文字顺序自上而下裁开成数条，

测量各条的尺寸，尽量取齐，

再按需要裁成小段。

（2）画样

在纸上画出统一的拓片规格。经折装拓片一般5个单张或7个单张裱在一起，这样在粘连成册的时候，接口可以左右分开，保持平整。

把画好拓片位置的纸喷水润湿，展平固定在裱案上。

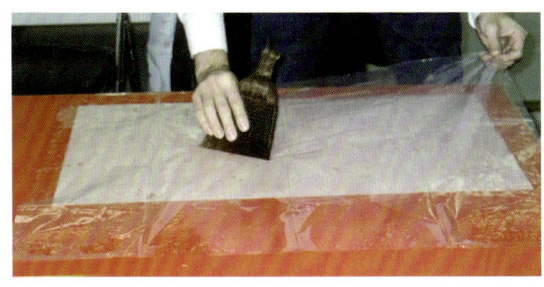

再加一层塑料布，刷平。

（3）排芯

将分割开的拓片按顺序排列在塑料布上。

（4）刷浆

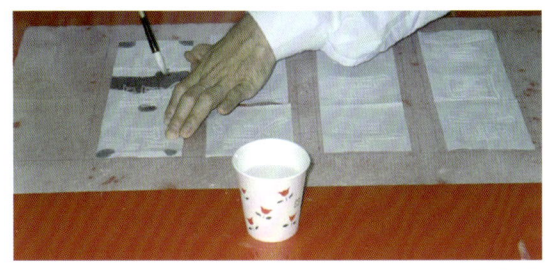

先把浆糊刷在拓片背面无字处，

将拓片背面全部涂匀、涂满浆糊。

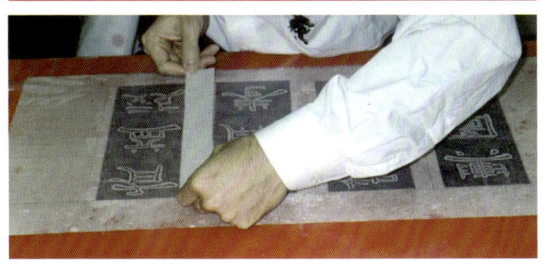

用纸条镶接拓片之间，然后镶天地，动作同"五镶蝴蝶装"。

上褙纸、上墙、下墙（略）。

（5）折叶

折叠经折装书叶的专门工具。

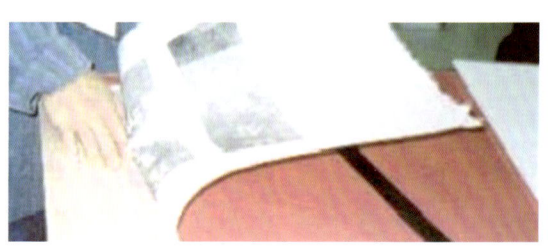

左右连续折叠。

切齐下脚，

撑齐。

（6）粘连书叶

垫塑料布，

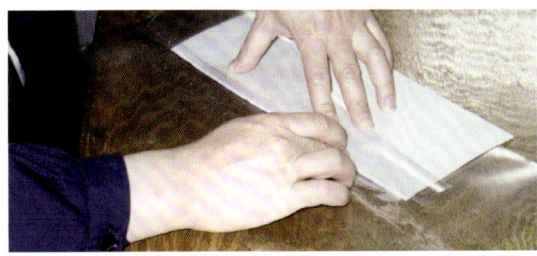

涂浆糊，

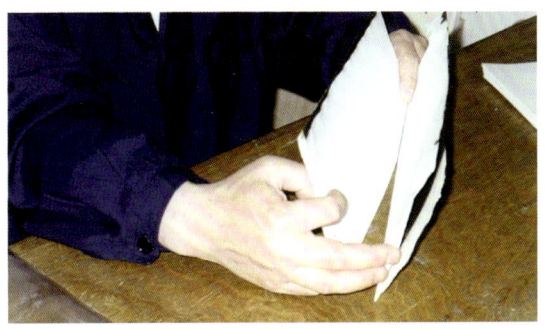

撤齐，粘实。

粘连好的书叶。

展开连接在一起的书叶。

压平以后，就可以裁切了（略）。

（7）装书皮

①制作封面

裁好锦或布，其长和宽均比纸板的尺寸增加2厘米左右。

在锦布上涂上浆糊，

将纸板放在锦布上，剪去纸板外余边的4个角。

也可以将浆糊刷在纸板上，

将锦布放在纸板上，

将露在纸板外锦布的4个角剪去，

再在四边涂上浆糊，

用布的余边将纸板包住。

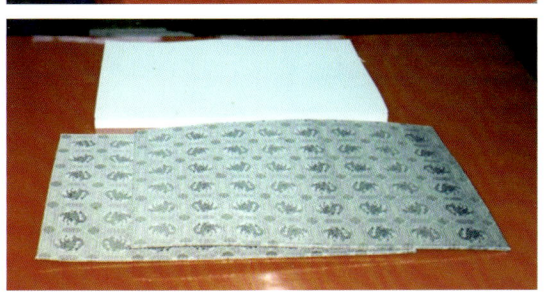

每册书籍准备两块硬纸面板。

②书芯加硬书皮

书芯四周涂上宽1厘米左右的稠浆糊，

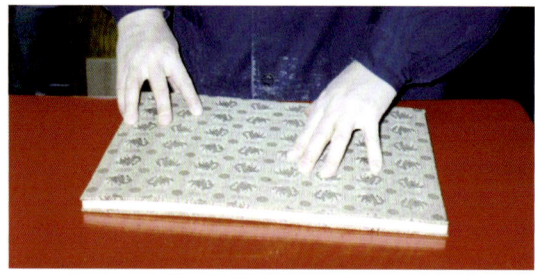

将书皮盖在书芯上，对齐、压实即可。

装有硬书皮的经折装书籍。

（8）贴签

在适当位置贴上书签。

　推蓬式册叶书签贴在封面的中间，靠近天头。而五镶蝴蝶装、经折装的书签贴法同线装书籍（略）。

第八章

拓片的装裱与修复

一、拓片基本知识

1. 什么是拓片

文献中最早出现有关"拓"记载的，要算是南北朝时期虞和的《论书表》了："由是拓书悉用薄纸。"《南部新书》中也有记载："兰亭者，武德四年，欧阳询就越访求得之，始入秦王府。麻道嵩奉教拓两本，一送辩才，一王自收。嵩私拓一本。"

传世最早的拓片，应该是从敦煌遗书中散出的唐代著名书法家欧阳询所书《化度寺故僧邕禅师舍利塔铭》（简称《化度寺碑》）的拓本。由于历史的原因，这件稀世之宝被分为两部分，分藏在英、法两国。

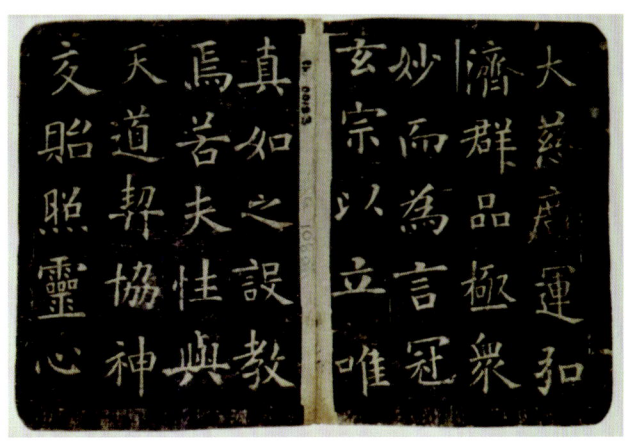

拓片的制作过程是这样的：先用浸透水的纸覆盖金石器物，再用棕刷等工具使纸紧紧贴在器物上并充分显现出器物上的文字或图像，待纸上的水分蒸发到一定程度，用墨、朱砂等材料在纸上打、擦，拓印出器物上的文字、图像；等纸完全干透后，从金石器物上揭下的拓有文字、图形的纸就是拓片，也就是石刻资料的拓本。

因为在拓碑的过程中，要用刷子把浸匀水分的纸打进碑文字口中，再用"扑子"蘸墨一下一下地在纸上擦墨，动作就像在打碑，所以也有人把拓本叫做"打本"的。

2．传拓的方式

根据使用颜料的不同，拓片可分为"墨拓"、"朱拓"、"蓝拓"。顾名思义，"墨拓"就是用墨在纸上拓出文字、图像。"朱拓"、"蓝拓"是用朱砂或蓝颜色在纸上拓印，也可以把颜色融入石蜡中，在纸上擦拓。

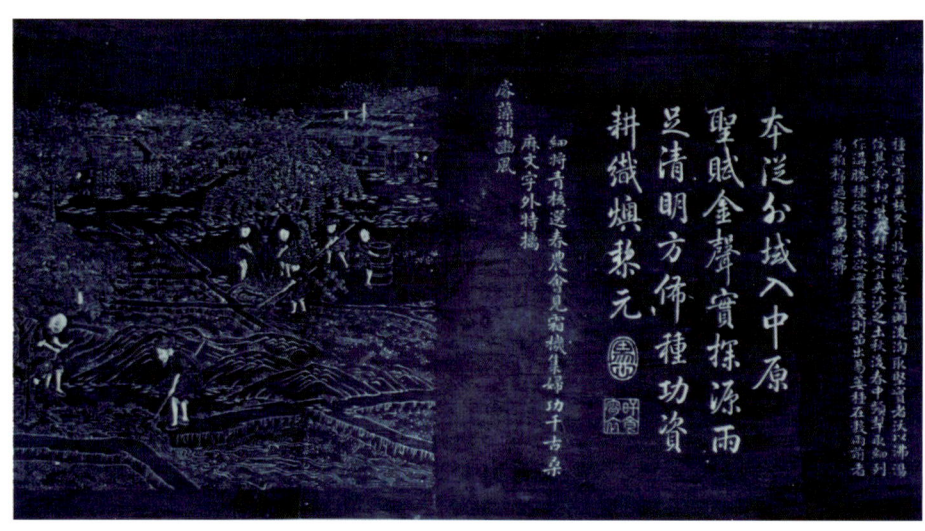

蓝拓

朱拓

墨拓还可分为"蝉翼拓"、"乌金拓"。用匀净的淡墨拓出器物上的文字图形的拓片就叫"蝉翼拓"，墨色深黑且有光泽的拓片就叫"乌金拓"。

拓片的拓法，南北方存在着差异。北方拓碑一般用长毛刷把纸打入碑文的字口里，而在南方，拓碑时要用棕刷将纸刷入字口。这种差异表现在拓片上，就是使用南方拓法拓的拓片一般比用北方拓法拓的拓片光洁，仅用墨就能把拓片拓得非常光亮。而用北方拓法要做到这一点，就要在拓片接近完成时在墨里加一些鸡蛋清和其他材料了。

3. 拓片的种类

拓片按照所拓文字载体划分,可分为三类:

(1)甲骨拓片

殷商时期,人们在利用龟甲(腹甲)和鹿、牛等野兽骨的肩胛骨进行占卜时,把文字用刀刻在龟甲和兽骨之上,这就是甲骨文。把甲骨上的文字传拓下来的拓片就是甲骨拓片。

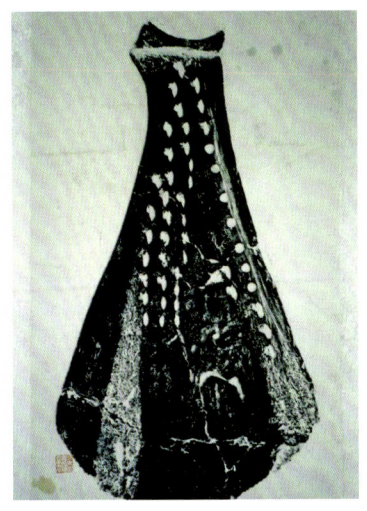 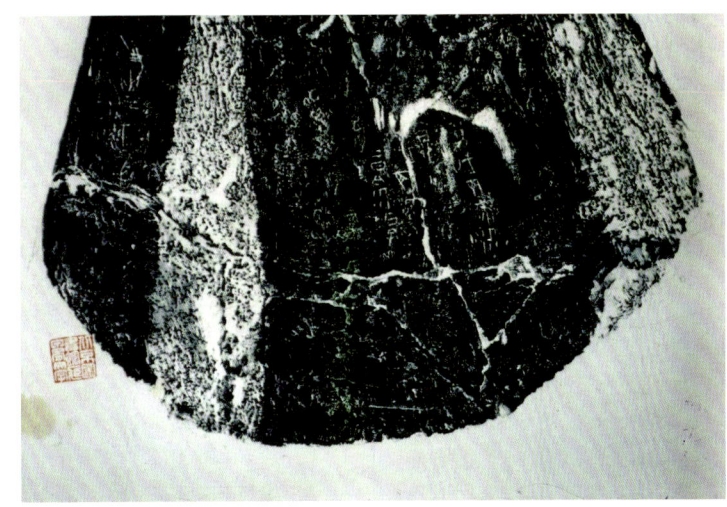

兽骨拓片 拓片局部

(2)器物拓片

包括金银铜铁等各种材质制成的器物,以青铜器物为多。青铜器物上的铭文历史上就叫作金文。由于金属器物多是实用器具,铭文很少铸在一个平面上,拓片的制作就更有特点,也更困难。

（3）石刻资料拓片

石刻资料拓片是将摩崖、石碑、墓志等刻有的文字传拓下来的拓片。在所有的拓片中间，石刻资料拓片的数量大概是最多的。

4. 拓片的版本

由于石刻文献年代久远，且大多数曾在荒郊野外，风吹、日晒、雨淋，自然的锋刀利剑把多数石刻文字磨毁殆尽。石刻文字的拓本拓得早，字迹就清晰，反之，字迹就模糊。因此，同一石刻资料的拓本就有一个版本先后的问题。

（1）原刻本

即是石刻文字的原石拓本。拓制时间最早的叫初拓本。按照年代的顺序，有宋拓、元拓、明拓、清拓等名称。

（2）剜刻本

石刻文字是刻在石头上的，时间一长，由于风化的作用，石头表面就会出现"爆皮"现象，石刻文字的笔划就会逐渐变浅、变细而失真。为了恢复石刻文字的原貌，有人就把石刻文字全部重新剜刻一遍，把字口挖深。这以后拓的拓片，就叫做剜刻本。为了区别拓本的先后，人们还形象地把剜刻前的文字笔划较细的拓本叫做"瘦本"，把剜刻后文字笔划较粗的拓本叫做"肥本"。唐颜真卿、柳公权、欧阳询等书法家有名的一些碑刻，都先后被剜过。

（3）翻刻本

石头尽管很硬，但也会损毁。依原来的拓片再重新刻一块石头（也有在木板上刻的），就是翻刻。这时再拓的拓片，就是原来石刻文字的翻刻本。

5. 拓片的修复

（1）修复原则

评定修复工作的优劣，最根本的一条就是"整旧如旧"。即是指拓片经过修复以后，还保持着原来的特点和装帧,拓片的资料价值、文物价值没有因修复而受损失。要做到这一点,就必须保证在拓片修复过程中选择正确的修复措施。也可以说,修复措施的选择,直接关系到拓片修复的质量。

（2）修复方法

托、揭、裱、衬。

（3）修复时注意事项

不可"跑墨";

注意保持残、泐痕迹的完整;

注意保持字口原貌;

注意保持拓片的平整。

6. 拓片的装裱方法与装裱形式

（1）装裱方法

拓片的面积大小不同,装裱方法也不一样。

①整张拓片的割裱

就是把一张完整的拓片,按照石刻文字的行文方向,逐行用剪刀剪开,再按照一定的规格把文字重新排列,装裱起来。这样,一幅面积很大的拓片,就被切割成若干小块,然后装订成册,供人鉴赏了。但是,割裱这种方法对于拓片的保存来说,并不是一种好的方法。这是因为:

第一,破坏了石刻拓片的完整。经过割裱的拓片,看不出石刻拓片原来的长和宽,可以说已经面目全非了。

第二,割裱破坏了石刻文字的书法美。石刻文字的书法美不仅体现在个别字的书写上,它整篇文字的布局、行款的设计以及"行气"都是石刻文字的书法美学不可分割的部分。

第三,割裱破坏了石刻拓片的资料完整性。石刻拓片是石刻文字忠实的记录,拓片上除了文字以外,还有许多没有文字的地方,包括"石花"、泐痕、花纹等等。但在割裱过程中,这些文字以外的东西,往往被割掉,仅保留了文字。这样,就不能完全反映石刻文字原来的面貌。再有,由于石刻文字一般都是刻在石头上,字迹是凹下去的。反映在拓片上,字迹部分也是凹下去的。如果在裱的过程中,把字迹部分"抻"平了,原有的石刻文字的粗细和宽窄就会失真。

②托

就是在拓片背后涂上稀浆糊,托了一张手工纸加固。这样做的好处是拓片平整。但也有缺点:由于拓片背后托了一层,拓片变得硬挺,虽然平整,也保留了拓片的原样,但是托过的拓片一般都是折叠起来保存,每翻看一次就要打开、折叠一次,看过几次过后,拓片折叠线交叉处就会出现破口,并不很理想。

③裱轴

是在托的基础上,拓片四周经过裁齐以后,再镶上绫、绢等丝织品,再次裁齐四边并折回2毫米左右。天、地上好夹口,贴上绫褙或上包首,再上覆褙。上墙绷平、下墙砑光,剃边,装天、地杆。

这样做的好处是：拓片平整，展阅、卷收方便。

缺点：拓片经过托纸、镶绫、绢，再覆上褙纸，好看是好看了，但从对书籍的保护方面来说，不如不裱。因为书籍经过装裱以后，书叶变厚、变硬。卷收起来以后，拓片后粘贴的褙纸拉得很紧，里边的拓片却紧紧地蜷缩着。如果用一个笔记本做一个实验，就能明白这个道理。当把笔记本平放时，笔记本的四边都是整齐的。而当把笔记本固定的一侧作为轴心把笔记本卷起来的时候，就会发现笔记本与轴心相对的一侧纸边不再是整齐的了，而是呈现斜坡状，越靠近轴心，纸边伸出越长。如果把笔记本书口部分固定起来，这时再卷起笔记本，就会发现轴心的纸页是卷缩着的，而且是卷得越紧，卷缩得越厉害。这个例子说明，在拓片裱成轴卷起以后，拓片就被卷在最里面，被强迫卷缩着。时间一长，不是裱纸和拓片分开，就是拓片不堪长时间的蜷缩而断裂，装有卷轴的拓片裂口总是和卷轴基本平行，就是有力的说明。

再有，有的拓片横长，被装裱成手卷，问题就更多。因为纸张纤维吸水后就会膨胀，纸张的长度和宽度都会"胀出"，待干燥脱水后又会"收缩"，这是大家都知道的。装裱过程中经常使用的传统手工纸也是这样。为使拓片在装裱过程中，纸张伸缩的幅度不要太大，就需要控制纸张的伸缩，降低纸张的伸缩率。通常的办法是在装裱用纸及书叶上施加胶矾溶液。而实践证明，矾对纸张纤维结构的破坏是非常严重的。施过胶矾的纸张耐折能力大大降低，时间稍长纸张就会变色、酥脆老化。这一点在古书的装订和古画的装裱上最能说明问题。中国书籍装订时不用胶矾，宋代以前的书籍流传下来的还有很多，不少图书馆、博物馆都有收藏。特别是在20世纪初发现的敦煌遗书，其中有不少是唐代书籍，有些甚至是晋代故物，都保存得很好。但宋代字画存世就很少见了。其原因之一，主要是在字画的装裱过程中，施加了胶矾的缘故。加了胶矾，纸张（或绢）就会变脆，时间稍长就会断裂。断裂后就再修，再施加一次胶矾——长此以往，字画就损失殆尽了。修复的本来目的是延长文献的使用寿命，施用胶矾反而会加速其损坏，这是修复时始料不及的。

④镶衬

就是在拓片的背后衬纸。具体做法是这样的：先在拓片的四周镶一圈7—8厘米宽的宣纸条，再在拓片背后覆盖一层比拓片宽些的宣纸，余边折回粘在拓片四周的镶条上。这种做法操作简单，节约了修复的时间，使用的材料也很有限。用这种方法处理大幅或巨幅拓片，效果特别好。

（2）装裱形式

①裱轴

主要用于整张拓片的装裱。

②册页式

a 经折装

主要用于帖的装裱。这种帖一般都按照一定的规格刻字，在拓片的背面托1—2层手工纸，然后按预定的规格把拓片左右均匀折叠起来，最后在首尾再各装上一张硬纸作书皮。有两种做法：

一是"五镶"：主要用于经过割裱后的拓片。先按照一定的尺寸把拓片上的文字排列好，然后先按从左至右、再从上到下的次序镶上纸条,再在拓片的背面托一层薄纸。经过上墙绷平、下墙后裁齐上下两边,再按一定的规格将裱好的拓片左右折叠。最后首尾各装上一张硬书皮。

二是"挖镶":按照一定的尺寸把拓片上的文字排列好,然后在拓片的背面托一层薄纸上墙绷平待用。托好面纸,也要绷平。将拓片在面纸上排好、固定。依拓片的规格将面纸上多余部分挖掉,粘贴在事先托好的褙纸上。上墙绷平、下墙砑光、裁齐上下两边,再按一定的规格将裱好的拓片左右均匀地折叠。首尾各装上一长硬书皮。

b 蝴蝶装

也分为"五镶"式和"挖镶"式两种形式。操作方法与经折装中的"五镶"和"挖镶"的手法基本相同。不同之处在于:经折装每次托裱的拓片一般为一开半到三开半,最后连接起来以后再裁齐上下两边。而蝴蝶装每次托裱的拓片仅为一开,成为一张蝴蝶装的书叶,托裱以后上墙绷平、对折。书叶按顺序集在一起,对折的一面作为书口对齐,最后连接起来以后,裁齐除书口以外的其他三面。

③粘贴成册

以下几种拓片因为面积较小,只能用粘贴成册的办法。

a 甲骨拓片的粘贴

甲骨拓片面积一般都不大,通常采取的办法是将拓片一张一张粘贴在事先装订好的素纸本中。其实,按照要求,应该将拓片依次粘贴在一定规格的手工纸上,经过折叶、衬纸(把部分衬纸依照拓片的外延挖去),再加上护叶和书皮,装订起来。

b 金文拓片的粘贴

金文拓片的面积一般比甲骨拓片的要大,装订方法稍有不同:把拓片按一定的规格叠好,夹进事先叠好的书叶中,然后把书脑部分衬纸加高,再装订成册。

c 残石拓片的粘贴

残石的面积大小不一,装订方法也不统一。面积小的可参照甲骨拓片的方法粘贴成册;面积大的依金文拓片的装订方法装订。面积超过一定规格的,用镶衬的方法比较好。

二、传 拓

1. 传拓甲骨上的文字

拓甲骨就是把刻在龟甲、兽骨上的文字用纸墨拓下来。龟甲、兽骨的面积一般不大,文字笔道也很细,因此拓拓片的时候,和拓其他的东西不太一样。

殷商甲骨是公元前16—前11世纪的文物,距今已经3000多年了。由于时代久远,在清朝末年出土的时候,这些龟甲、兽骨已经很薄、很脆而且很少有完整的了。基于这点,拓甲骨时就要非常小心。

甲骨拓片质量要求:文字完整,笔划清晰;墨色纯黑、均匀。

（1）工具

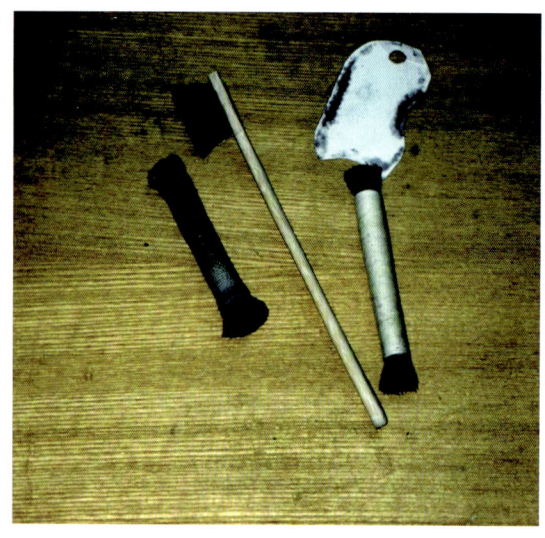

传拓甲骨用的工具。

（2）研墨

传拓甲骨用墨汁要用新鲜的，用手工研制。

（3）做托

把油泥放在一块板上，用台灯烤软。油泥有多种制法，现介绍比较简单的一种：取凡士林油250克加松香和黄蜡各50克加热熔化，拌入水泥650克，可制成油泥1000克。

用油泥作托，把甲骨的背面轻轻按在油泥上固定住。

（4）做扑子（拓包）

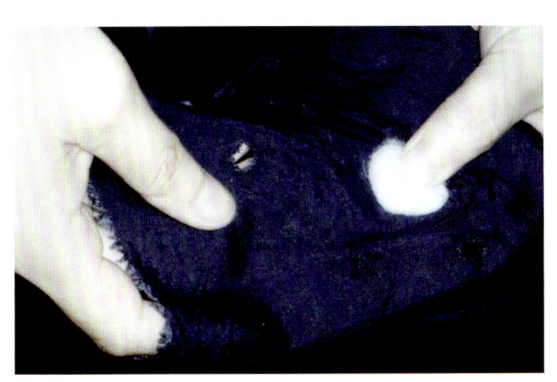

取一小团脱脂棉，揉成小球，放在细薄、柔软的布上，

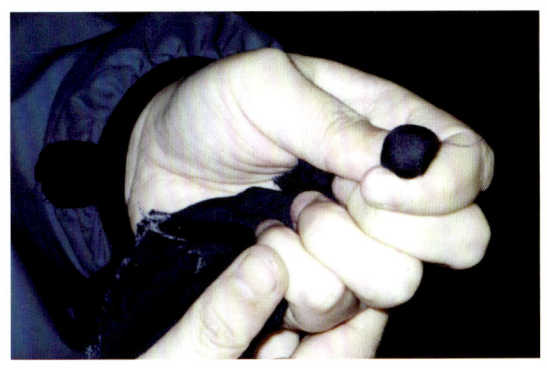

用皮筋或细绳扎紧，

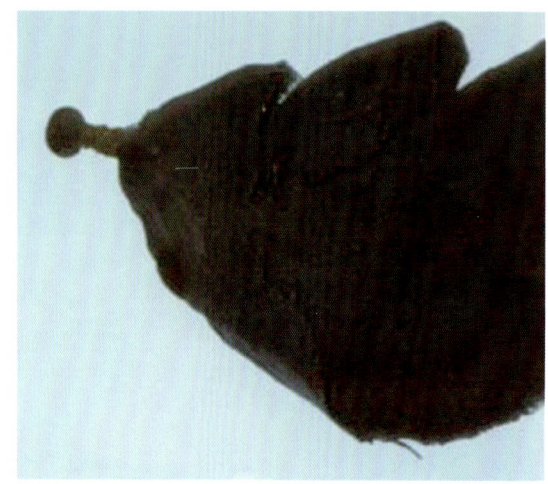

制成扑子。

（5）上纸

用中药白芨泡水，

用毛笔蘸白芨水刷在甲骨正面，

铺上薄纸，用笔刷平。

再次用毛笔蘸上白芨水，刷在纸的表面。

不要刷得太湿, 纸洇透即可。

用小刷子轻轻地在纸上敲打, 使纸和甲骨表面贴紧, 有字的地方字迹一定要凹显出来。

垫纸用小棕刷轻刷, 吸去纸上的水分。

（6）扑墨

　　用扑子蘸少许墨汁，轻揉扑子，使扑子表面均匀地沾上墨汁。

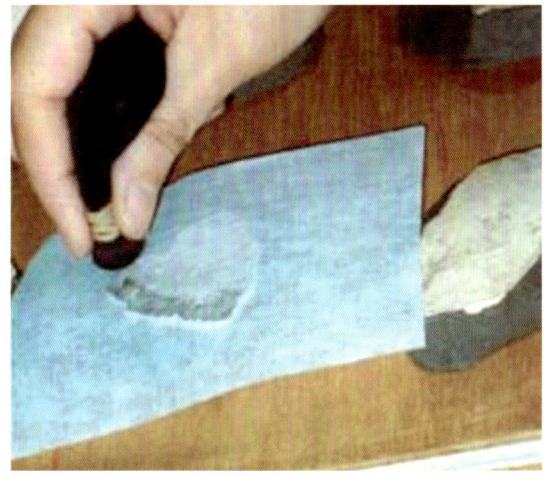

　　在纸上轻轻扑打，

　　将扑子上的墨转移到纸上，

　　逐渐加墨，将甲骨的形状及文字清晰地在拓片上显现出来为止。

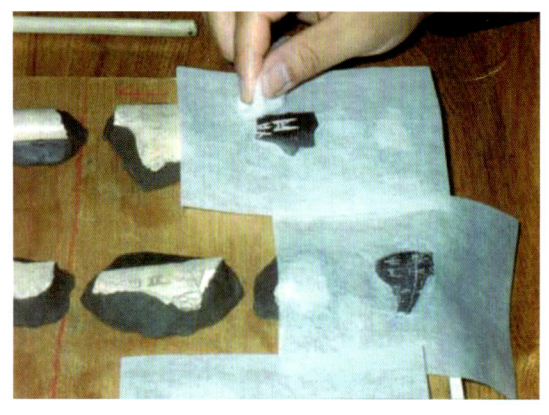

用棉花轻擦拓片表面，吸干水分。

（7）成品

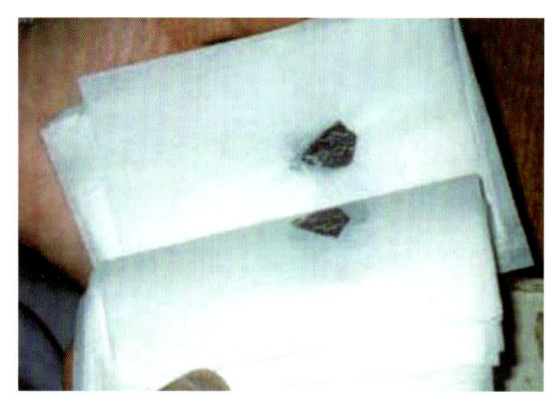
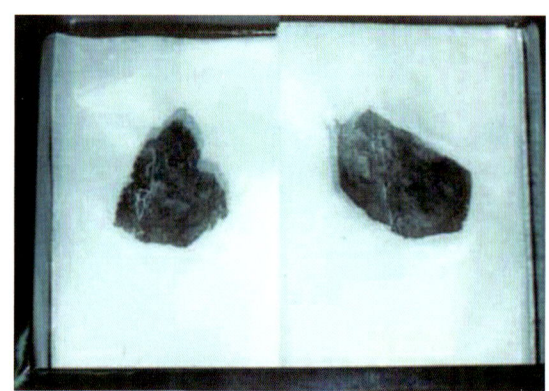

传拓完毕的甲骨拓片。

2．拓制器物上的文字、图案

　　主要指青铜器物上的文字或图形，也包括金、银或其他材质器物上的文字和图形。器物拓片的传拓要求传拓者有良好的美术基础，器物的外型、空间位置要画得准确；用墨的浓淡要符合光学透视原理；对器型上的突出部分，如器物的底座、提梁等既要准确表现在拓片上，又要尽量保持拓片的完整。传拓的方法和甲骨的传拓方法基本相同。

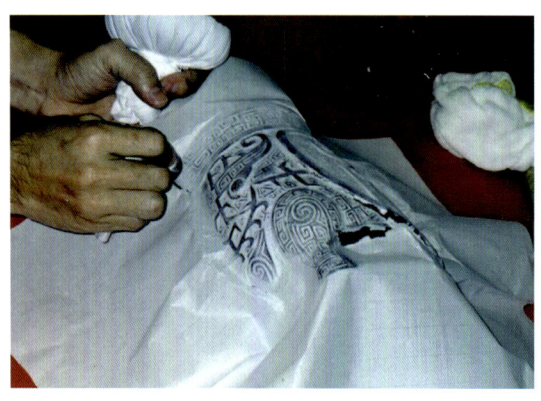

3. 石刻资料的传拓

石刻种类很多,面积大小不一,小的不过几厘米,大的长宽数米甚至十几米、数十米。传拓石刻资料拓片,很多时候在室外。由于天气的阴晴、风力的大小、空气的温度和湿度都能影响拓片的质量,所以在拓石刻文字时传拓的技术和速度是十分重要的。

石刻拓片质量较好的,应该是外延清晰、字迹清楚、墨色均匀。

（1）工具

拓拓片的工具:自制的扑子、棕刷、胶皮锤、打刷、羊毛毡。

（2）做扑子

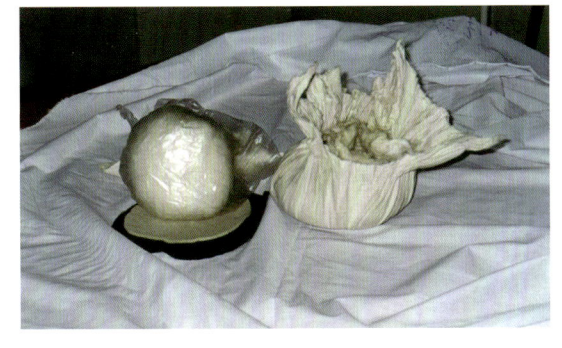

根据需要取棉花（或棉丝）若干,外面包上白棉布;棉布外包上塑料布。然后在塑料布下垫上剪成圆形的毛毡和毛料布;最后用60厘米见方的棉布将全部材料包住即成扑子。

（3）上纸
有两种方法:干法上纸和湿法上纸。
①干法上纸

将石头上刻有文字的一面洗净擦干,将宣纸裁好,用水润透平铺在石头上。

用棕刷将纸抚平。

用打刷轻敲纸面，使纸和石头上的文字图纹贴紧。

用棕刷在纸面上刷，把纸刷实，和石头紧贴在一起。

把毛毡垫在纸上，用胶皮锤轻敲，将纸毛砸平。

②湿法上纸

石头洗净，刷上白芨水。

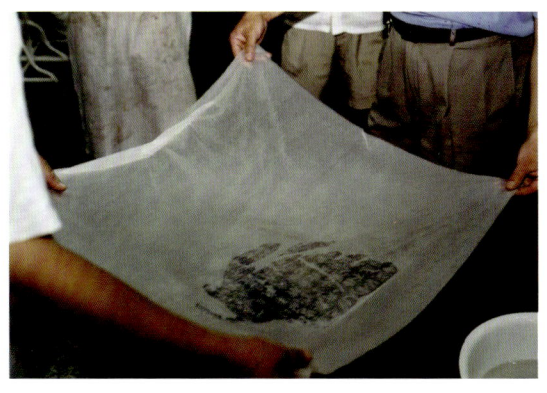

这时上湿纸、干纸都行。

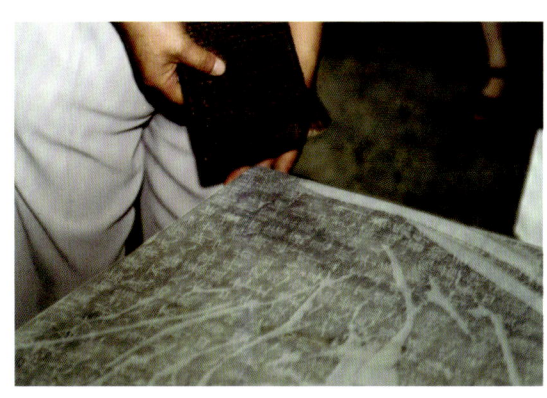

用棕刷将纸抚平。

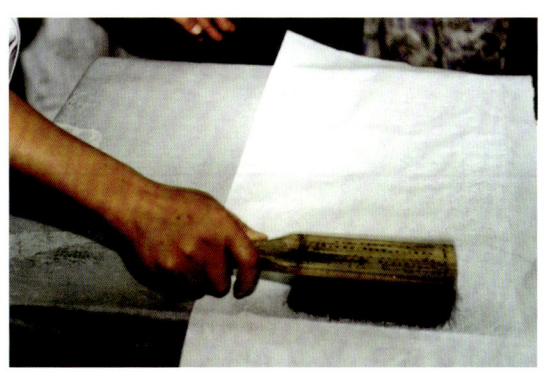

石头上垫上干纸，用打刷将纸和石头贴紧。

（4）扑墨

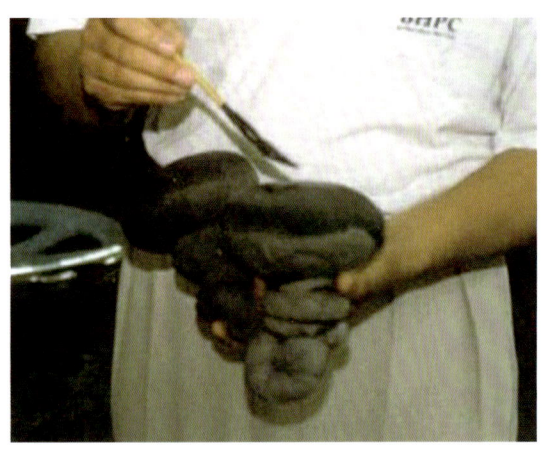

用毛笔蘸少许墨涂在一个扑子面上，然后两个扑子互相拍打，使两个扑子上的墨均匀滋润。

待纸上的水分蒸发到八成干时，即可用扑子轻轻打下，将扑子上的墨转移到纸上。

哪块纸干了，就在哪块纸上墨，

直到纸上扑满墨为止。

待纸干透以后，取下拓好的拓片。

注意：

要用棕丝细软的棕刷，刷纸时尽可能将纸面刷平，不要将纸面刷起毛来。纸面刷得越平，拓片的质量越好。

上墨时要均匀，每上一遍墨，墨色尽量保持一致。

拓片干后会慢慢自动翘起，平整地脱离石面，所以一般不要用力往下揭。

4．蜡拓

蜡拓适用于珍贵文物图案花纹的拓印，还有像使用汉白玉、白色大理石为载体的石刻资料的拓印，为了防止墨汁把石料弄脏，也要用蜡拓的方法传拓。蜡拓不用"扑子"、墨汁和其他工具，只用"蜡墨"和宣纸即可。"蜡墨"可以在商店中买到，也可以自制。

可在商店中买到的蜡墨。

（1）蜡墨的制法

把切成小块的蜡放在小碗中，用吹风机吹出的热风吹。

将蜡块全部融化。

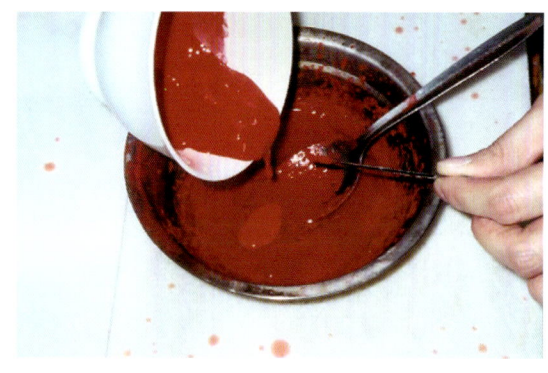

将事先溶化的国画颜色或者粉末倒入蜡中。

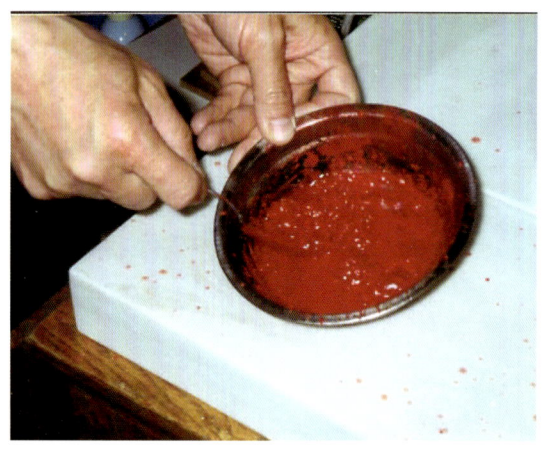

在蜡未完全凝固以前快速搅拌，使颜色和蜡充分融和。

将调好的蜡油装入纸盒中，待蜡油固定以后撕掉纸盒即可使用。

（2）使用蜡墨拓制拓片的方法

准备拓印的文字。

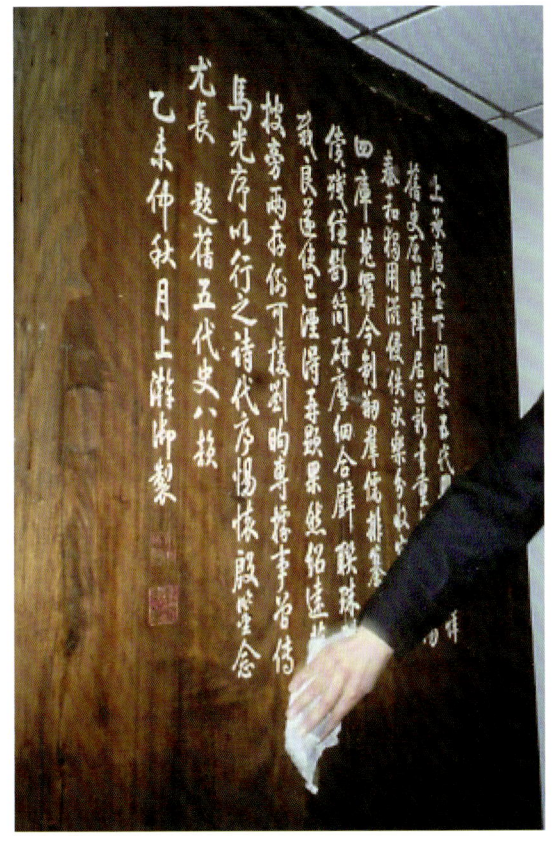

将文字板面擦净。

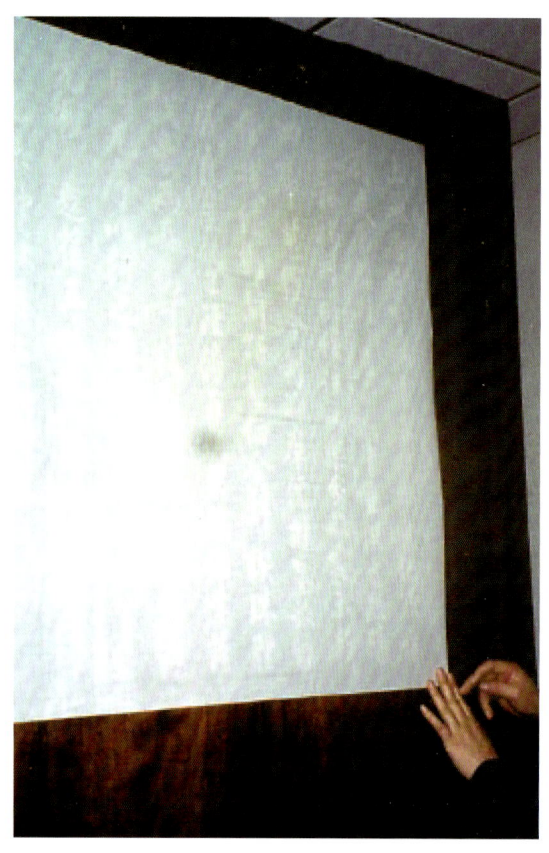

将裁好的宣纸展平, 纸的四角用胶条粘住。

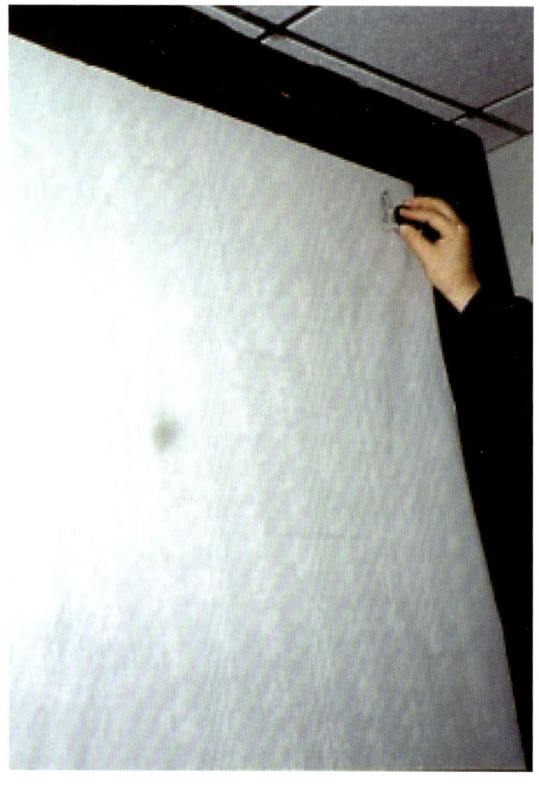

用蜡墨在纸上轻擦。

先在有字的地方涂蜡。

使用蜡墨时手指的位置。

　　擦拓时用劲要均匀，要轻，不要用力，以免将纸擦破或使纸移动。

拓过一遍的黑蜡拓片。蜡拓可以多次重复，直到纸面上的颜色达到预定的要求。

使用红蜡和黑蜡的方法相同。

拓好的红蜡拓片。

三、托拓片

1. 配纸

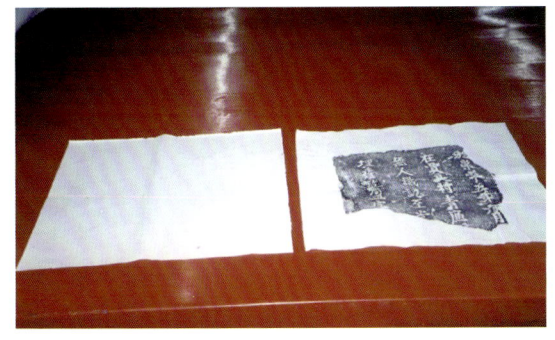

将托纸裁好，托纸面积比拓片稍大些。

2. 展平

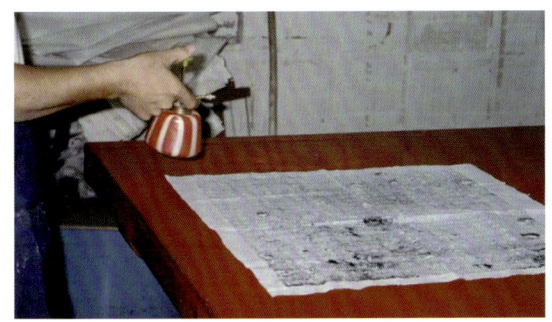

拓片正面向下，平铺在裱案上，在背面喷水润湿。

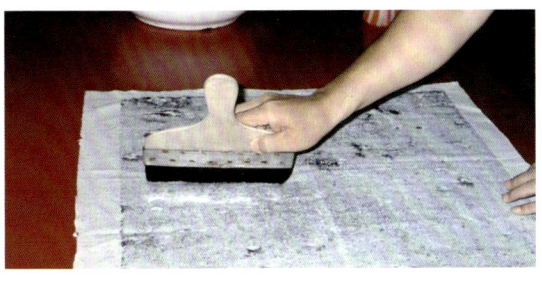

用板刷将拓片展平。

3. 刷浆糊

用羊毫长锋毛笔蘸浆糊先将拓片上没有字的地方展平，再轻轻地在有字的地方轻点，不可用力涂抹浆糊，以免把拓片上文字的笔划涂抹变形。

拓片背面全部涂上均匀的浆糊。

4. 修补破损

　　选用与拓片纸张相近的纸将拓片上的破损处补好。

5. 上托纸

把裁好的托纸覆在拓片上面，摆正。

用棕刷将托纸刷实。

托好纸的拓片。

6. 上墙绷平

四边刷上浆糊，

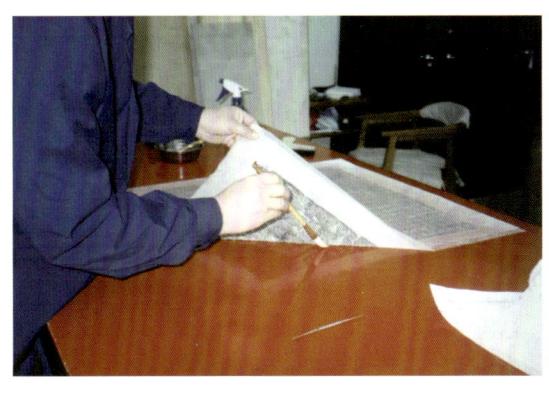

　　将拓片提起，遇到拓片上原有破损的地方，用湿毛笔托起，

慢慢将拓片全部提起，

贴在木墙上。

7. 加铜条托

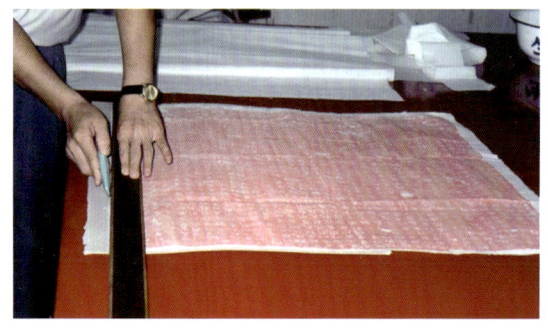

先将拓片四边裁正。

　　拓片涂好浆糊以后，先在拓片上下两边贴上5厘米左右的纸条，

　　再在拓片的左右两边粘上纸条。纸条上补浆糊，然后再托纸，上墙。具体动作前面已有介绍，从略。

四、衬拓片

就是在拓片的背面垫上一张宣纸。宣纸的四周折回8—10厘米左右,借助一张纸条和拓片粘连在一起。这种做法,基本保持了拓片的原貌,且比较柔软,特别适用于幅面较大的拓片和手绘的地图。

折叠在一起的拓片。

1. 展平

展平破损的拓片。

2. 修补破损

在拓片的背面修补、粘贴。补纸一定要用白纸。

3. 镶纸边

拓片四边涂少许浆糊,粘上5—6厘米的宣纸边。

4. 配衬纸

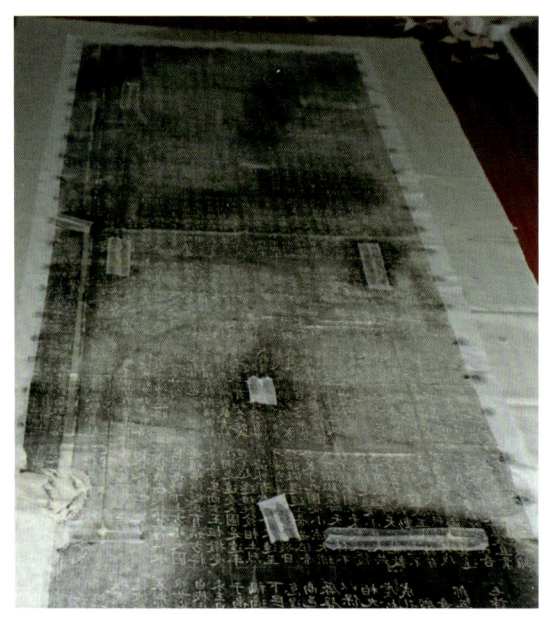

补好的拓片放在衬纸上,裁好。

将衬纸粘接在一起。

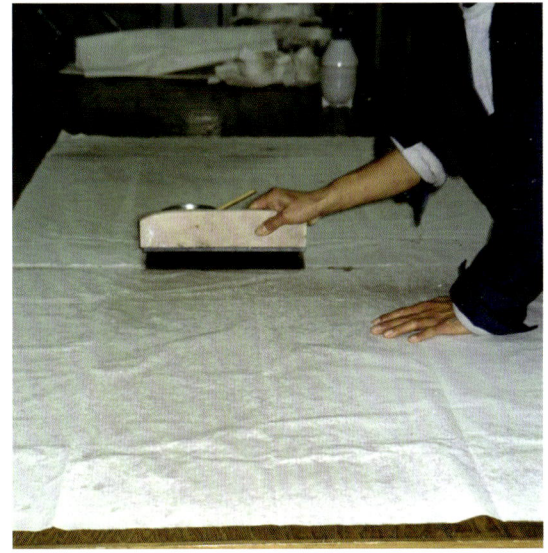

扫平衬纸。

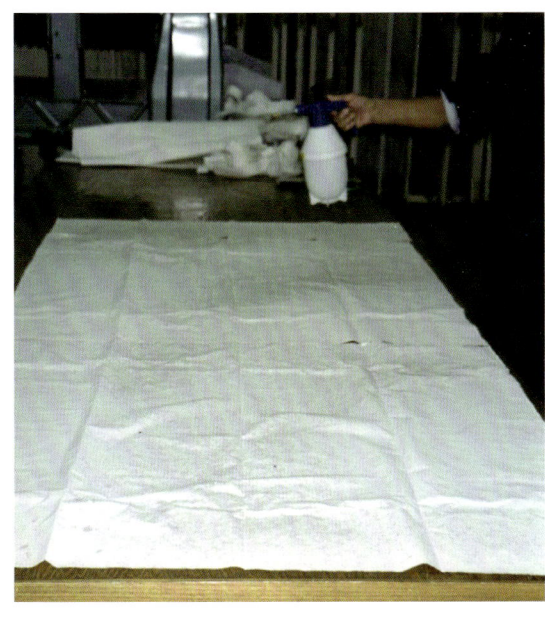

衬纸上喷少许水。

5. 上衬纸

把拓片展平放在衬纸上。

测量折边尺寸。

衬纸折边。

检查拓片正面破损处是否补好。

衬好的拓片。

巨幅拓片衬纸的操作。

6. 折叠

将拓片折叠。

按统一规格测量。

将拓片折成一个长条。

折方。

收边。

重物压实。

第九章

书套、盒、囊匣的制作

一、书　套

　　书套是中国古代书籍传统的保护装具。其制作材料主要为多层宣纸糊制的纸板，纸板外面用锦、绫等丝织品和棉布包裹。一个制作良好的书套，既可保护书籍不被磨损，还能够防尘，并能够防止光线对书籍的损害。但是，书套如果制作粗糙，比如套小书大，书籍就会蜷缩在套里，对书籍造成损害；书套过于宽松，就会增加书籍磨损。因此，书套的制作，必须尺寸合适。另外，纸板最好选用无酸或pH值为中性的，这样才有利于书籍的长期保存。

　　包裹书籍上下、左右、前后六个面的书套，为叙述方便，以下称为"六合套"。

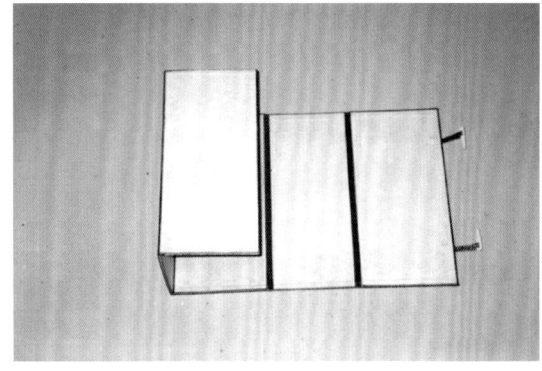

　　包裹书籍左右、前后四个面的书套，为叙述方便，以下称为"四合套"。

1. 四合套

（1）下料

四合书套由5块板组成，从右至左依次为1—5号板。1号板为封面板，2号板为右侧护板，3号板为封底板，4号板为左侧护板，5号板为芯板，书套合起来的时候从左侧包裹书籍，压在封面板的下面。5块板的尺寸计算方法见下表：

板块号码	长度计算方法	宽度计算方法
1	书长+1毫米	书宽+板厚×2+1毫米
2	同上	书厚+板厚×3
3	同上	书宽+板厚×2
4	同上	书厚+板厚×2
5	同上	书宽+板厚

注：表中的"板厚"为用来做书套的纸板的厚度。

（2）裁纸板边

用刀将纸板相邻处切成45°，

1号板右侧和5号板左侧不切。

（3）粘连

 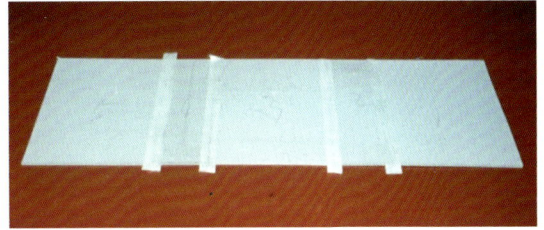

用比较结实的纸条将5块板连接在一块。

待纸条上的浆糊干后，将书套护板折起，将书籍放入，检查尺寸是否合适。

（4）配布

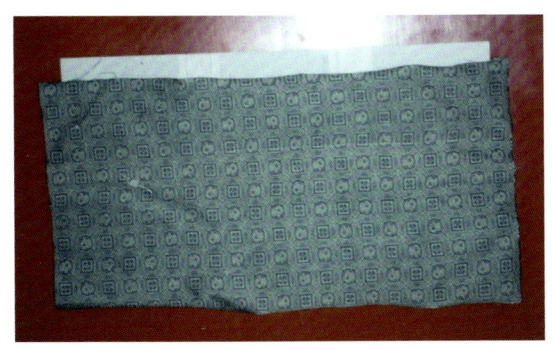

按书套实际尺寸每边加2厘米左右将锦或布剪裁好，

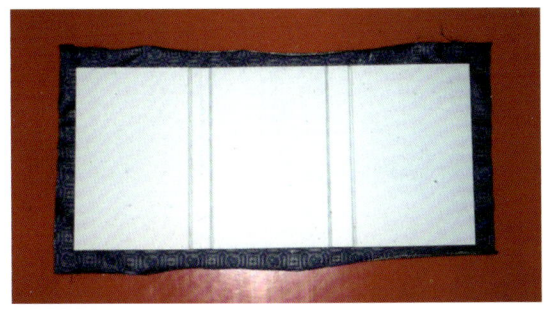

剪齐锦或布的四边。

（5）纸板挂布面

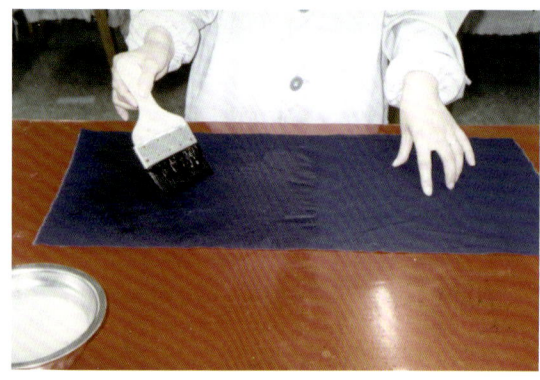

在布上刷上稀浆糊。

在布上刷的动作要轻，一定注意不要使浆糊透过布料，并将布料的经纬线拉正、拉直。

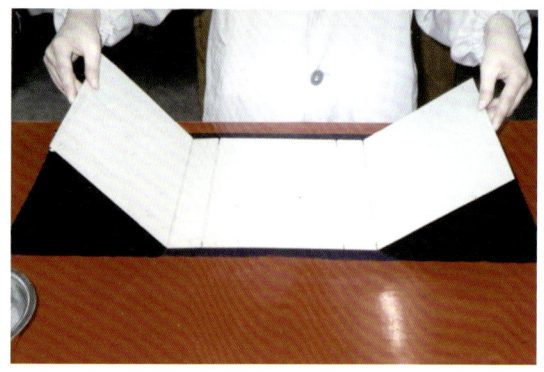

将连接在一起的书套板放在布上，

将纸板外的布边折回，

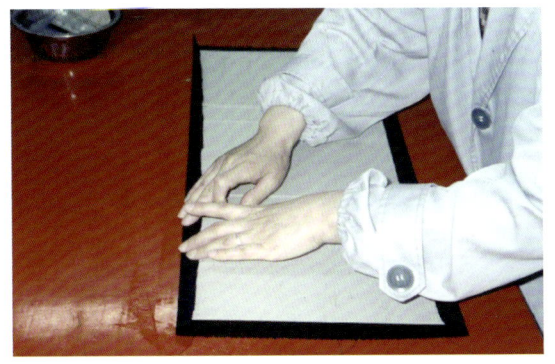

用手轻轻地将布边压实,不能用力,否则布上会留下手印。

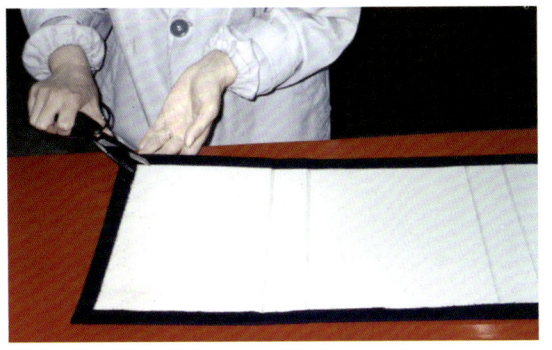

将折边的四个角余出的布剪掉。

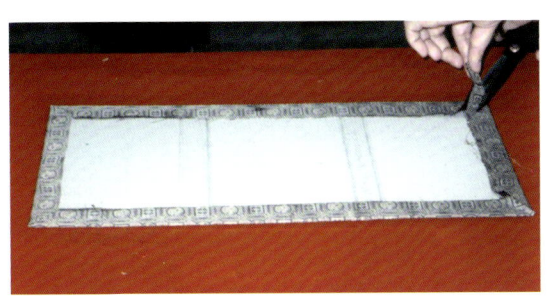

套上糊锦的方法与糊布相同。

剪去余布时要注意,不要剪去得太多,以免待布干后收缩露缝。

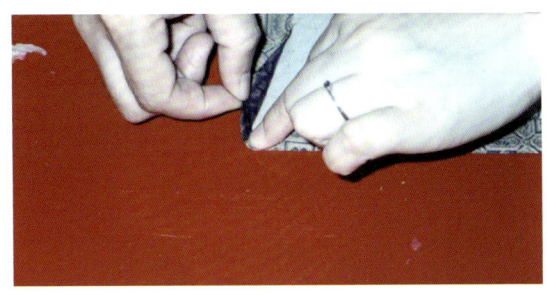

将布边的一边压实,再折另一边。

折好后，将书套立起，阴干。

（6）糊连条

再将4条宽2厘米左右的锦条上刷浆糊，

贴在两块板的连接处。

在布条上刷浆糊时动作要轻。

贴的时候注意不要在布条上留下指印。

（7）糊别子袢

准备一块纸板，在纸板边缘处剪出燕尾形的缺口。

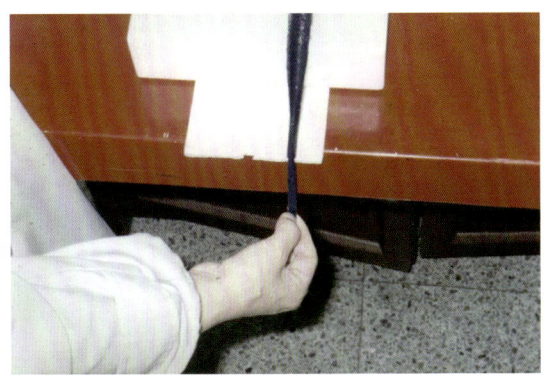

布条上涂上浆糊，一端叠3折，穿过缺口，轻拉即可。

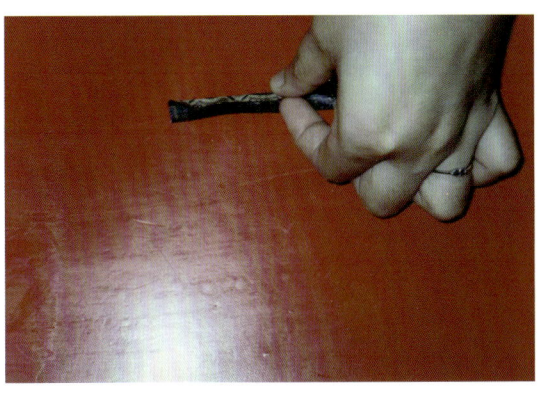

也可以完全用手折叠。

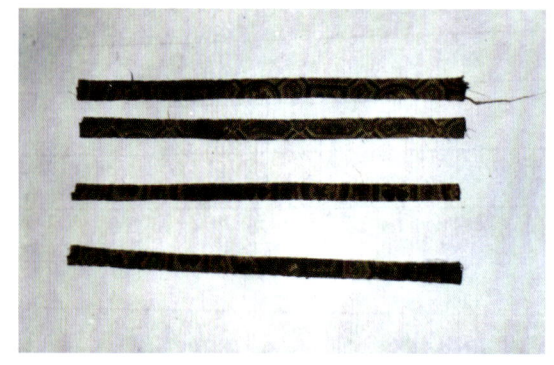

制成的别子袢。

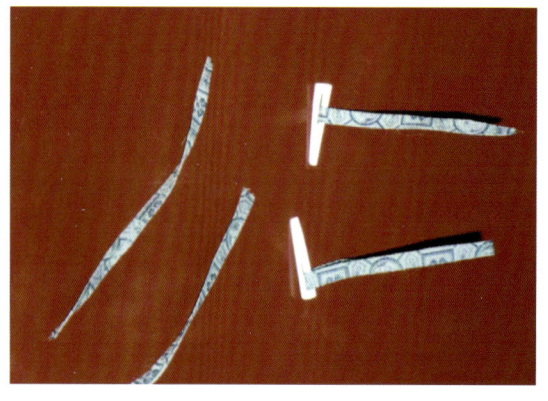

穿上别子。

（8）穿袢

用工具在封面上打孔，距书套封口处1厘米左右，距天、地的距离不超过书套总长的五分之一。

将穿好别子的袢穿过纸板上的孔。

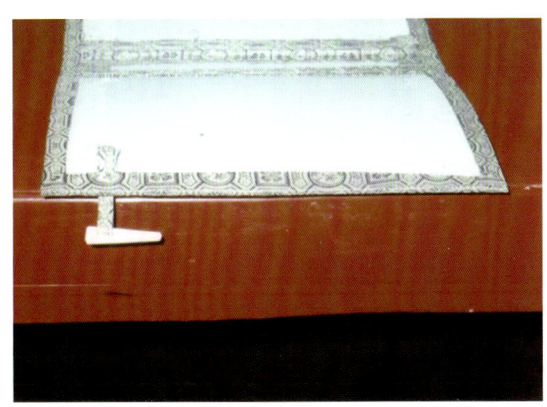

别子带在板下留下一段,长不超过3厘米,或不超过左侧护板宽度的三分之一或一半,板上留1.5厘米左右,剪去多余的部分。

用刀将裆下压住的纸板剜1毫米深左右,

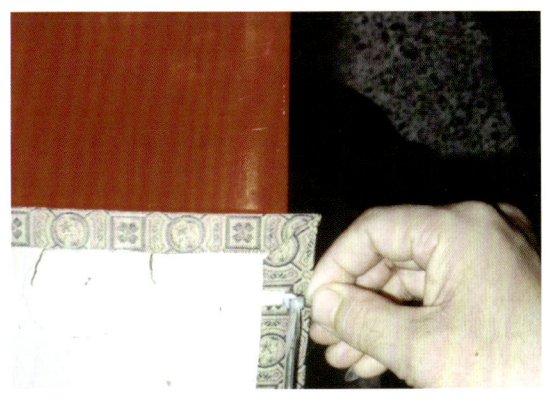

裆头上涂上胶,

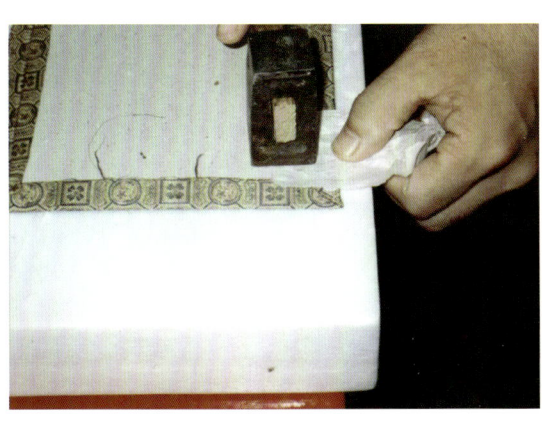

按倒,用锤锤平。

在左侧护板上打孔,

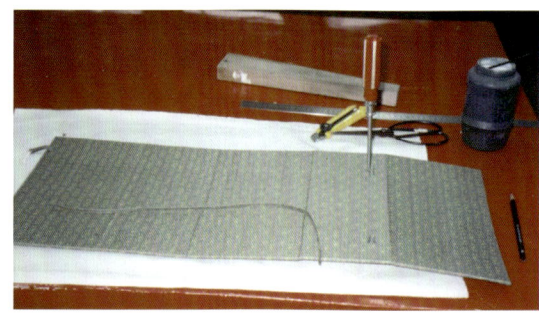

穿袢。

袢的位置标准:别子上沿要平,用两个袢固定,别子穿紧后,别子带要垂直。

剜去袢下的纸板，

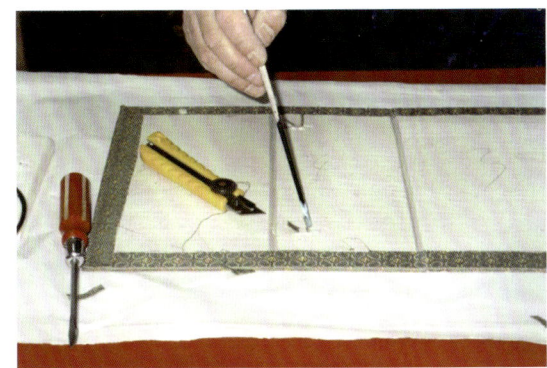

涂上胶，

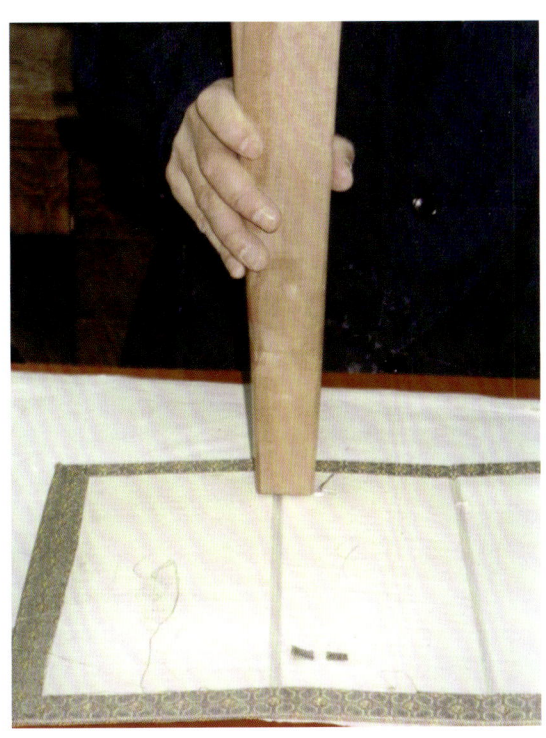

锤平。

（9）挂里子纸

按纸板长宽各减去0.5厘米的尺寸裁好白纸，

在白纸上刷上浆糊，注意使用的浆糊要和糊布时用的浆糊稀稠一样，

贴在书套的内侧，

纸边外留0.5厘米左右的布边或锦边。

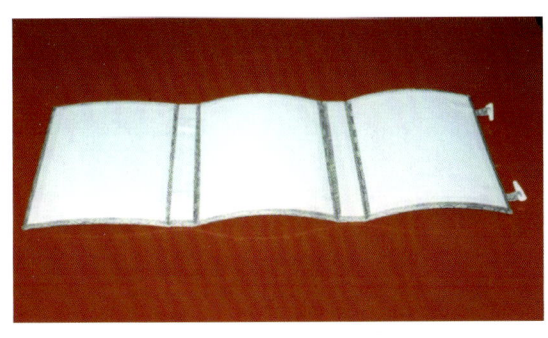

糊好纸后，待书套八成干时，压平。

（10）成品

贴上签，书套糊制完成。

2．六合套

（1）下料

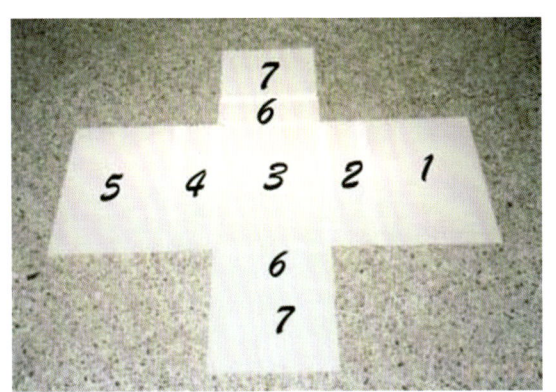

六合套因包裹书籍的6个面，比四合套复杂一些，多4块板。

各个板块尺寸的计算方法如下表：

板块号码	长度计算方法	宽度计算方法
1	书长+板厚×2+1毫米	书宽+板厚×2+2毫米
2	书长+板厚×2+1毫米	书厚+板厚×4
3	书长+板厚×2+1毫米	书宽+板厚×2+1毫米
4	书长+板厚×2+1毫米	书厚+板厚×3
5	书长+板厚×2+1毫米	书宽+板厚+1毫米
6	书宽+板厚×2+1毫米	书厚+板厚×2
7	与6号板连接的一侧书宽	（书长+板厚×2−1毫米）÷2

注：此表中的"套芯"为双层，"板厚"为制作书套纸板的厚度。

2号板与1号板连接的一侧坡口后保留一块板的厚度不切。

（2）粘连

用纸条将书套各部分连接在一起，

连在一起的书套纸板。

折起书套。

检查书套各部分的尺寸是否合适。

（3）配布

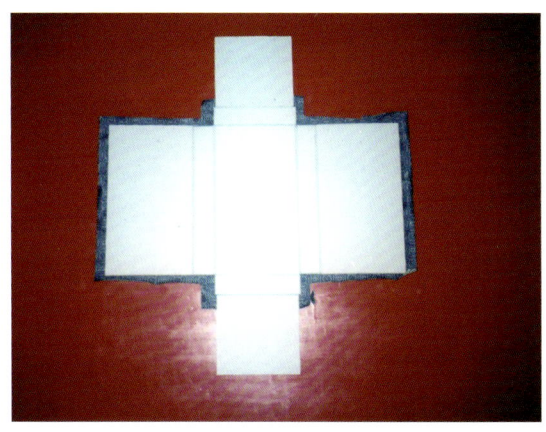

裁好糊套的布或锦。

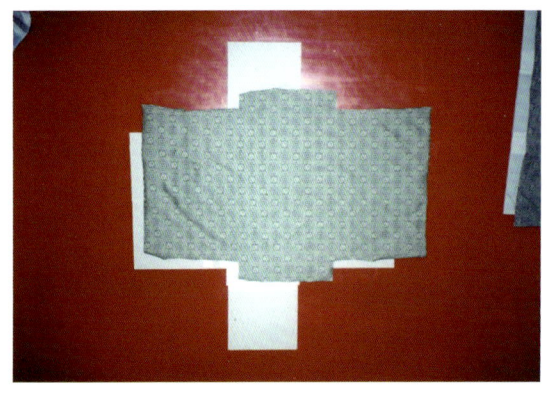

糊套布最好能把6号板遮住，四面余边2厘米左右。

（4）纸板挂布面

刷上浆糊。

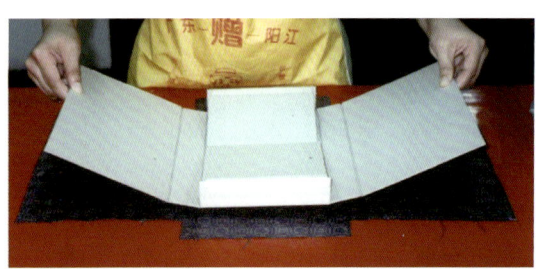

将连好的7号板相向对折，放在锦或布上。

放平6号、7号板，

在6号板两侧的锦或布上剪两个45°的口，

将6号板包住。

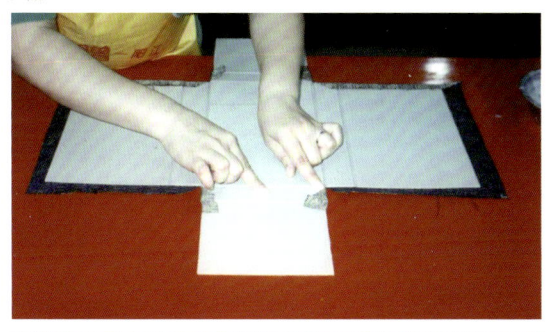

　由于7号板比6号板稍短，所以一定要把6号、7号板连接处包紧、包严。

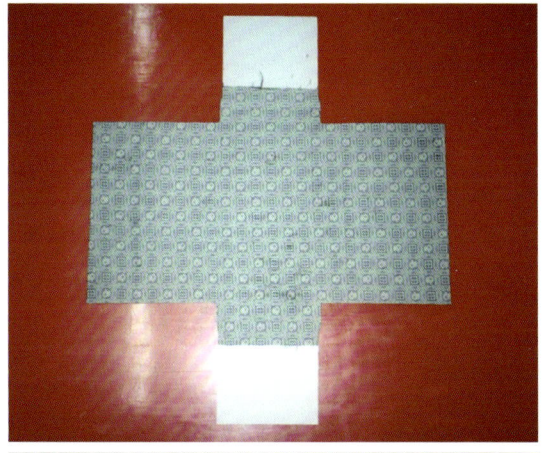

糊上锦面的六合套。

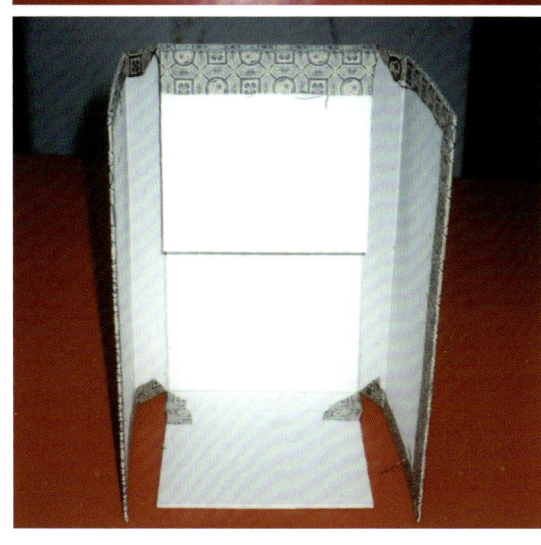

折好立起，

阴干。

贴条，打眼、穿袢同四合套。

（5）挂里子纸

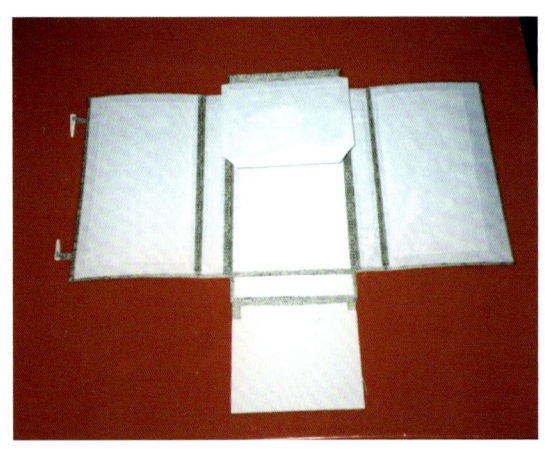

　　糊纸，1—6号板的糊纸方法同四合套。
7号板先糊套面，剪去套外余纸的两角，

折回，动作同糊锦。

糊纸盖住翻过来的纸边。

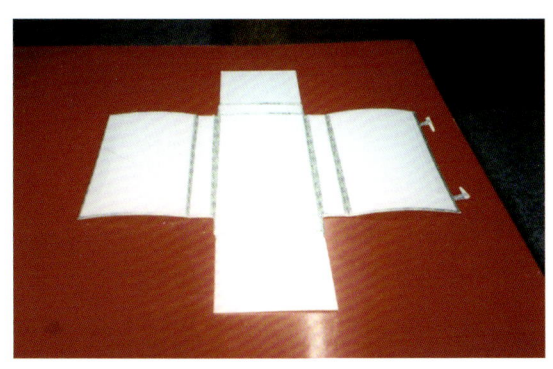

刚糊好的六合套。

压平后的六合套。

（6）成品

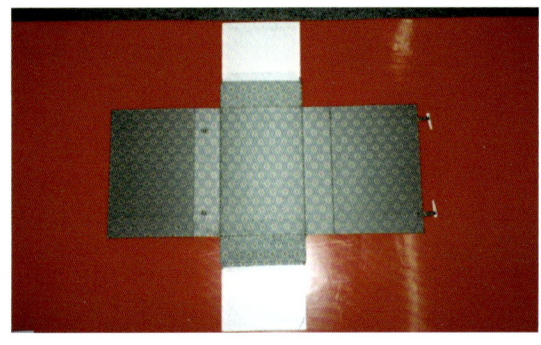

糊好的六合套（打开）。

六合套成品。

3. 档案套

档案套的糊法与六合套基本相同，各部分尺寸的计算方法见"云字纹书套"。

4. 特殊花纹的书套

（1）云字纹书套

云字纹书套的套芯为单层，各部分尺寸和双层套芯的略有不同。

计算方法如下表：

板块号码	长度计算方法	宽度计算方法
1	书长+板厚×2+1毫米	书宽+板厚×2+2毫米
2	书长+板厚×2+1毫米	书厚+板厚×3
3	书长+板厚×2+1毫米	书宽+板厚×2+1毫米
4	书长+板厚×2+1毫米	书厚+板厚×2
5	书长+板厚×2+1毫米	书宽+板厚
6	书宽+板厚×2+1毫米	书厚+板厚×2
7	书宽+1毫米	（书长+板厚×2−1毫米）÷2

注1：此表中的"套芯"为单层，"板厚"为制作书套纸板的厚度。

注2：表中5号和7号板为同一块板镂制而成，花纹可以根据需要制作"卐"字形、"丁"字形或其他纹形等，计算方法与制作云字纹相同。

注3：根据图形需要，5号板宽度有变化，但最短不小于书宽的三分之二。

（2）山字纹书套

制作方法与云字纹套相同。

二、盒

1. 书盒

（1）下料

书盒主要用来盛装裱好的字画、手卷等。盒体为6面，由3对面积相同的纸板制成。

纸板尺寸的计算方法如下：

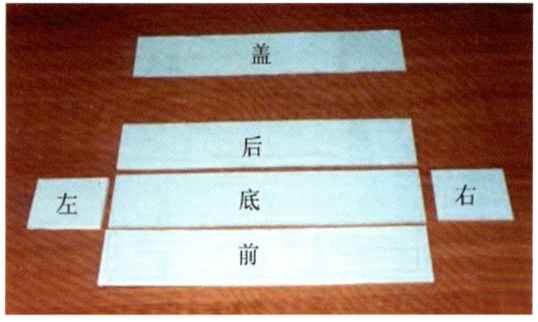

底和面的长：纸盒内径长＋板厚×2
底和面的宽：纸盒内径宽＋板厚×2

前后两面的长：同底和面的长
前后两面的宽：同纸盒内径的高

左右两面的长：纸盒内径的宽
左右两面的宽：纸盒内径的高

（2）粘盒胎

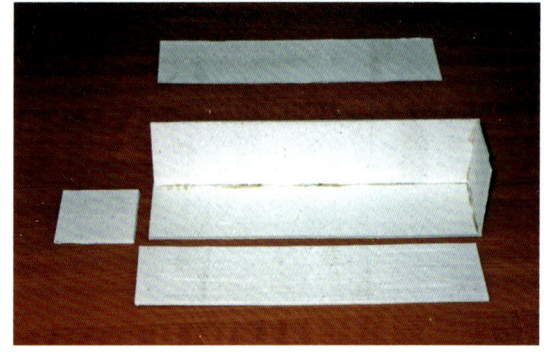

　　把骨胶融化，涂在纸板的边上，将底板前后左右四块面板粘接在一起。

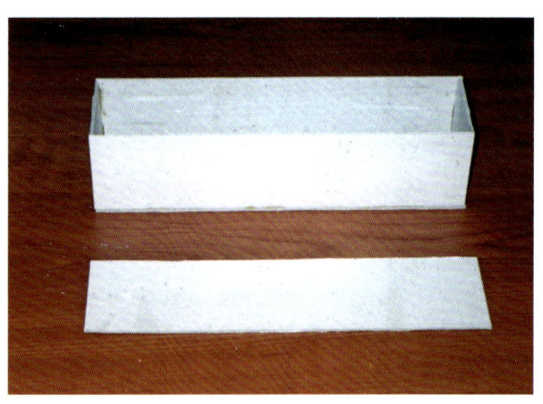

粘好的纸盒坯。

（3）配布

剪裁锦或布。

（4）挂盒面布

纸盒坯前面板向下，用锦布包裹前面板和左右两块板，

锦布拐角处用剪刀剪开，

将锦布的长边按倒固定。

将短边按倒,

盒底上的锦布余边都要按倒,压实。

翻过盒来,口向上,将锦布余边在拐角处剪断,

长边按倒固定,

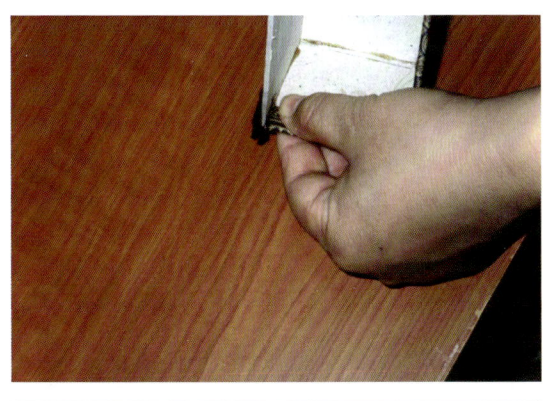

拐角处拉紧，

压实，

用轧子轧平。

（5）上盒盖

　　再剪一块锦布糊盒盖和后面，锦布的长度按盒长加2厘米，宽度是盒盖的宽加盒的高度之和加2厘米，涂上浆糊，放上盒盖。

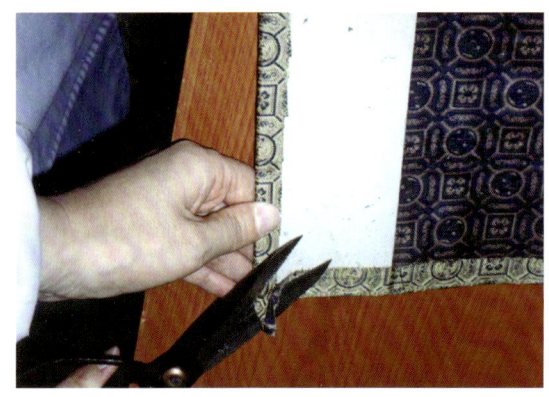

余边折回包住盒盖,剪去角部重叠部分。

将折边按实,

盖在盒上,包住盒的背面。

翻转,剪去余边的两角,

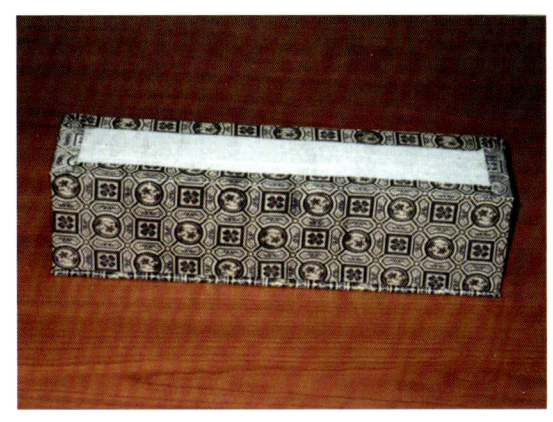

贴实。

剪一条锦布,宽度约3厘米,涂上浆糊,打开盒盖,粘在盒盖与盒的连接处。

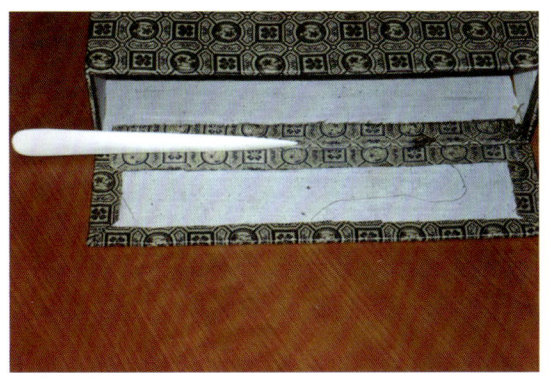

用轧子将连接处的接缝处压实。

翻转书盒,盒盖向下,用重物压住,阴干。然后打眼、穿别子袢,动作同书套部分的穿袢动作。

（6）挂里子纸

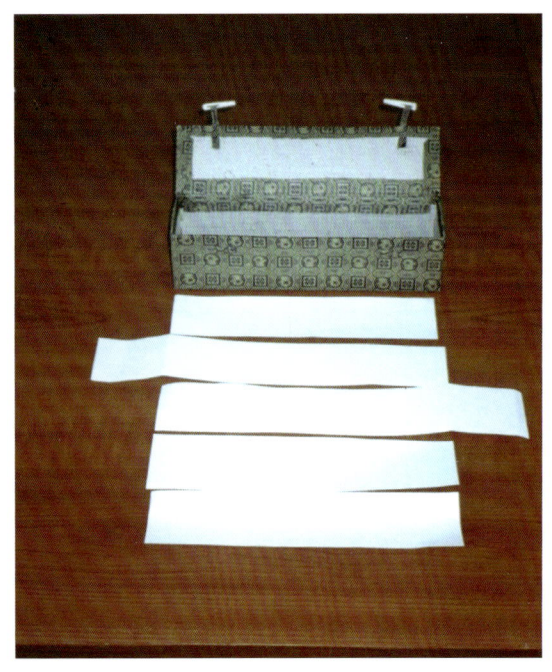

裁白纸，尺寸比盒略小些。

涂上浆糊，糊盒盖。

糊盒里。

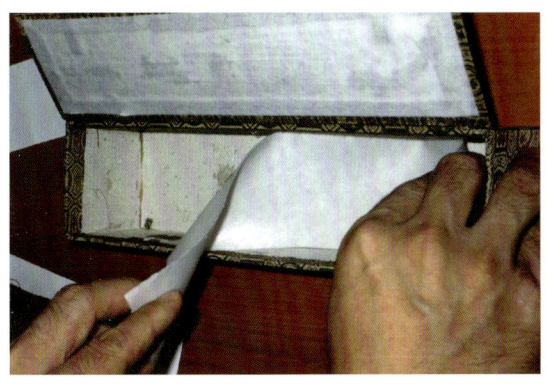

糊盒里的底部。

（7）糊底纸

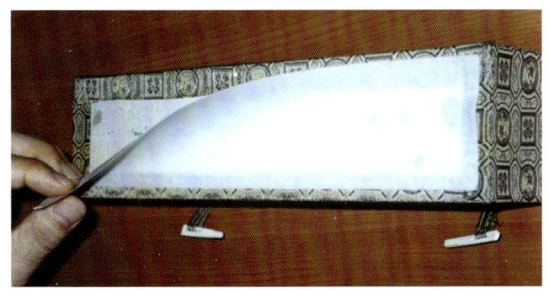

封盒底。

（8）成品

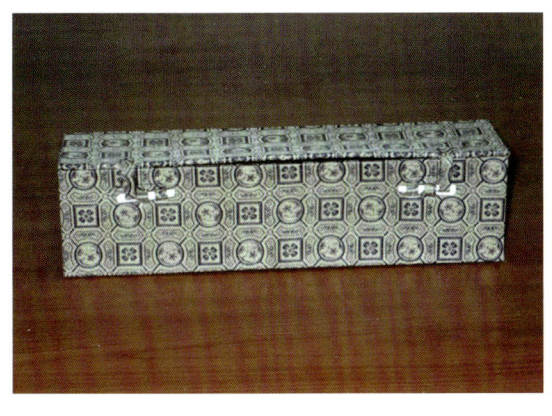

书盒成品。

结构较为复杂的书盒，糊制方法基本相同。

2．照片盒

这是把书盒和书套结合在一起的一种盒。外层是一个四合套，中间镶一个书盒，糊制方法同前。

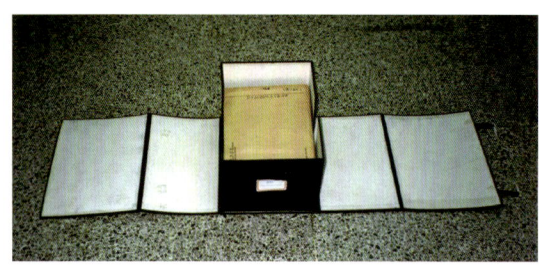

照片套打开时正面。

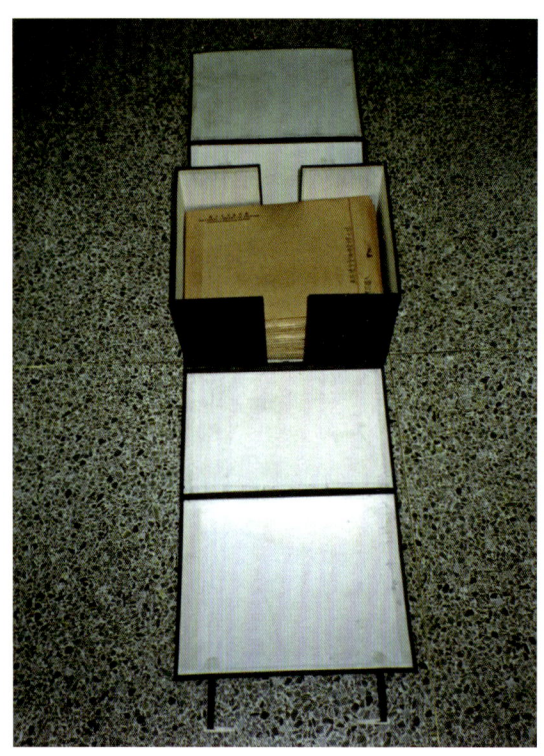

照片套打开时侧面。

照片盒体。

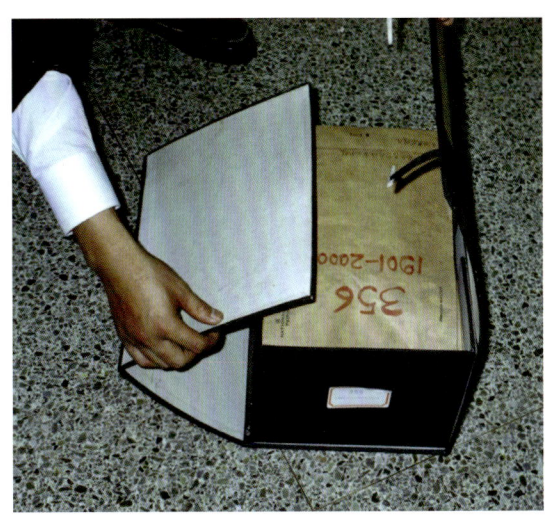

包裹盒体的情形。

3. 插套

传统书套装书后都要平放保存，而插套可以在装书以后立起插在书架上，因此叫做插套。和传统书套比较起来，只是形式上有所变化，在糊制的技术上并没有大的差别。不过在糊套前，要先在纸板上糊一张白纸，然后再根据需要裁切，免得书套糊好后，套里伸不进手去。

插套外观。

取出套芯打开状况。

插套各部分。

三、囊　匣

囊匣主要用于盛装一些易碎、易损及珍贵的物品,形式多样。下面简单介绍一种:

1. 粘匣

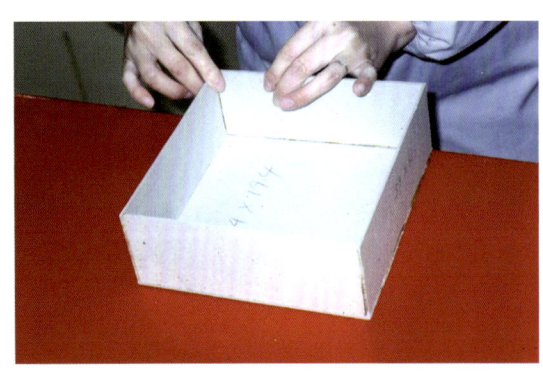

用骨胶将纸板粘在一起成为匣坯。

匣芯、匣盖尺寸的计算参考盒套的计算方法。

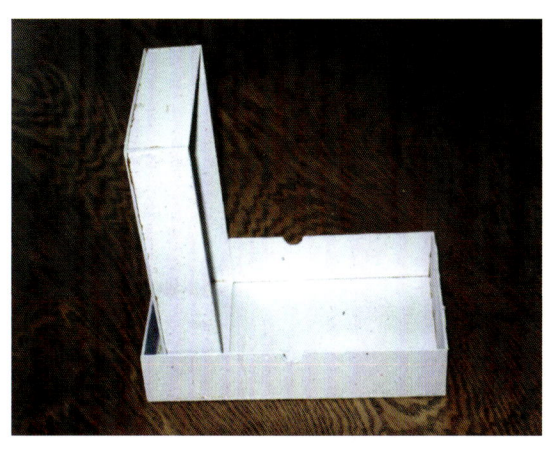

匣芯能插进匣盖里。

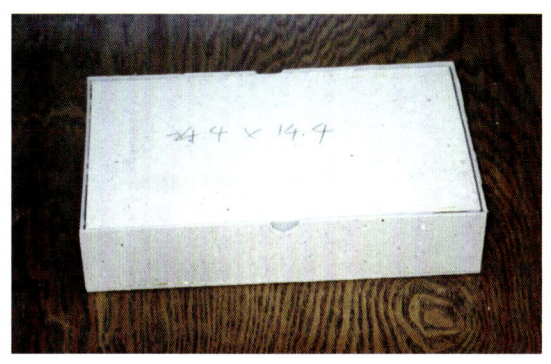

　　匣芯与匣盖之间要留出2—3毫米的放缝，不要严丝合缝，免得糊上布以后匣盖扣不上。

　　匣盖要挖出两个半圆形作为手指扣住匣芯的地方。

2．挂面

在锦布上刷上浆糊。

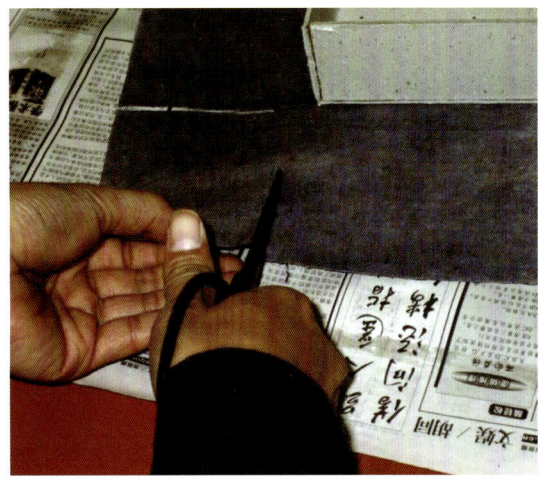

匣盒放在布的中间,对准匣盒的一角剪一个口,再在另一侧对准匣盒角向外移1厘米剪取余布。

将布边轻轻抬起,糊在匣盒边板上。

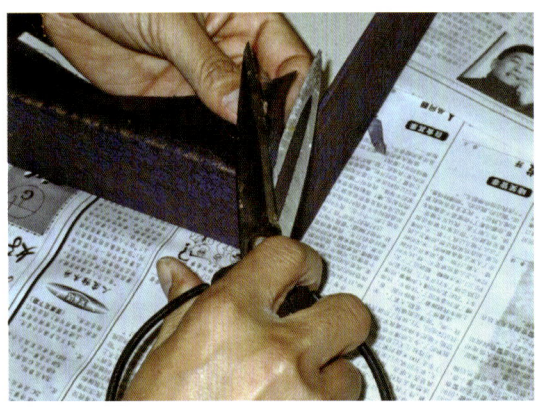

掀起另一边,糊在匣盒另一边的板上。用剪刀在盒角处锦布重叠部分剪一45°小口,再按纸板的厚度剪去一小条。

将锦布抚平,注意不要用力拉扯。

剪掉匣盒扣手地方的锦布,

用启子或针锥将扣手糊圆、糊实。

3. 揎胎

盒匣内填进棉花。

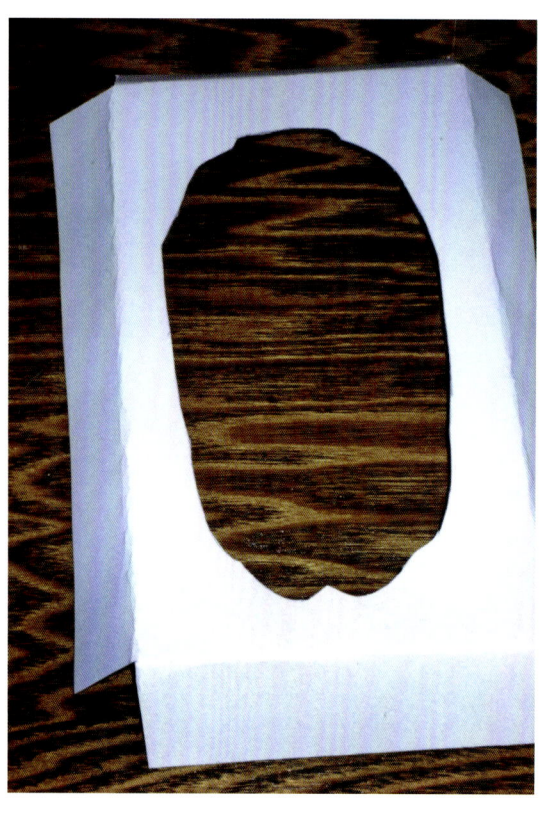

取一厚纸，中间部分按照盛装物品的外形挖去，

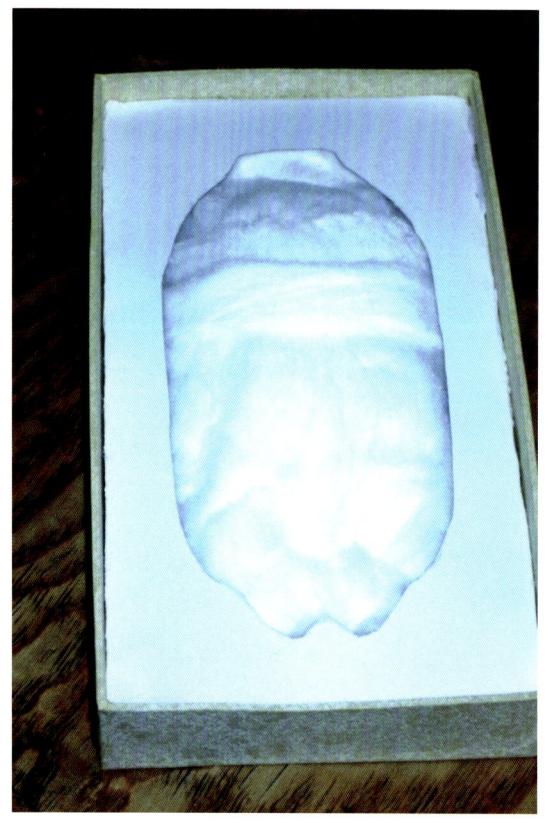

扣在棉花上，

盖上白绫或白绢，将盛装物放在中间，压实。

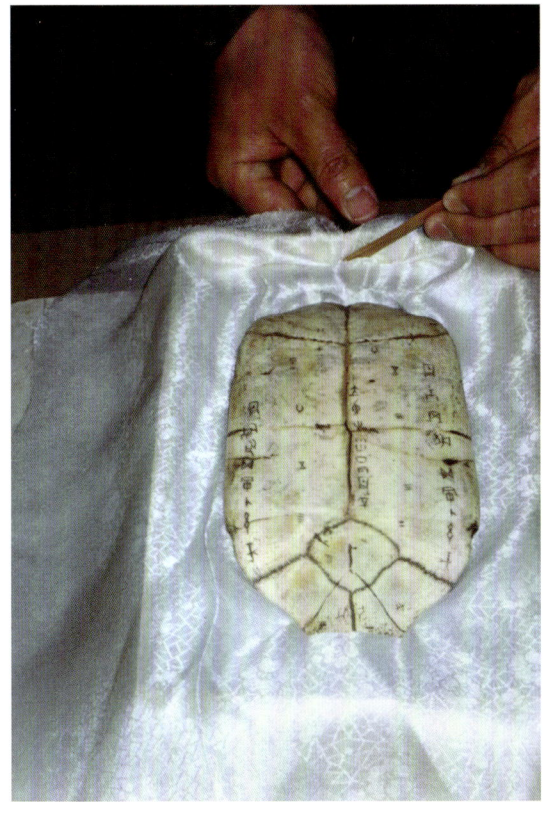

用启子将绫子边塞进厚纸盒匣盒纸板之间，

用浆糊将绫子边粘在匣盒边板上。

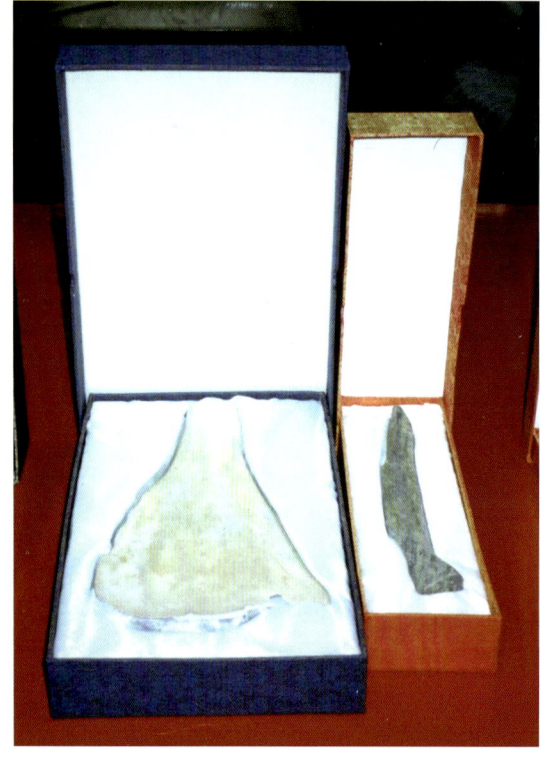

做好的囊匣成品。

附录

以下附载笔者有关古书装帧形式研究的两篇论述及文化部颁布的《古籍修复技术规范与质量标准》，以便读者参考。

一、中国古书旋风装——敦煌遗书四种

在各种论述中国古代书籍史的著作中，谈到中国古代纸书的装帧，都认为有卷轴装、旋风装、经折装、梵夹装、蝴蝶装、包背装、线装及毛装等形式。除旋风装外，其他各种形式因实物材料充分，鉴别认定和描述装帧特征都没有什么问题。而对旋风装的认识则有数种之多，直到现在还没有一个统一的认识。

1903年，日本学者岛田翰在《古文旧书考》中提到："何为旋风叶？予犹逮见旧钞本《论语》及《醍醐寺杂事记》，所谓旋风装也。"至于什么是旋风装，他是这样说的："夫卷子之制，每读一书检一事，细阅展舒，甚为烦数。于是后世取卷子叠折成册，两折一张裱纸，犹宋椠藏经而其制微异。而其翻风之状，婉转如旋风。而两两尚不相离，则又似囊子，则皇国谓之囊草子也。"

1918年，孙毓修先生《中国雕版源流考》一书中，认为旋风装就是蝴蝶装。

1929年，李文绮先生发表《中国书籍装订之变迁》一文，认为旋风装"亦名经折装"。

1934年，陈彬龢、查猛济合著的《中国书史》出版。在谈到旋风装时，书中写道："卷子比竹简，虽似乎便利得多了，但当着要从一卷书里边检查一桩事情的时候，必须将全卷绅阅展舒，在手续上觉得有许多麻烦的地方；因此后代就把卷子叠折成功册子，先拿一张裱纸来两折一下，再把首尾概粘在裱纸上面，像宋椠藏经一般……而两面仍不相离，又似囊子，所以也叫做'囊草子'。"如果把这些文字和岛田翰的《古文旧书考》中关于旋风装的记载对照一下，就会发现这种观点的渊源。50年代，我国著名书史学者刘国钧先生在其一系列有关书史的论著中均采用了这种说法，影响广泛。他将这种装帖形式称为"经折装的变形"。

1981年，李致忠先生发表《古书旋风装考辨》一文，明确指出旋风装是对卷轴装的一种改良，现在故宫博物院珍藏的《唐写本王仁昫刊谬补缺切韵》的装帧形式"龙鳞装"就是旋风装。

1982年，北京大学郑如斯教授在《中国书史简编》一书中认为："根据文献上的记载和现留存的实物来看，旋风装可能有两种形式。"一种是"经折装的变形"，另一种就是故宫藏本《唐写本王仁昫刊谬补缺切韵》那种装帧形式。

　　笔者以为，旋风装作为一种装帧形式，必定具有鲜明的特征，以区别于其他装帧形式。一种装帧形式，很可能有两种或两种以上的名称，但绝对不应出现两种或两种以上的装帧形式共用一个名称的现象。旋风装就是旋风装，有关它的文献记载和现存留的实物，应该是一个统一的整体。要认定旋风装的装帧特征，我们还有必要进行进一步的研究。

　　1996年上半年，笔者在法国国家图书馆工作期间，在该馆所收藏的敦煌遗书中，有幸见到另一件与故宫藏本基本相同的《唐写本王仁昫刊谬补缺切韵》，它的装帧对我们深入研究旋风装很有价值。

　　该《切韵》原题："刊谬补缺切韵，朝议郎行衢州信安县尉王仁昫字德温新撰定"。正文部分二十一叶，每叶两面书写（第一叶除外），文字朱墨两色。由于每叶第二面都用化学浆糊和一种类绢织物整叶托裱，因此纸色黄褐，又厚又硬。

　　第一叶残损，书叶高仅存15厘米左右，最后两叶高26.5厘米，其余书叶高均在27.3—27.7厘米之间。书叶长度情况稍复杂：25.5—25.8厘米的有两叶；27.5—29.5厘米的有四叶；32.5—35.5厘米的有四叶；36.1—37.8厘米的有三叶；40.3—41.9厘米的有六叶。总的说来，书叶高度基本一致，长短并不统一。

　　由于全部书叶都经过整叶托裱，原书装帧状况不得而知。但每张书叶右端两面均有浆糊痕迹，糊痕宽窄在0.5—1厘米左右。除此以外，该书还存有一张底纸，高26.7厘米，长29.5厘米。一面有字：

维岁次辛西七月壬

午朔廿二日癸卯侄女二

娘子谨以清酌之奠

敬祭于故人母何耶□

灵伏惟灵久丞恩德

养育成人将谓寿□松

柏何□□也祸来前

孤号噎□惆怅闷绝

□□□□□□灭之灵

　　此叶浆糊痕迹更宽，第一行整行字被浆糊痕压住一半，天、地两端亦有糊痕，也许原来还有纸粘在上面用以加固，不得而知。

　　全部书叶（底纸除外）中间有一纵向折痕，多已断裂。这是该书全部托裱的重要原因。

　　全部书叶没有浆糊痕迹一侧稍有破损，有浆糊痕迹一侧破损较少；书叶右端两面均有浆糊痕迹，且有一张底纸，由此推测，它原来的装帧形式应是这样的：书叶以右侧为准码齐，每叶右端上下两面涂上浆糊，逐叶粘连，在最后一张书叶下面粘上底纸。由于书叶较长（最长者近42厘米），收藏时先将全部书叶对折一下，再用底纸包裹。

　　为了证实这一推测，笔者又选择了一些敦煌遗书来考察它们的装帧。结果非常令人满意，又发现两种遗书的装帧形式类此。

　　其一：法藏敦煌2046号，原件没有题名。书叶共十叶，底纸一张。书叶高均在30厘米左右, 长在39—41.5厘米之间。这部书全部书叶是以左侧为准码齐, 各叶之间先以浆糊粘连, 然后用宽约5厘米左右的竹条二根夹住书叶, 再在竹条上打眼七个, 用一根麻线从上向下, 再从下向上循环串连装订, 线头结在第二眼外侧。

此件遗书大概是一部字典。前三叶竖写, 后七叶横写, 汉文和梵文对照。文字内容为43种经名、33种论名及9种经律论在一起的佛教名词。文字书写者是"大云寺张闍和上"。

非常有意思的是, 此书底纸长92厘米, 且底纸用作封底的一面, 有70厘米左右经过加固, 如同手卷的包首。包首前端粘有一条小竹条充作天杆, 宽约5毫米。这件遗书打开时是一册装订整齐的书, 若卷起来和卷轴装书籍的外观完全一样。

其二: 法藏敦煌遗书2490号。全书六叶, 通高33厘米。第一叶长30厘米, 第二叶长57厘米, 第三叶49厘米, 第四叶58厘米, 第五叶48厘米, 第六叶49厘米。各叶均单面书写, 划有红格。第一叶上红格数为10×11, 其余各叶均在10×18至20之间。小格内写有佛教名词, 此书看来也是字典、工具书一类的书籍。第三、四两叶无字一面相对, 并有"广明二年次岁正月日记"文字一行。书叶为硬黄纸。全部书叶以右侧为准集齐, 然后再粘在一根直径1厘米左右的小木棍上。

在发现这两件遗书之后, 笔者非常想知道在其他地方收藏的敦煌遗书中, 是否还有这类装帧形式的。在吴芳思博士的帮助下, 笔者又赴伦敦, 在英国国家图书馆收藏的敦煌遗书中, 又见到一件《筮宅凶吉法》(英藏敦煌遗书6349号)。

该书共五叶, 均单面书写。书叶高30厘米左右, 第一叶长22.5厘米, 第二叶长28厘米, 第三叶长30厘米, 第四叶长50厘米, 第五叶长68厘米。第一叶有字一面向下, 与第二面文字相对; 二、三叶无字一面相对; 三、四叶有字一面相向。书叶第一面左侧, 有"于时岁次甲申六月丙辰十九日甲戌申时写讫"字一行。从第二叶、第三叶无字一面相对来看, 不太符合书籍装订习惯, 且书叶长度相仿, 极有可能原为一张书叶对折装订, 因折口部分磨破而分开成为两叶。

该书全部书叶以左侧为准集齐, 逐叶粘好, 再用一根直径约9毫米的竹棍破开, 夹住书叶, 竹棍上再打三个眼, 用麻线串连缝好。

该书原始装帧保存完好, 第五叶上有一长近4厘米, 宽约2厘米的小纸条, 对折后贴在书叶右侧上端。上书"周易"两字, 显然是一个在书籍卷收插架后, 便于查找的书签。

现在, 我们把这几种敦煌遗书的装帧形式概括一下:

书叶的数量多寡不一, 有的双面书写, 多数单面书写, 书叶规格基本上都是横长竖短。

有的书有底纸, 有的书没有。没有底纸的书一般情况下底叶加长, 以用作底纸。

书叶多数以左侧为准集齐, 也有右侧集齐的。书叶集齐后, 逐叶粘牢, 然后或粘在木棍上, 或用竹条夹住用麻线串连订好。

最重要的一点, 这种装帧的书籍展阅时书叶有序排列, 可逐叶阅览。卷收时以书叶集齐的一侧为轴心, 卷起收藏。

这种装帧形式出自敦煌遗书, 而敦煌遗书多为唐代遗物。那么, 关于这种装帧形式的论述在古籍中肯定有记载。前面说过, 中国古代纸书的八种装帧中, 七种都得到了确认, 唯独对旋风装的认识,至今还没有统一。所以,我们不妨再将古籍中有关旋风装的论述,重新研究一下。

宋人欧阳修说过:"唐人藏书皆作卷轴。其后有叶子,其制似今策子。凡文字有备检用者,卷轴难数舒卷,故以叶子写之。如吴彩鸾《唐韵》、李邰《彩选》是也。"(《归田录》)

程大昌也谈到过叶子:"古书皆卷,至唐始为叶子。"(《演繁录》)

再看张邦基在《墨庄漫录》中的记载:"成都古仙人吴彩鸾善书小字,尝书《唐韵》鬻之。今蜀中迎祥书院经藏中《佛本行经》六十卷,乃彩鸾所书,亦异物也。今世所传《唐韵》犹有,皆旋风叶。字画清劲,人家往往有之。"

到了清代,钱曾的记述稍微详细一些:"吴彩鸾所书《唐韵》,余在泰兴季因是家见之,正作旋风叶卷子,其装潢皆非今人所晓。"

"焦达卿有吴彩鸾书《切韵》一卷……相传彩鸾所书《韵》散落人间者甚多。余从延陵季氏曾睹其迹……与达卿所藏异。逐叶翻看,展转至末,仍合为一卷。张邦基《墨庄漫录》云旋风叶者,即此。真旷代奇宝。"(《涵芬楼烬余书录》)

细读这几段文字,笔者以为大概有以下几层意思:

1. "叶子"就是"旋风叶","其制似今策子"。宋时书籍装帧已进入册叶时代,多为蝴蝶装。"似今策子"即"似今册子",是说这种装帧已基本具备册叶制书籍的一些特征。书籍展阅时可"逐叶翻看",卷收时"正作旋风叶卷子"。因而可以说,"旋风叶"是对卷装书籍的一种改良。换句话说,旋风装是介于卷轴装和册叶制装帧之间的一种装帧形式。

2. "旋风叶"是书籍写本时代的装帧形式,流行于唐末五代时期。"卷轴难以舒卷,故以叶子写之。""唐人藏书皆作卷轴,其后有叶子。"即使到了宋代,这种装帧的书籍也还有流传,"人家往往有之"。

3. 采用"旋风叶"装帧的书籍多是"文字有备检用者"的工具书性质的书籍。欧阳修、张邦基、钱曾等人都见过吴彩鸾书《唐韵》,说明《唐韵》流传之多。但除此之外,还有其他如《彩选》之类的书籍,笔者以为,只要是"文字有备检用者",都有可能采用这种装帧形式。

对照欧阳修、张邦基、钱曾等人有关"叶子"、"旋风叶"、"旋风叶卷子"的论述,我们再来研究一下前面介绍过的,现存英、法两国的敦煌遗书中如《筮宅凶吉法》等书籍的装帧。

1. 这几种敦煌遗书从纸张颜色、墨迹及纸张薄厚程度来看,当属唐末五代遗物。法藏敦煌遗书2048号上的"广明二年次岁正月日记"十个字,可以证实这一点。"广明"为唐末僖宗李儇的年号,其后再过二十几年,唐王朝就覆灭了。这几种书籍制作的年代完全符合《归田录》等书的记载。

2. 这几种敦煌遗书的装帧已具备册叶制书籍的一些特点,但并不完全一样。书叶一侧集齐,展阅时"叶子"依次排列,颇有"策子"(册子)的风貌,与"策子"稍有不同的是,书叶的长度长些罢了。

3. 这几种敦煌遗书的装帧形式完全可以说是卷轴装书籍到册叶制书籍装帧的一种过

渡形式,或者说是对卷轴装的一种改良。《筮宅凶吉法》最后一叶很长,书叶卷收时包在卷子最外面。法藏敦煌遗书2046号更能说明问题,书叶下有一张长92厘米的底纸,且经过加固,装有天杆,书叶卷收起来后外观同卷轴装书籍完全一样。

这四种敦煌遗书展平时,三种遗书书叶集齐的一侧都装有轴(另一种原来亦可能有轴),轴的粗细及材料也不尽相同,但用这种装帧形式中的轴和卷轴装的轴相比较的话,就会发现它们的作用并不完全一样。这种装帧形式的轴的作用只是将书叶集中在一起,当作收卷书叶时的中心,这时的轴,只不过是从卷轴装脱胎时带出的胎记罢了。

4. 这几种敦煌遗书都属工具书性质。《刊谬补缺切韵》自不必说,佛经中的名词也是需要经常查对的。《筮宅凶吉法》可能是古人建造房屋时的占卜依据,也是要经常使用的书籍。这几种书籍装帧古朴,对装订技术要求不高,极易操作。书叶随手即可装订,甚为便捷。能从英、法两国所藏敦煌遗书中发现这种装帧的书籍三四种(今后也许还会有所发现),始信"人家往往有之"不为一句虚言。

说了这么多以后,笔者以为是否可以得出这样一个结论:根据文献记载和现存敦煌遗书中的实物来看,将书叶一侧码齐,在纸边涂上浆糊逐叶粘牢,再粘上一根木棍或用一根劈开的竹棍夹住书叶粘连处,打眼穿线装订;展阅时书叶虽参差不齐但排列有序,收藏时以集齐的一侧为轴心卷起,这种装帧就是"旋风叶",也就是中国古书旋风装。

那么,本文开头提到的几种装帧形式为什么不能被认定是旋风装呢?

蝴蝶装是宋代常见的书籍装帧形式,若蝴蝶装即是旋风装的话,欧阳修就完全没有必要说"叶子,其制似今策子"了。

经折装及其"变形"的外观方方正正,已是完全的册叶制装帧。当读了钱曾关于"旋风叶卷子"的记述,我们就很难把这种装帧和旋风装联系在一起。再者说,在经折装上下加粘一张裱纸即是旋风装,是岛田翰先生首倡。这种装帧的书籍除了岛田翰先生自言见过《论语》及《醒醐寺杂事记》两种以外,任何人都没有见过。对于一种曾"人家往往有之"的书籍来说,这种情况不应出现。另外,钱曾生活于清初,较之岛田翰来说,生活的年代要早得多。我们知道,离现代生活时代越远,距离古人就越近。因此,钱曾关于"旋风叶卷子"的记述,较之岛田翰的记述来说,应该更有价值。

关于故宫藏本"龙鳞装"《唐写本王仁昫刊谬补缺切韵》的装帧,自李致忠先生《古旋风装考辨》一文发表以后,这种装帧就是旋风装的观点影响很大。笔者也曾发表文章附议。说实话,若没有当年"龙鳞装即是旋风装"的认识,笔者在英、法两国见到的《筮宅凶吉法》等书籍的装帧,也不会和旋风装联系起来。那样的话,也就没有这次的发现。

近年来,由于工作需要,笔者几次参加《中国古代书籍史展览》在国内外展出前的筹备工作。每次筹备工作都要涉及书籍装帧问题。经过反复观察故宫藏本《唐写本王仁昫刊谬补缺切韵》的照片,发现这件东西装帧非常考究。笔者从事装裱工作多年,以笔者的经验,将第一叶全裱在底纸上,其余书叶顺序向左鳞次相错地粘在底纸上,要完成这种装帧,没有一定水平的装裱技术是根本做不成的。历史上旋风装书籍曾"人家往往有之",如对装裱要求很高的话,书籍流通的范围就会非常有限。

故宫藏本《唐写本王仁昫刊谬补缺切韵》书后有一宋濂跋文："右吴彩鸾所书《刊谬补缺切韵》，宋徽庙用泥金题签，而前后七印俱完。装潢之精，亦出于宣和内匠，其为真迹无疑。余旧于东观见二本，纸墨与之正同。第所多者，柳公权之题识耳。诚希世之珍哉！"这就说明，这件东西并不是唐代原来的装帧，而是在崇奢尚靡的宋宣和年间，在皇宫内府中重新装裱的。该书第一叶全裱在底纸上，只是因为原书第一叶正面无字或只有几个字，以用作书籍封面，这点和现代书籍相仿。由于其余书叶均两面写字，所以只能粘其一边，以保留文献的完整性。这在当时，仅仅是一种权宜，却给后人留下一件举世无双的"龙鳞装"珍品。

还有，如果仔细研究故宫藏本《唐写本王仁昫刊谬补缺切韵》的照片，就会发现它的书叶间，有一条明显的纵向折痕。这更能说明"龙鳞装"不是该书原始装帧，而这点却和在法国国家图书馆收藏的《刊谬补缺切韵》一书的情况完全相同。它的原始装帧应该是：所有书叶集齐右侧，逐叶涂少许浆糊将纸边粘牢，加轴（很可能还有一张底纸，在重装时被弃之不用了）。由于书叶很长，所以先对折一下，然后卷起收藏。这才是真正的旋风装。

二、敦煌古书缝缋装和粘叶装

汉代以后，随着造纸技术的普及和提高，人们可以用许多种植物纤维来造纸，纸的质量也越来越好。纸张质量的提高、产量的增加，极大地促进了书籍的生产。到了隋唐五代时期，为了满足日益增长的社会文化需要，书籍的制作水平大幅度提高，中国古代书籍生产进入了一个崭新的阶段。随着书籍的数量日益增多和使用频率的提高，人们已经不再满足于书籍脱胎于竹、木简的那种简单的卷装形式。随着人们思想的解放，不少新的装帧形式被创造出来。可以说，从唐代到宋代这一段时期，书籍装帧形式的发展正处在"百花齐放"阶段。这点，早已从敦煌遗书中保存的多样的装帧中得到了证明。在敦煌遗书中，就有两种书籍的装帧和我们现在能够看到的中国传统的书籍装帧有着明显区别，由于这些书籍装订时使用了麻线和浆糊，所以在宋人的著作中，这种装帧方法被称为"缝缋"和"粘叶"。

先说"缝缋"

宋人张邦基的《墨庄漫录》中，记录了王洙曾经说过的一段话："作书册粘叶为上，久脱烂，苟不逸去，寻其次第足可抄录。屡得逸书，以此获全。若缝缋，岁久断绝，即难次序。初得董氏《繁露》数册，错乱颠倒。伏读岁余，寻绎缀次，方稍完复，乃缝缋之弊也。"

这段话的意思是：书籍装订最好用粘叶的方法，日久浆糊失效以后即使散开，只要书叶完好，还能找到书叶的次序予以恢复。屡次得到已经散逸的古籍，都因为使用的是粘叶的方法才得以保全的。如果采用缝缋的方法，时间一长，缝的线一断，就很难找到书叶原来的次序了。以前曾得到数册董仲舒的《春秋繁露》，书叶就是错乱颠倒的。经过了一年多时间的整理，才重新找到书叶的顺序，恢复书籍的原貌，这就是缝缋的弊病。

这里提到了两种装帧方法：粘叶和缝缋。粘叶就是把书叶粘在一起。缝缋就是用线把书叶缝在一起。缝缋到底是怎样一种装帧,《墨庄漫录》里并没有说清楚,只记载了它的缺点:只要线一断,书叶就很难找到原来的顺序了。

缝缋方法的认定

按照缝缋两个字本来的意义,缝,就是用针线连缀;缋,原是指成匹布或帛的头和尾,在这里,应指书背(因为除了书背,书籍的其他部位是不能用线缝的)。由于《墨庄漫录》中并没有说明缝缋的具体方法,所以应该对敦煌遗书中所有与缝线有关的装订形式,都要分析一下。

在敦煌遗书中,和缝线有关的装帧不只一种。

其一:书叶较厚,对折后虽然分为四个半叶,但文字内容相连。书叶折缝集在一起作书背,曾用浆糊粘连,其他三面裁剪整齐。由于有浆糊脱落之处,部分书叶分离。为便于阅读,分离之处用麻线缝住。这种缝书的方法随意性很大,没有什么规律,有仅缝一个点的,有缝上下两端的,还有整个书背都用线缝住的。在敦煌遗书中,这样装帧的书籍不少,中国、英国、法国国家图书馆收藏的敦煌遗书中都有发现。

其二:书叶较薄,一面有字。无字的一面对折,形成两个半叶。若干书叶集齐折缝作书口,加上封面纸,裁齐其他三面;与书口相对的一侧,打眼订线。最典型的,要算是法藏4521号敦煌遗书了。其书为回鹘文,个别汉字搀杂其间。高250毫米,宽182毫米,书叶未用黄檗染黄,书背一侧有三个眼,一根直径约1毫米的麻线,循环往复贯穿缠绕。除了是三个眼以外,其他各项特征和现在还经常看到的四眼线装没有什么区别。

其三:书叶较厚,几张集在一起对折成为一帖(signature),若干帖集在一起,折缝处作书背(bookback),用麻线反复穿连联缀。与前两种书籍不同的是,由于是几张书叶叠在一起成为一帖,文字的书写次序有所不同。以四张书叶集在一起对折为一帖举例:如果把最外边的书叶称为第一叶,由外向内,书叶的次序依次是二、三、四叶。对折以后,一张书叶就被划分为四面,标上页码以后应该是这样的:第一叶的四面分别为1、2页和15、16页;第二叶的四面分别为3、4页和13、14页;第三叶的四面分别为5、6页和11、12页;第四叶的四面依次为7、8、9、10四页。在四张书叶中,这是惟一的一张文字内容连贯的书叶。

以上三种敦煌遗书的装帧都和缝线有关系。

现在常见的中国古代书籍的装帧形式中,缝线的只有线装。有人对缝缋的理解就是用线缝,说《墨庄漫录》中提到的缝缋就是指我们现在常见的线装。其实不然。线装已经成为中国古代书籍一种装帧形式的专用名词称谓,具有特殊的意义,因此不能用来作为所有与缝线有关的装帧形式的总称。有鉴于此,笔者以为,还是用古人用过的"缝缋"来称呼那些与线装有明显区别的装帧形式比较妥当。随着时代的进步,社会经济的发展,书籍的装帧形式越来越多。一种装帧形式在发展过程中,早期形式和标准装帧可能会有些不同,但它们的基本特征应该是相同的。判断一种装帧形式,要多方面考察,以其中最具特色而且不容易和其他装帧混淆的特征来区别,不能把几种装帧形式所共有的特征当作惟一的判断标准。如果把蝴蝶装和包背装书籍比较一下就会发现,它们用书皮包裹书背的方法和书籍的外型是完全一样的。那么是不是可以把这两种装帧形式都叫做包背装呢？答案是否定的。蝴蝶装是根据其书籍打开时书叶与翻飞的蝴蝶翅膀相仿的状态命名的，而包背装则是以书皮包裹书背的方式命名的。因此，那种认为只要是用线缝的就是线装，而忽视其中的差别的看法是错误的。众所周知，线装书的书叶一般都是单面书写或印刷，无字的一面对折，文字朝外。书叶虽然被分为两个半叶，文字内容却是连贯的。像本文列举的第一、第二种类型的书，即使书上的缝线断开，通过文字也能找到书叶的次序，不会错乱。显然，这些不是《墨庄漫录》中所说的那种一旦缝线被磨断，书叶就会错乱颠倒的缝缋装帧。第一种可以说是线装书籍的雏形，而第二种已完全具备了线装书的全部特征，已是标准的线装书籍了。

本文列举的第三种装帧是不是《墨庄漫录》中讲到的缝缋装帧呢？我们再考察一下。前面已经讲过，这是一种几张书叶放在一起对折之后再用线缝的装帧。有两叶放在一起对折的，有四叶放在一起对折的，甚至还有四叶以上乃至七八张书叶放在一起对折的。其中以四叶放在一起对折的为多。如英国国家图书馆藏敦煌遗书5433号，两叶对折为一帖，共六帖；5458号，四张书叶放在一起对折为一帖，共七帖；法国国家图书馆藏3292号为八叶一帖，共六帖。前面讲过，一帖中书叶越多，同一张书叶上的文字内容相差就越大（最中间的一张除外）。一旦缝线磨断，书叶散开，就很不容易再按原顺序把书叶排好。这样的装帧，才符合《墨庄漫录》中缝缋装帧的缝线"岁久断绝，即难次序"文献记载。由此，是否可以做出以下判断：把几张书叶按顺序摞在一起对折，成为一帖；若干帖书叶集中在一起，用针线在书叶折叠处反复连缀，把许多书叶装订在一起的装帧方法就是缝缋。

线装和缝缋装的区别

线装和缝缋装在书叶的排列方法上的区别，前面已经讲过，不再重复。线装和缝缋装在书籍外观上也有很大的差别。线装书的线是订在书籍右侧，在书皮上面，线露在书皮外面的多，订进书叶的部分少，翻开书以后，从书里是看不见线的。而缝缋的书线仅仅是缝在书背上的，线露在书外面的很少，有的几乎看不见，而缝进书叶的部分多，翻开书以后，在书叶折缝处是可以看见缝线的。

线装和缝缋装在书籍开本形式上也不一样。线装书全书的书叶是一般大的，而缝缋装全书的书叶是不一般大的。由于缝缋装书叶较厚，而且是几张书叶放在一起对折，缝好后再裁切，所以书叶的长度都是一样的，宽度就不同了。由外向里，书叶一张比一张窄一点，中间的书叶最窄。线装书的长、宽比一般是 2∶3，而缝缋装的书籍长、宽比一般是 1∶1—1∶2。

在装订前书叶的书写方法上，线装和缝缋装也有很大的差别。线装书装订前，书叶是事先裁好，一张一张分别书写的。而缝缋装则不然，它是用较大的纸，按照书叶的大小，首先确定折叠的方法，决定书叶的顺序，再按照折叠的方向书写文字。这样，在一张经过折叠而未裁开的纸上，文字的书写方向是不一致的，而且，在一张书叶的四个页面上，很可能要书写不同的文字的内容。这项工作，很像现代印刷技术中的"排版"，这对当时的书籍形态发展，具有划时代的意义。英国国家图书馆藏敦煌遗书5538号，就为书籍缝缋装帧，书叶要事先排版提供了证据。

缝缋装的装帧方法

线装和缝缋装最大的差别是在缝线的方法上。线装书订线的方法主要是缠绕书背，而缝缋则是在书叶折缝处连缀。为叙述方便，暂以全书共四帖，每帖折缝处穿有四眼为例。首先，把书叶折缝处靠近天头（head margin）一侧穿的眼定为第一眼，其次为第二眼、第三眼，靠近地脚（foot margin）一侧穿的眼定为第四眼。具体缝缋方法是这样的：先将麻线穿在针上，在第一帖当中折缝处由里向外从第一眼中穿出，留出足够打结的线头。再由外向里，穿入第二帖第一眼；以后针的运行顺序是：

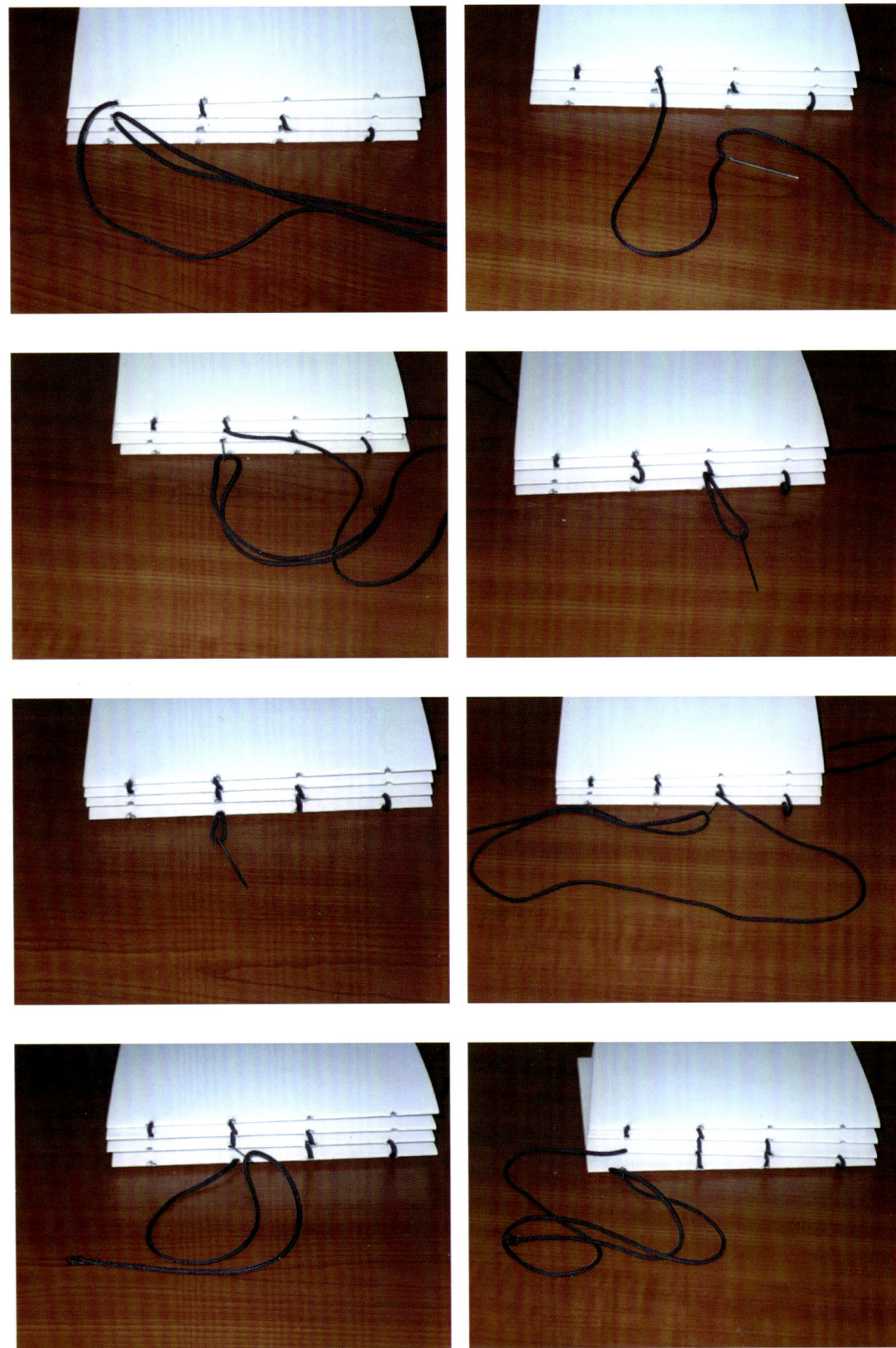

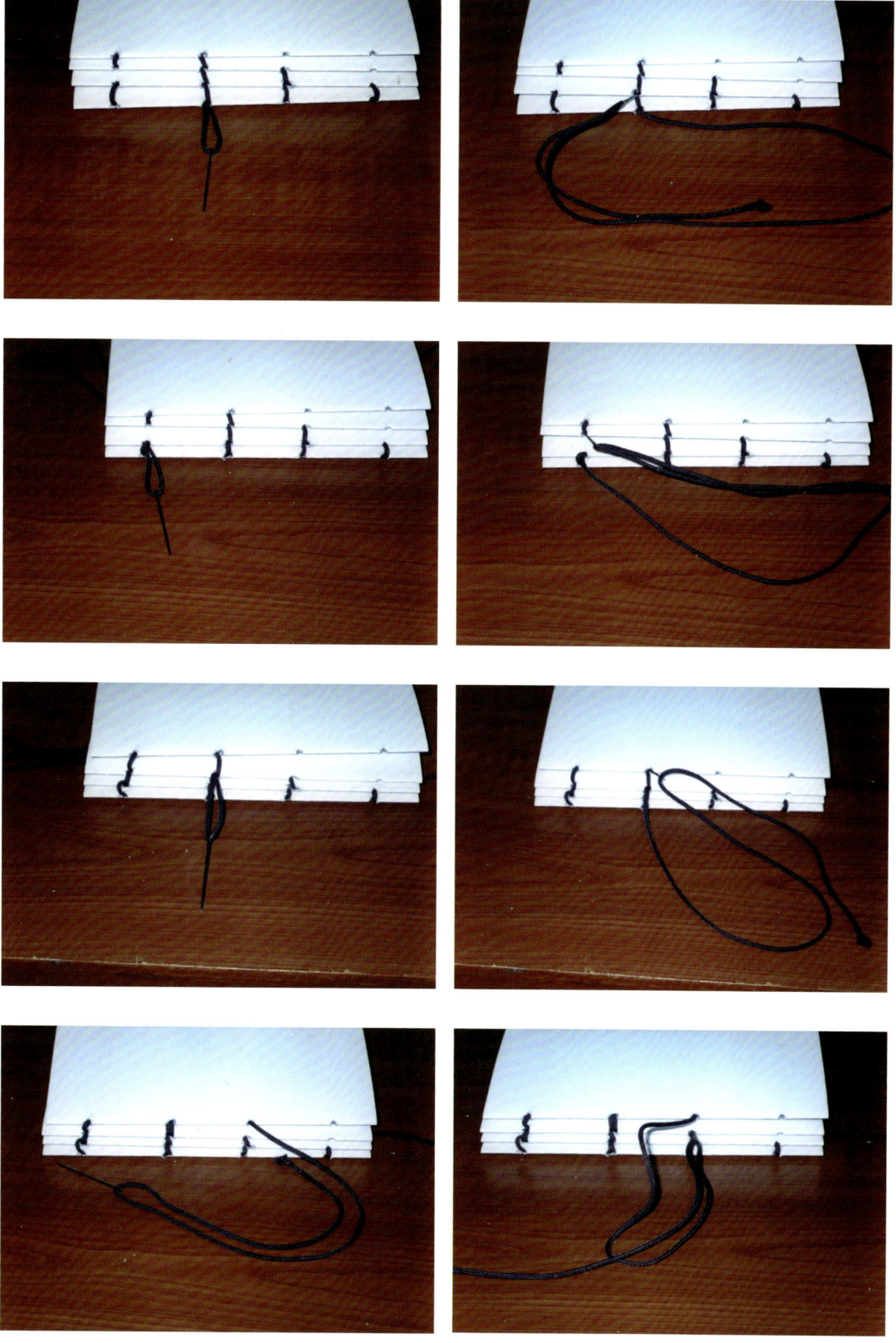

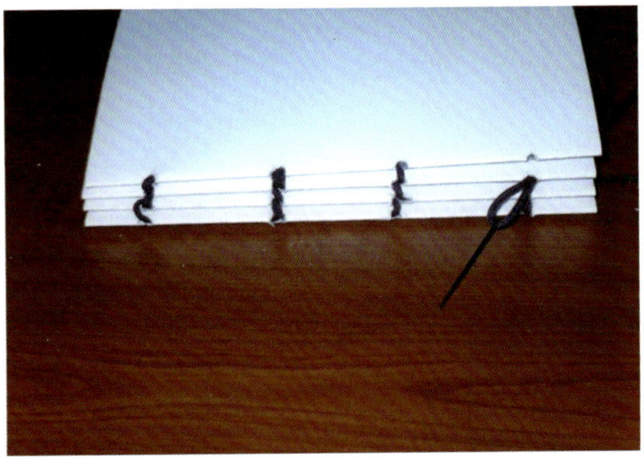
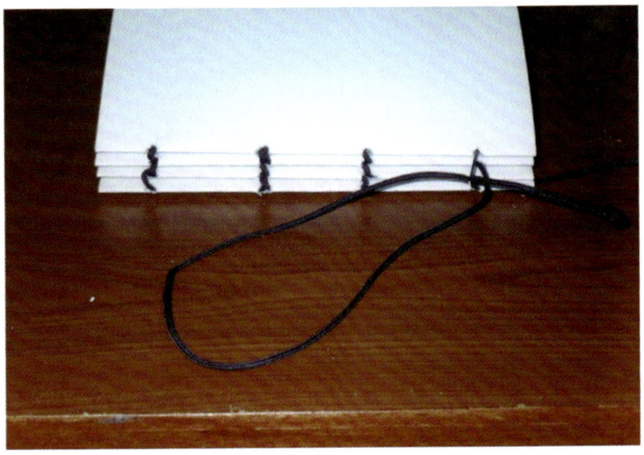
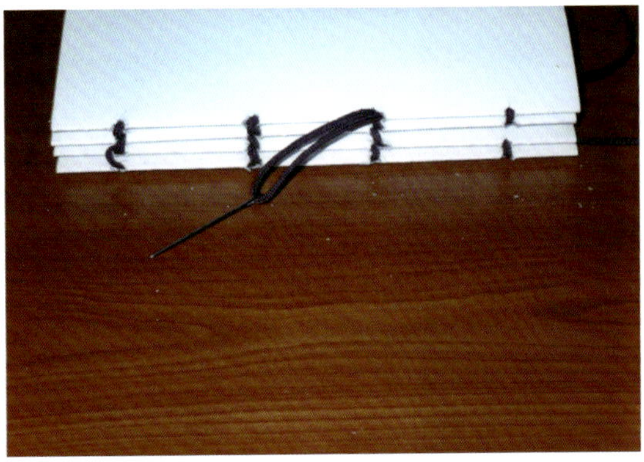
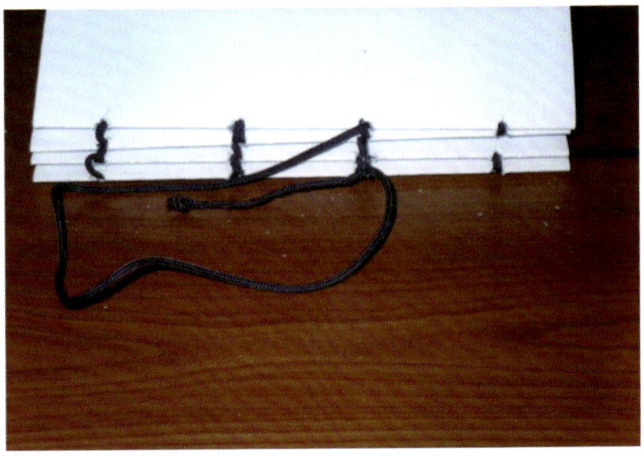
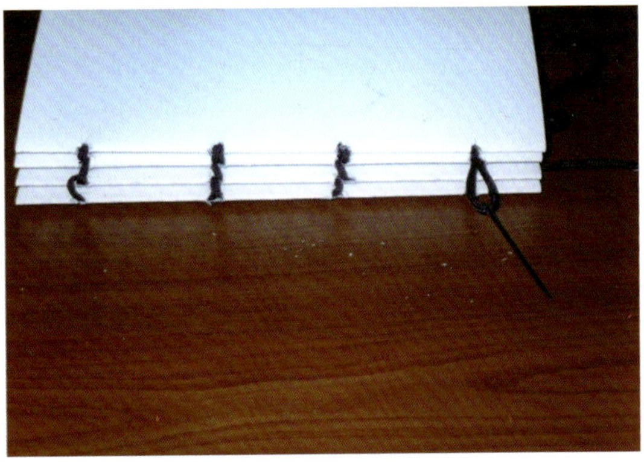
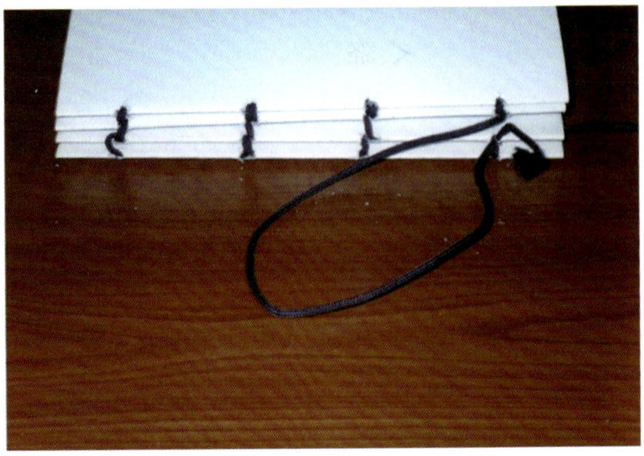
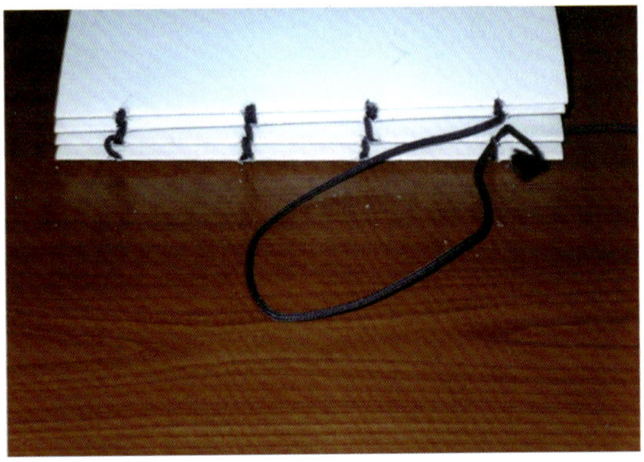
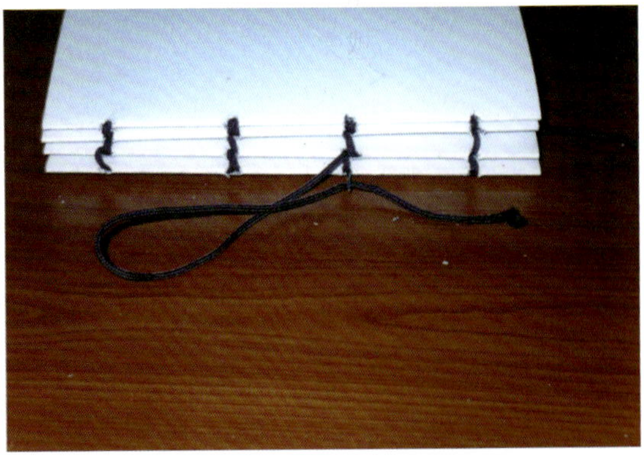

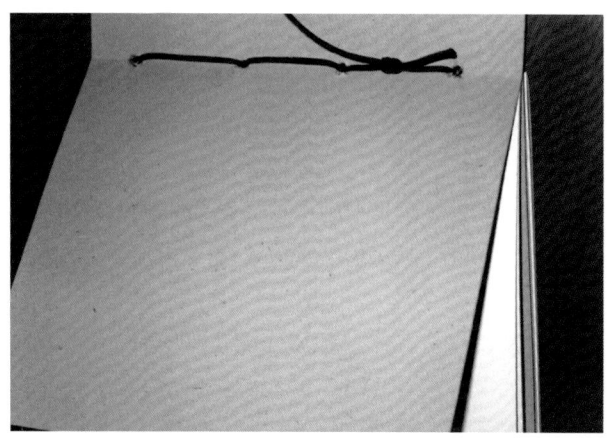

从敦煌遗书中现存的缝缋装书籍来看,当时并没有一个固定的缝缋方法,随意性很大。比如英藏敦煌遗书5433号,910毫米长,84毫米宽,书背上四眼穿线;5446号长120毫米,宽103毫米,书背上六眼穿线。5458号长240毫米,宽70毫米,书背上八眼穿线。书背上穿眼的多少,决定缝线的次数。书背上的眼多,缝线的次数就多,反之,缝线的次数就少。缝线的方法虽然没有固定,但有一点是可以肯定的,就是每张书叶先缝一针,跟着就穿入相邻的一叶,如此循环往复,直到全书缝完。

缝缋装在中国失传的原因

缝缋装书籍宋代以后就失传了。究其原因,大概有以下几个方面:

其一:宋代以降,书籍生产不断发展,印本书盛行。前面说过,缝缋装书籍制作前需要排版,而这项技术比较复杂,用纸也要比一版一印书籍要大,印刷时也有一定的难度。在传统的一版一印的手工印刷方式占主导地位的时代,缝缋装没有发展起来,是理所当然的。

其二:缝缋装书籍的制作较蝴蝶装、包背装、线装书籍要复杂一些,工序多,技术要求高,特别是和线装书的生产相比,缝缋装书籍的生产速度就慢多了。生产速度慢,生产成本就会相对提高。因此在完全依靠手工操作且书籍生产规模不断扩大的印本书时代,缺乏竞争能力。

其三:缝缋装书籍由于书叶要两面书写,所以书籍用纸要有一定的厚度,若书叶很薄两面写字字迹就会互相洇透,且缝缋时书叶容易被线勒断。而在宋代及其以后各朝,为降低制作成本,书籍用纸越来越薄。纸一薄,抗拉、耐折及遮光能力相对降低,不能满足缝缋装两面书写的需要。在这种情况下,缝缋装的逐渐退出历史舞台,没有什么可奇怪的。

缝缋装的意义

缝缋装是中国古代唐、宋时期曾经流行过的一种书籍装帧形式,在中国流行的时间并不长,加之没有详细的文献记载,以致在很长的一段时间内,没有被人们所认识。但是随着中外频繁的文化交流,书籍缝缋的方法是可能传到世界的其他地方的。在日本,现在还可以看到缝缋装帧的书籍。日本人对中国书籍的缝缋方法做了一些改进:在书背上只穿四个眼,用两根针,每根针只在两个眼中反复穿连(一根针在第一和第二眼之间穿连,一根针在第三和第四眼之间穿连),从而演变出一种新的装帧形式:"和缀"。

向西,书籍缝缀的方法很可能经过丝绸之路传到了中亚和欧洲,并影响了这些国家书籍的装帧形式。在这些国家的古籍乃至现在还在世界各地广泛使用的书籍锁线(thread sewing)装帧方法中,还能找到中国古代书籍缝缀的影子。如果这种推论正确的话,那么可以说中国古书缝缀装对世界书籍形态的影响是非常大的。

再说"粘叶"

前面引用《墨庄漫录》:"作书册粘叶为上,久脱烂,苟不逸去,寻其次第足可抄录。屡得逸书,以此获全。若缝缀,岁久断绝,即难次序。初得董氏《繁露》数册,错乱颠倒。伏读岁余,寻绎缀次,方稍完复,乃缝缀之弊也。"一段话的中心意思是:书籍装订最好用粘叶的方法。但粘叶到底是怎样粘,《墨庄漫录》里并没有说。

按照"粘叶"两字字面的意义,"粘叶"就是把书叶粘在一起。敦煌遗书中,确有不少书籍是用浆糊把书叶粘连在一起的。在此,我们首先要排除卷轴装。虽然卷轴装书籍的书叶也是用浆糊前后粘连,但是书籍的最后形态是卷状。而《墨庄漫录》里说的是"作书册粘叶为上",明明白白说的是册叶制的"书册",而不是指卷轴装书籍。排除掉卷轴装以后再看,敦煌遗书中的书册形式的书籍除了用线缝的,就全是用浆糊粘连的了。

敦煌遗书中用浆糊把书叶粘连在一起的,基本上可分为两种情况:

其一:每张书叶一面写字,有字的一面对折,若干书叶按顺序集为一叠,相邻书叶和书叶之间,空白叶面相对并涂满浆糊,使所有书叶粘连在一起。

其二:书叶对折,每张书叶形成四个叶面,第一张书叶的第一面作为首叶,一般仅题写书名,其余三面按顺序书写文字。自第二叶开始,四个叶面全写字,一部书写完,所有书叶按书写顺序集中在一起,在每张书叶折口线左右2—3毫米处涂抹浆糊,使所有书叶粘连在一起。

两种粘连方式虽不完全一样,其实却是一种装帧。这其中的细微差别主要是书叶用纸薄厚所造成的。敦煌遗书中采用粘连书叶的书,书品一般都不大,是确确实实的袖珍本。而且书口上下两角都被切成弧形,以便于随身携带。众所周知,古人是把随身带的东西放进衣服袖子的。如果随身携带的物品是书的话,书叶的纸就不能薄,书叶薄了书就会发软,不挺实,在袖子里就会卷起来。为了解决这个问题,人们就想出了把两张书叶相邻的两面用浆糊粘在一起的办法,来加固书叶,使每张书叶都硬硬实实的,以便于携带。而在充当书叶的纸张达到一定厚度时,就没有必要再把两张书叶粘连在一起以提高书叶的强度,同时为了提高纸张的利用率,人们就在折好的书叶四面都写字,这时再要用浆糊粘连书叶,就只能把浆糊涂在书叶的折口附近了。

这种用浆糊把书叶粘连在一起的办法对于中国古代书籍装帧的发展来说,意义重大。到了宋代,纸张的生产技术较之唐代大大发展,纸张的质量和产量飞速提高,人们已经能够生产出厚度稳定、均匀的纸张。由于印刷术的普遍应用,书籍的产量大幅度提高。在这种情况下,书籍的生产仍然延续使用粘叶的方法。但这时的书籍书品增大,已经不再是袖珍本了。由于书叶用纸普遍较薄，两面印刷还不可能。为了加快装订的速度，人们就在书叶折缝处附近涂一点浆糊，将书叶粘连起来。为解决书叶软的问题，书皮选用硬纸，以便于插架保存。这就是中国古代书籍发展历史上流行了很长时间的"蝴蝶装"了。

"缝缋"和"粘叶"是敦煌遗书中两种重要的书籍装帧形式，它们的出现，充分体现出中国古代先民的智慧，对于中国古代书籍向册叶制的转变，起了承前启后的作用。特别是缝缋装的出现，对于世界书籍装帧形式不断发展，有着十分重要的意义。因此，我们应该对这两种装帧进行更进一步的研究，在中国古代书籍史中，给予"粘叶"和"缝缋"装帧以应有的地位。

三、古籍修复技术规范与质量标准

中华人民共和国文化行业标准

古籍修复技术规范与质量标准　　　　WH/T　14—2001

The Standard for the Restoration and

Quality Control of Ancient Books

前　言

本标准的编写格式和方法按GB/T1.1—1993《标准化工作导则第1单元：标准的起草与表述规则第1部分：标准编写的基本规定》中的要求进行编写。

本标准由中华人民共和国文化部提出并归口管理。

本标准由国家图书馆负责起草。

本标准起草人：黄润华、杜伟生、张平。

本标准执笔人：杜伟生、张平。

第一篇　古书修复技术规范

1.范围

本标准规定了古书修复基本术语及其定义、技术规范及质量标准。

本标准适用于古书修复行业并供出版、教学、科研及供国内外技术业务交往使用。

2.引用标准

GB 9851.9—90印刷技术术语　印后加工术语。

3.术语

3.1　古籍

通常指产生于1911年以前，以手工纸为文字载体，并采用中国传统书籍装帧形式的图书。

3.2 常见装帧形式

3.2.1 卷轴装

将书叶按规格裱接后，两端分别粘接于细木棍或其他材料制成的轴上，卷收时成为一束的装帧形式。

3.2.2 经折装

将书叶裱接后，按一定尺寸向左右反复折叠，并粘贴封面、封底的装帧形式。由于始用于佛经的装订而得名。

3.2.3 梵夹装

将写好的贝叶或长方形纸叶按顺序排好，上下各用一块板夹住，再打洞系绳。这是我国古代对从西域、印度引进的梵文贝叶经的装帧的一种称谓。

3.2.4 蝴蝶装

将单面的书叶面对面地对折，然后把折缝粘联在一起成为书册的装订方式。

3.2.5 包背装

将单面书叶背对背地对折，用纸捻把书叶装订成册，然后用一张书皮包裹书背的装订方式。

3.2.6 线装

中国传统的装订方式，用线把书叶连封皮装订成册，订线露在外面。

3.2.7 毛装

用纸捻把文稿或书叶连同书皮一起装订，天头、地脚及书背毛茬任其自然。

3.3 修复原则

修复工作的基本宗旨和准则。

3.3.1 整旧如旧

经过修复，尽量保持书籍原始面貌和装帧特色，并注意保存原书文物价值、版本价值的相应材料。

3.3.2 整旧如新

仅限于衬纸及全书托、裱的书籍，修复后书籍呈现全新的面貌。

3.4 修复方案

针对图书破损情况而制定的修复计划和措施。

3.5 书叶

按文稿顺序排列的写、印好的单张书叶。

3.5.1 板框

书叶正面图文四边的围栏。

3.5.2 版心（书口）

上半版与下半版之间、折叶时作为折叶中缝标准的条状行格。

3.5.3　字迹

3.5.3.1　跑墨

墨迹遇水后或在外力作用下使墨迹洇染出字迹之外。

3.5.3.2　烘色

颜色遇水后洇染出原有区域。

3.5.3.3　掉色

颜色因遇水流失或变浅。

3.5.4　天头

图文或板框上方余幅。

3.5.5　地脚（下脚）

图文或板框下方余幅。

3.6　书芯

指书皮以内或未上书皮以前已订在一起的书册。

3.6.1　书头

书籍上端切口处。

3.6.2　书脚

书籍下端切口处。

3.6.3　书口

与书背相对，可翻叶展阅的开口。

3.6.4　书脑

书芯装订捻、线以右的部分。

3.6.5　书背

又称书脊。与书口相对，上下封皮相隔或连接的部分，相当于书籍的厚度。

3.6.6　书眼

贯穿全部书叶用以穿线的洞眼。

3.6.7　书根

书脚右侧。

3.7　护叶

也称副叶，用以保护书芯或连接书衣。

3.8　书衣

即书皮，也称封皮。

4.古书修复

将破损的书叶修补好，再重新装订使古书恢复原状等一系列工作的总称。

4.1　揭

把粘连在一起的书叶分离。

4.1.1 干揭

在书叶干燥状态下分离粘连在一起的书叶。

4.1.2 湿揭

在书叶浸湿的情况下分离粘连在一起的书叶。

4.1.3 蒸揭

用蒸汽先使书叶湿润,再分离粘连在一起的书叶。

4.2 补

用和书叶质地、厚薄及颜色相近的材料修补书叶破损处。

4.2.1 手工补书

以手工方式用和书叶质地、厚薄及颜色相近的纸修补书叶破损处。

4.2.2 溜口

用裁成长条、厚度为0.03—0.05mm的薄皮纸修补破损的书口。

4.2.3 机械补书

用纸浆作为材料,使用纸浆补书机修补破损书叶。

4.3 托

用和书叶质地、厚薄及颜色相近的纸粘贴在整张书叶的背面。

4.4 裱

在已经托好的书叶背面再用两张以上的纸加固。

4.5 衬

在书叶的背面垫纸加固。

4.5.1 单叶衬

衬纸面积为书叶的一半,单张衬在对折后的书叶中间。

4.5.2 双叶衬

衬纸面积与书叶相同,对折后衬在对折后的书叶中间。

4.5.3 接书脑

衬纸面积比书叶稍宽,余出部分对折后接在书脑外面。

4.5.4 "惜古衬"

俗称"穿袍套"、"金镶玉"。以白色衬纸插入对折后的书叶中间,超出书叶天、地及书背部分折回与书叶平,再用纸捻将衬纸与书叶订在一起。

5.装订

5.1 折叶

将书叶对折。折好的书叶通常称为"筒子叶"。

5.2 齐栏

对齐书口下方的栏线。

5.3 压平

用压书机将书芯压实。

5.4 下纸捻

在书脑靠近书背的1/3处打眼、穿入纸捻。

5.4.1 纸钉

一端尖细的纸捻。

5.4.2 纸锔

两端尖细的纸捻。

5.5 包书角

用丝织品包裹书背上下两个书角。

5.6 装书皮

5.6.1 扣皮

书皮的长宽都比书芯超出3cm,超出部分折回与书芯齐。

5.6.2 上皮

书皮的一边折回对齐书口,其余三边以书芯为准剪齐或裁齐。

5.6.3 筒子皮

书皮与书叶规格相同,对折后与书叶同时装订。

5.7 打书眼

尽量使用原来的书眼。原来的书眼确不能用,用锥子在书皮上适当位置打眼。

5.8 贴签

把修补好的书签上端靠近书头,粘贴在书衣左侧适当位置。

6.修复档案

6.1 核查、登记

6.1.1 检查登记待修书叶的顺序和数量。

6.1.2 待修书题名、卷册及版本。

6.1.3 登记待修书破损情况。

7.修复工作单

7.1 选用的修复措施。

7.2 预计修复所需时间。

7.3 工作单一式两份,负责人与操作人各执一份,以备查考。

8.工作环境

8.1 工作室条件

8.1.1 有较完备的防火、防盗设备及设施。

8.1.2 门窗可密闭,通风条件良好,自然光线充足。

8.1.3 室内的温度应控制在25°以下,相对湿度为50%—60%。

8.1.4 上、下水设施齐备。

9.修复材料

在修复过程中使用的材料。

9.1 补书用纸

修补书叶时用的纸。

9.1.1 麻纸

以麻类纤维为主要原料制成的手工纸。

9.1.2 皮纸

以树皮纤维为主要原料制成的手工纸。

9.1.3 竹纸

以竹类茎秆纤维为主要原料制成的手工纸。

9.1.4 混料纸

以几种植物纤维混合在一起制成的手工纸。

9.2 丝线

以蚕丝制成,细丝线的直径0.5mm左右,粗线直径一般不超过1.5mm。

9.3 浆糊

用小麦淀粉制作,浆糊使用时的浓度一般在3%—5%之间。

9.4 镶料

在书叶背面或四周添加纸张及丝绸制品。

10.修复常用机械

10.1 压书机

将书叶压平的机械。

10.2 切纸机

裁切纸张和纸板的机器。

10.3 纸浆补书机

使用纸浆修补书叶的专用机械。

第二篇 古书修复质量标准

1.主题内容

本标准规定了古书修复质量要求及检验方法(或说明)。

2.质量标准

2.1 书叶修复质量标准

2.1.1 书叶平整,浆糊使用适量。

2.1.2 书口位置准确,折缝平直。

2.1.3 书叶叶面整洁,无死折。修补过的地方不缩不皱,平整洁净,无浆糊痕迹和水渍。

2.1.4 补纸颜色、质地、厚度与书叶相仿,边缘必须有毛茬,不可用剪子剪齐;补纸与书叶粘连处,长度应在2mm以下。

2.1.5 使用纸浆修补的书叶,纸浆投放量适度并与书叶结合紧密。书叶正面干净,无多余的纸浆残留。

2.1.6 非因霉变、老化而失去强度的书叶不可托裱。

2.2 书芯修复质量标准

2.2.1 字迹完整,不跑墨、不掉色。

2.2.2 书口不歪不斜,若有衬纸,折口(或边缘)与书口紧贴。

2.2.3 无颠倒书叶,页码顺序正确。

2.2.4 栏齐(或下脚齐)。

2.2.5 纸捻松紧适度,位置适当。

2.2.6 使用"金镶玉"方法:

在书叶天、地两端以外衬纸接镶部分长度之和,不得超过原书的1/5,天、地的比例约为3∶2。

2.3 书籍外观修复质量标准

2.3.1 天、地两端整齐(毛装除外)。

2.3.2 书背平、直。

2.3.3 包角严紧,不松、不皱,平齐。

2.3.4 书皮平整,无皱折、无浆糊痕、无指甲划痕。

2.3.5 书皮大小合适,把书芯四周盖严,不露白边,误差小于1mm。

2.3.6 书眼位置、距离适当,订线后各线段连在一起成为一条直线,不歪斜,误差小于1mm,两股线互不缠绕,不露线头。

3.质量等级

3.1 优秀

完全达到2.2及2.3要求的,修复质量为优秀。

3.2 良好

大部分修复质量达到2.2及2.3要求的,只在某一项或两项存在疵点,修复质量为良好。

3.3 合格

基本达到2.2及2.3要求,虽有一些疵点但并不影响全书修复质量的,修复质量为合格。

3.4 不合格

修复质量存在一项较严重缺陷，或一项以上一般缺陷并严重影响到书籍形态美观的，修复质量为不合格。

4.各式装帧修复质量标准

4.1 卷轴装书籍修复质量标准

4.1.1 书叶平整，镶缝一般不超过3mm。补纸、镶料色调协调，浓淡适宜，天、地比例为3：2。

4.1.2 天、地两端加装的轴、杆粗细适当，轻圆、平直。

4.1.3 书籍柔软，展阅时平整，不卷不翘，卷收后天、地两端平齐。

4.2 梵夹装书籍修复标准

4.2.1 补纸与书叶基本平，不凸不凹。

4.2.2 书叶四边整齐。

4.3 经折装书籍修复标准

4.3.1 书叶折叠整齐，不歪不斜。

4.3.2 书皮软硬适中，面积大小合适。

4.3.3 折口部分不高、不翘。

4.4 蝴蝶装书籍修复标准

4.4.1 书芯平整，压实。

4.4.2 折口平直，每张书叶的折口处都要粘有浆糊。

4.4.3 书皮包裹严紧，误差小于1mm。

4.5 包背装书籍修复标准

4.5.1 书芯修复要求见2.1。

4.5.2 书皮修复要求见4.4。

4.6 线装书籍修复标准

4.6.1 书芯修复要求见2.1。

4.6.2 书籍外观要求见2.2。

4.7 毛装书籍修复标准

4.7.1 书芯修复要求见2.1。

4.7.2 留在书皮上面的单个纸捻长度为全书的1/5，纸捻一般为两个。

5.检验

5.1 检验条件

室内，室温22—25℃之间，空气湿度50%—60%，自然光或灯光条件下。

5.2 检验形式

逐册、逐叶检查。

5.3 检验工具

直尺、卷尺、直角尺。

5.4 检验方法

5.4.1 目测法

通过直接观察,确认书籍经过修复后各方面符合修复质量标准。

5.4.2 专家鉴定法

若书籍修复后存在严重质量问题,其质量等级的认定须经过具有高级职称的专业人员鉴定。